現代語訳

上井覚兼日記

天正十年（一五八二）十一月～
天正十一年（一五八三）十一月

上井覚兼日記

はじめに

『上井覚兼日記《うわいかくけん》』は、戦国島津氏の重臣上井伊勢守覚兼（一五四五〜一五八九）の日記である。東京大学史料編纂所蔵「島津家文書」の一部として、自筆原本二十七冊が所蔵されており、国の重要文化財に指定されている。

天正二年（一五七四）八月〜同四年九月（一部欠損あり）、同十年（一五八二）十一月〜同十四年（一五八六）十月の部分が残っており、前者が奏者（島津家当主の側近で使番・取次役）として島津義久の側近くあった時代、後者が老中（島津氏家臣団トップ）・宮崎地頭時代にあたる。

内容は、公務に関することからその日一日なにをして過ごしたかといった私的なものまで多岐にわたっており、地方の戦国武将の日常生活を知りうる貴重な史料とされており、『大日本古記録 上井覚兼日記』（全三巻、岩波書店、一九五七年）として翻刻されている。このため、中世史研究者の間では古くから知られている史料であり、政治史、島津氏の権力構造論、城郭史、文化・文芸史など様々な分野で多く参照されてきた。日記そのものについては、大日本古記録の編纂にあたった齋木一馬氏が「上井覚兼日記に就いて」（『齋木一馬著作集2 古記録の研究下』吉川弘文館、一九八九年、初出は一九五五年）を記しており、地元宮崎でも『宮崎県史 通史編 中世』（宮崎県、一九九八年）で日記の内容が紹介されている。覚兼の居城である宮崎城周辺の町場やまちづくりについても、若山浩章「戦国末期の宮崎城下の町―上井覚兼在城時を例にして―」（『宮崎県地方史研究紀要』二五、一九九九年）で分析されるなど、さまざまな成果が出ているが、なかなか研究者以外の一般市民に知られるには至っていない。

市民に流布しない原因のひとつとして、日記そのものの難しさがある。この日記で用いられている言葉には、中世特有そして九州南部特有のものや用法があり、研究者でも解釈の難しい史料でもある。本日記で使用される特殊な言葉の語義については、齋木一馬氏が「国語資料としての古記録の研究」（『齋木一馬著作集1 古記録の研究 上』吉川弘文館、一九八九年、初出は一九六八年）としてまとめているほか、近年でも似鳥雄一氏が「『通』考―『上井覚兼日記』の言葉を読み解く―」（『多元文化』五、二〇一六年）で、本日記中の「通」の用法を明らかにするなど、今なお分析を要する。

筆者は長年室町から戦国期の島津氏を中心とする九州南部政治史を研究しており、二〇一二年に「宮崎城と上井覚兼」と題する特別企画展を担当したことを契機として、本日記に多く接してきた。この間、この日記を基本史料としていくつかの論文を記したほか、市民向けにこの日記を解読する講座を担当してきた。そうしたなかで、特に市民の方からこの日記の現代語訳を求める声を多く頂戴した。中世史研究者にとって有名な史料であっても、翻刻されているとはいえ、地元の宮崎・鹿児島においては難解な史料であり、数百年前の地元の様子がうかがえる貴重な史料でありながら十分活用されなかったことは厳然たる事実である。

本書はこうした声を受け、『上井覚兼日記』のうち老中・宮崎地頭時代の天正十年（一五八二）十一月以降の部分を現代語訳したものである。九州南部の史料に多く接してきたとはいえ、この現代語訳が完璧なものとはもちろん考えていない。ひとつの試案として現代語訳を提示することで、今後の本日記解読のたたき台として提示すると共に、地元の皆さんが地域の歴史を知る上での一助になれば幸いである。

二〇二〇年十月

新名　一仁

目次

上井覚兼系図

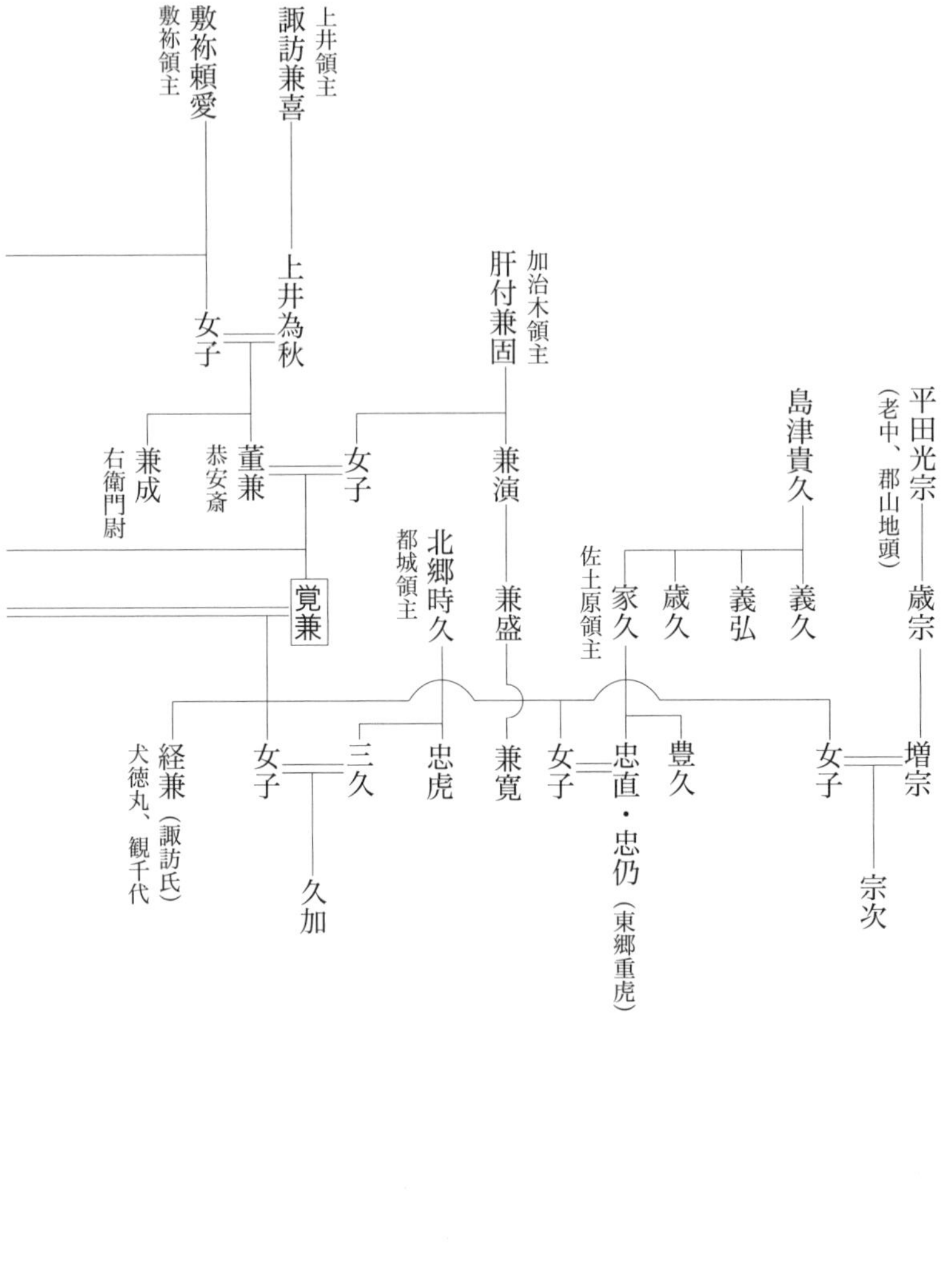
平田光宗（老中、郡山地頭）
歳宗
増宗
女子
宗次
島津貴久
義久
義弘
歳久
家久
佐土原領主
豊久
忠直・忠仍（東郷重虎）
女子
肝付兼固
加治木領主
兼演
兼盛
兼寛
北郷時久
都城領主
忠虎
三久
久加
女子
諏訪兼喜
上井領主
上井為秋
敷祢頼愛
敷祢領主
女子
董兼
恭安斎
兼成
右衛門尉
女子
覚兼
経兼（諏訪氏）
犬徳丸、観千代

7　上井覚兼系図

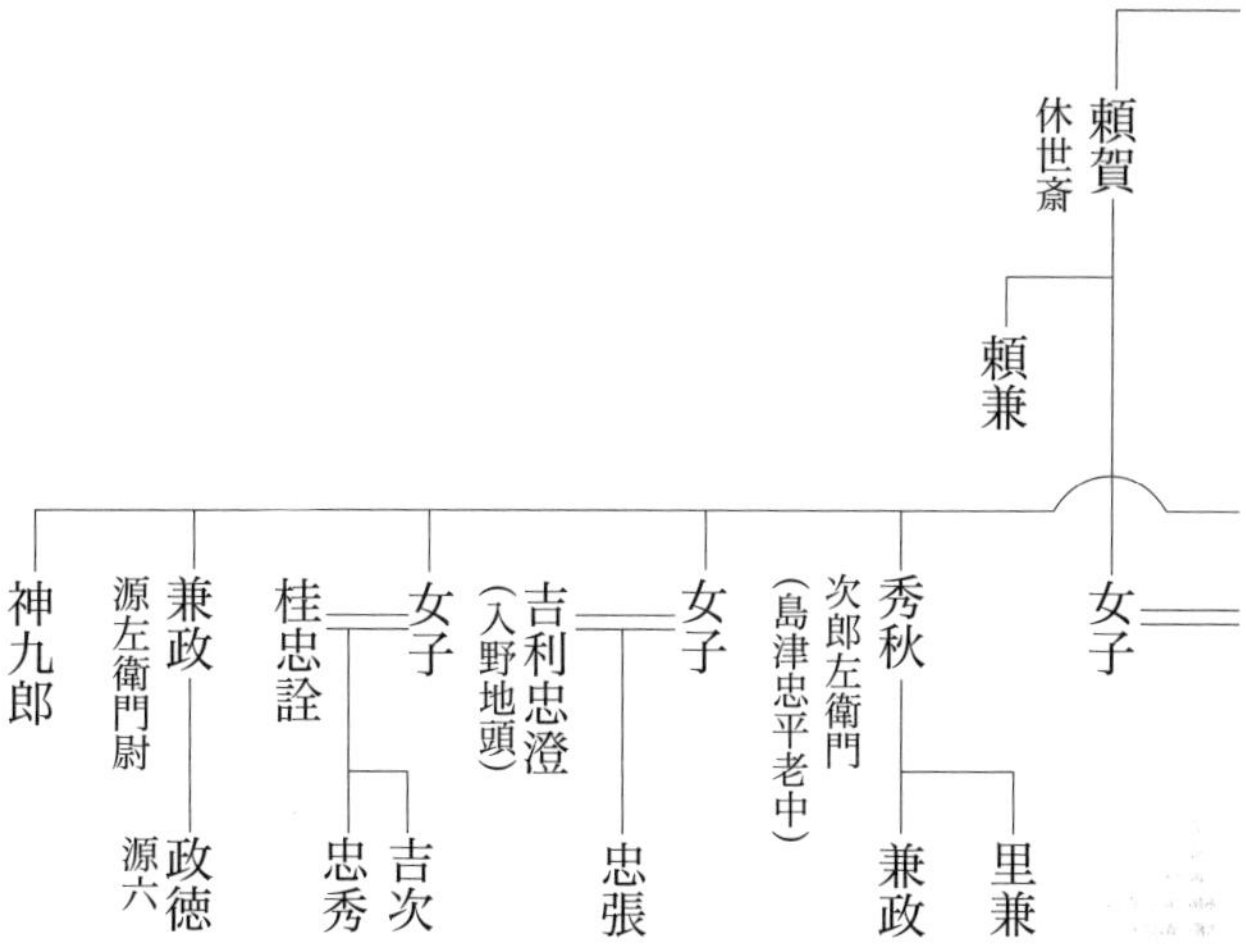
頼賀
休世斎
頼兼
女子
秀秋
次郎左衛門
（島津忠平老中）
里兼
兼政
女子
吉利忠澄
（入野地頭）
忠張
女子
桂忠詮
吉次
忠秀
兼政
源左衛門尉
政徳
源六
神九郎

《凡例》

一、本書は、東京大学史料編纂所蔵本を底本として翻刻された『大日本古記録 上井覚兼日記』(上)をもとに現代語訳したものである。
一、本巻は、天正十年(一五八二)十一月〜天正十一年(一五八三)十一月を収録した。
一、現代語訳はわかりやすさを旨として意訳を行い、主語や語句を本文中に補った。
一、年次(天正十年と同十一年)の冒頭に、あらすじ。各月毎に解説を付した。
一、人名は史料表記そのままではなく、分かりやすい実名表記としたが、日記執筆時点で出家している人物については道号(入道名)で記した。また、島津義弘など途中で改名している人物については、原則としてその時点での名前で表記し、註釈を付した。
一、人名については極力読み仮名を付したが、読みがはっきりしないものは推定である。
一、読み仮名は、初出を原則としつつ、適宜、複数付した箇所もある。
一、地名表記は、極力原史料どおりとしたが、現在の地名表記や現在の自治体名は註釈を付した。
一、旧字体・異体字は新字体に改めた。
一、註は、人物、地名の詳細、用語解説を主とし、原則初出のみ付した。
一、字句に対比する人名や地名、十二刻、または文意の補足は、本文中の( )内に表記した。また、判然としない語句に対しては、〈 〉内に表示して区別した。
一、和歌・連歌・俳諧の現代語訳は、屋良健一郎氏(名桜大学国際学部上級准教授)による。
一、漢詩の読み下しは、福嶋一恵「上井覚兼と漢詩について」(『宮崎市歴史資料館研究紀要』四、二〇一三年)に拠った。
一、上井覚兼の年表、系図、本書の覚兼所在地及び、本書関連の勢力分布図、宮崎城縄張図を本巻に収録した。

現代語訳

上井覚兼日記

天正十年（一五八二）十一月〜
天正十一年（一五八三）十一月

《天正十年　あらすじ》覚兼三十八歳。天正十年（一五八二）は十一月四日条以降しか残っていないが、この年は島津氏が北部九州へと進出していく転機となった年でもある。前年十二月、島津氏に降服した肥後南部の有力国衆相良義陽《さがらよしひ》が阿蘇大宮司家重臣甲斐宗運との戦いで討死する（響野原《ひびきのはら》の戦い）。これをうけ島津氏はこの年正月、相良領だった八代・芦北二郡を接収し、相良義陽の遺児忠房（一五七二～一五八五）には、球磨郡のみを安堵した。島津氏は、八代古麓城（熊本県八代市）を肥後北部進出の拠点とし、当主義久は日向真幸院領主である次弟忠平（のちの義弘）に対し、八代への移封を打診した。忠平もこれに前向きに応じたようであり、肥後制圧を目的として八代に忠平・歳久・家久ら一門・重臣に出陣命令が下ったようであり、覚兼も十一月に八代古麓城に出陣し、そこで越年している。

この年、島津氏の肥後南部進出にともない、急激に勢力を拡大しつつあった龍造寺隆信（一五二九～一五八四）の圧力を受けていた、肥後国隈本城（熊本県熊本市）の城一要、筑後国高尾城（福岡県柳川市大和町）の田尻鑑種《たじりあきたね》、肥前国日野江城（長崎県南島原市北有馬町）の有馬鎮貴《ありましげたか》（のちの久賢《ひさまさ》・晴信《はるのぶ》）は島津氏に従属を誓い、軍事的支援を求めるに至る隈本城には既に天正七年（一五七九）末以降、島津氏家臣が援軍として在番しており、独自に肥後北部に勢力を拡大している。さらに肥後八代出陣衆は、この年十一月、一部の武将を有馬（島原半島）に派遣している。なお、有馬氏の島津氏従属を取り次いだのは、日向国佐土原領主の島津家久であった。家久は有馬氏支援を本格化させるべく、本来の攻撃対象であった阿蘇大宮司家重臣甲斐宗運との和睦を強引に推し進め、覚兼らをあきれさせている。島津忠平はこの和睦を追認する一方で、義久からの八代移封要請を、真幸に比べて田数が劣るとの理由で辞退する意向を示し、これも覚兼らを当惑させている。結局、覚兼ら肥後出陣衆は、島津家一門や重臣層の足並みの乱れから、明確な戦略方針を示せないまま戦線の不拡大方針を決めただけで撤兵している。

11　肥後周辺図

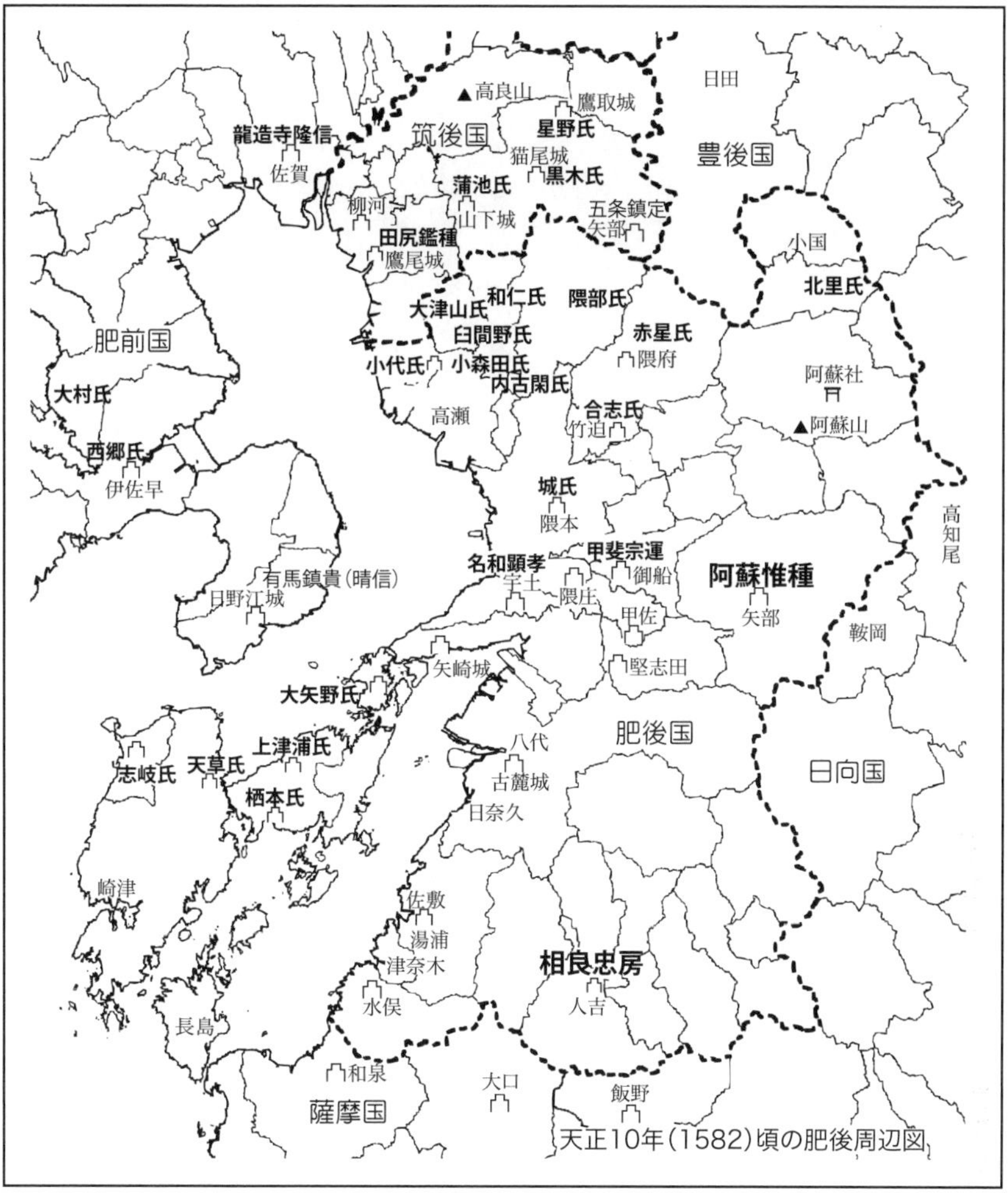

天正10年(1582)頃の肥後周辺図

天正十年（一五八二）

十一月条

四日、肥後表《おもて》(1)に出陣とのことで、この日、衆中を同道して日州（宮崎）を出発。森永(2)・竹田(3)の町屋にて宿泊した。

五日、三之山《みつのやま》(4)に到着。この晩、上井秀秋《うわいひであき》(5)の居宅に挨拶に行ったが、島津忠平《しまづただひら》(6)にお供して八代に滞在中とのことで、留守であった。

六日、般若寺(7)麓に宿泊。

七日、小川路(8)に宿泊。真夜中にこんな夢を見た。

　松風ハながれて水の泉哉《かな》

〔水をたたえた泉に松風が吹いていることであるよ〕

と忠平殿が句を詠み、拙者に脇句を付けるよう頻《しき》りに仰るので、御出陣の祝言として

　ふかく入《いり》てきなつ山ノかげ

〔奥深く入って来た夏山の木陰に〕

と脇を付けた。忠平殿の発句《ほっく》にある「泉」とは、有馬鎮貴《ありましげたか》(9)が最近味方となったので、温泉山(10)のお告げではないかと頼もしく思った。

八日、天気が良くなく、ようやく湯之浦(11)に到着。

(1)**表**　地域や方面。
(2)**森永**　宮崎県東諸県郡国富町森永。
(3)**竹田**　宮崎県東諸県郡国富町竹田。
(4)**三之山**　宮崎県小林市真方にある三之山城。
(5)**上井次郎左衛門尉秀秋**　?～一五九二。上井董兼《ただかね》二男。覚兼実弟。島津忠平家臣。
(6)**島津忠平**　一五三五～一六一九。のちの義珎《よしまさ》・義弘。島津貴久二男。当主義久の次弟。日向国真幸院領主。居城は飯野城（宮崎県えびの市大字原田）。兵庫頭を名のり、唐名「武庫殿」と呼ばれることが多い。
(7)**般若寺**　鹿児島県姶良郡湧水町般若寺にあった寺院。
(8)**小川路**　鹿児島県伊佐市大口小川内カ。
(9)**有馬鎮貴**　一五六七～一六一二。のちの晴信。肥前日野江城（長崎県南島原市北有馬町谷川名）を本拠とする国衆。
(10)**温泉山**　満明寺、長崎県雲仙市にあった真言宗寺院。元亀二年（一五七一）白雀《はくじゃく》の乱により焼失。
(11)**湯之浦**　熊本県葦北郡芦北町湯浦。

九日、佐敷《さしき》から(12)乗船しようと計石《はかりいし》まで(13)下り、船に荷を載せていたところ、突然風が強くなり出船が困難となったため、その日は計石に留まった。

十日、この日も出船できないため、陸路にて日奈久《ひなぐ》に(14)到着。山崎名字の者のところで宿泊。

十一日、八代(15)に到着。忠平殿の居所に出向き、太刀《たち》一腰《ひとこし》・銭三千疋《ひき》(16)を進上。これは、当庄（八代）を拝領以後、初めて参上したので、その祝言のためである。やがて拝謁し、いつもの肴にて酒を賜った。島津家久《いえひさ》(17)・伊集院忠棟《いじゅういんただむね》(18)などに挨拶。

十二日、家久公の宿所に伊集院忠棟が寄り合い、我々も同席した。終日、乱舞《らっぷ》や(19)茶の湯に興じて、いろいろと閑談。この日、有馬鎮貴より着庄の祝言があり、太刀一腰・銭百疋を頂いた。

十三日、忠平殿の宿所にて談合。この日、山田有信《やまだありのぶ》(20)・鎌田政広《かまたまさひろ》(21)が有馬(22)から帰帆し、有馬表の様子を詳しく報告した。また、新納久饒《にいろひさあつ》(23)・比志島国貞《ひしじまくにさだ》(24)の二人が隈本(25)から帰ってきた。隈本在番の吉利忠澄《よしとしただずみ》(26)・新納忠元《ただもと》(27)・伊集院久宣《ひさのぶ》(28)の考えを報告。これをふまえての談合であった。談合衆は、家久・伊集院忠棟・川上久隅《かわかみひさずみ》(29)・拙者・右の御使衆であった。談合では、とにかく隈本在番衆と打ち合わせた上での談合が必要と定まり、在番衆三人に隈本・八代間の中途まで来るよう隈本に書状を認《したた》めた。談合終了後、忠平殿と談合に参加した皆とで酒寄合となった。

十四日、この日の朝、伊集院忠棟が拙宿にやってきて酒で参会。肝付兼寛《きもつきかねひろ》(30)・新納久饒・鎌田政広・山田有信・比志島国貞らも一緒であった。この晩、伊集

(12) **佐敷**　熊本県葦北郡芦北町佐敷。

(13) **計石**　熊本県葦北郡芦北町大字計石。佐敷川河口右岸。

(14) **日奈久**　熊本県八代市日奈久。

(15) **八代**　熊本県八代市古麓町の古麓城《ふるふもとじょう》。

(16) **疋**　銭の数え方。一疋は十銭（文）、現代で約九六〇円。

(17) **島津中務大輔家久**　一五四七～八七。島津貴久四男。義久・忠平（義弘）の異母弟。日向国佐土原領主（宮崎市佐土原町）。永吉島津家祖。唐名「中書」と呼ばれることが多い。

(18) **伊集院右衛門大夫忠棟**　一五四一？～九九。伊集院忠倉《ただあお》子息。老中、大隅国鹿屋地頭（鹿児島県鹿屋市）。

(19) **乱舞**　中世、猿楽法師の演じる舞。

(20) **山田新介有信**　一五四四～一六〇九。日向国高城地頭（宮崎県児湯郡木城町高城）。

(21) **鎌田刑部左衛門尉政広（政景）**　一五四〇～九三。奏者、日向国志布志地頭（鹿児島県志布志市志布志町）。

(22) **有馬**　島原半島、或いは有馬氏の勢力圏をこう表現している。

院忠棟の旅宿で風呂を頂いた。その後、拙者とともに酒寄合となった。

十五日、隈本在番衆との談合のため、隈本・八代の中途まで出かける予定であったが、天気が悪く、その上、忠平・家久御兄弟が参加しない談合はいかがなものかということになり、八代まで隈本在番衆を呼んで談合するのがよいと決し、中途での談合は中止となった。そこで暇となり、日州申次《にっしゅうもうしつぎ》(31)であるにもかかわらず無沙汰であった鎌田政広の宿所を訪問。その時、筑後の田尻鑑種《たじりあきたね》(32)殿の使者が拙宿《せっしゅく》に来たらしく、拙者は留守だったため、矢野節介《やのふしすけ》を案内者として鎌田政広の宿所にやって来た。そこでこの使者と面会した。荒木名字の使者であった。

十六日、忠平宿所にて談合。談合衆は、家久・川上久隅・吉利忠澄・新納忠元・伊集院久宣・鎌田寛栖《かんせい》(33)・新納久饒・比志島国貞・山田有信・鎌田政広・伊集院忠棟・拙者であった。談合の条書は拙者が担当した。

　肥後国中(34)への作戦
　有馬表への渡海
　堅志田口《かたしだぐち》(35)への対応

この三カ条であった。談合終了後、酒寄合となった。客居に家久・吉利忠澄・新納忠元・伊集院久宣・新納忠堯・鎌田政広、主居に忠平・伊集院忠棟・拙者・鎌田寛栖・比志島国貞・山田有信であった。石原治部右衛門尉《いしはらじぶうえもんのじょう》と申す者が狂言を演じるなどして酒宴となった。

十七日、肝付兼寛の宿所にて伊集院忠棟・拙者などで酒寄合があった。その座

(23) **新納右衛門佐久饒**　一五四七〜一六二四。新納康久子息。弟は肥後八代荘厳寺住持で、後年、島津家重臣となる新納旅庵。
(24) **比志島宮内少輔国貞**　一五五〇〜一六二〇。比志島国真子息。奏者、薩摩国市来地頭（鹿児島県日置市東市来町）。
(25) **隈本**　熊本県熊本市。
(26) **吉利下総守忠澄**　一五四九〜九五。島津薩州家久定子息。日向国入野・三城地頭。覚兼義弟（妹の夫）。
(27) **新納武蔵守忠元**　一五二六〜一六一一。新納祐久《すけひさ》子息。薩摩国大口地頭（鹿児島県伊佐市）。
(28) **伊集院美作守久宣**　一五三〇〜八七。伊集院忠胤《ただたね》子息。日向国清武地頭（宮崎市清武町）。
(29) **川上上野守久隅**　一五三二〜一六一一。川上昌久子息。薩摩国川上村領主（鹿児島市川上町）、薩摩国藺牟田地頭（鹿児島県薩摩川内市祁答院町）。
(30) **肝付弾正忠兼寛**　一五五八〜九〇。肝付兼盛（覚兼従兄弟）の長男。大隅国加治木領主。
(31) **日州申次**　日向国の諸地頭と太守義久・鹿児島の老中との取次を担当する奏者。

終了後、直に忠平殿の宿所にて談合となった。参加衆は昨日と同じであった。談合の結果、肥後国中への出陣と決定した。「阿蘇家（阿蘇《あそ》惟将《これまさ》[36]）は、これまで何度も出頭するといいながら疎遠なままである。これをまず出頭させるべき」との結論となった。また、「薩隅日三か国の軍勢の到着が遅れているので、現時点で八代に到着している軍衆をまず有馬に渡海させるべき」と決した。これは、肥後国中への出陣が行われない間、参着した軍勢をそのままにしておくべきではないとの談合結果によるもの。

十八日、吉利忠澄・新納忠元・伊集院久宣が拙者の宿舎に挨拶に来た。新納忠元から酒を頂戴したので皆で頂いた。

　この日、鎌田寛栖を使者として伊集院忠棟からの連絡を承り、「阿蘇家を出頭させる件は、宇土殿（名和《なわ》顕孝《あきたか》[37]）と談合してはどうか」との提案を受けた。「宇土殿は阿蘇領との境目衆であり、事情を説明すれば仲介してもらえるかもしれない。覚兼も同意するならその旨を鎌田寛栖から忠平殿に伝えたい」とのことであった。この意見に同意する旨、返答。鎌田寛栖・稲富《いなとみ》長辰《ながとき》[38]の両人を宇土に使者として派遣することに決定した。

十九日、鎌田政広の宿所にて、伊集院忠棟と拙者に酒が振る舞われた。そして同所にて、有馬への軍勢渡海の談合と船盛[39]をおこなった。拙者も渡海したい旨、強く主張したが、忠平殿に止められたのでやむを得ずあきらめた。渡海衆は全員、川上久隅の指揮下に入ることと決した。

（32）**田尻鑑種**　筑後国衆。居城は筑後国鷹尾城（福岡県柳川市大和町）。
（33）**鎌田尾張入道寛栖（政年）**　一五一四～八三?。鎌田政広の父。
（34）**肥後国中**　肥後北部の菊池氏旧領。
（35）**堅志田口**　阿蘇大宮司家支配領域（熊本県下益城郡美里）。
（36）**阿蘇惟将**　一五二〇～八三。阿蘇大宮司家二十代当主。
（37）**名和顕孝**　一五六一～一六〇八。肥後国衆名和行直子息。本拠は宇土城（熊本県宇土市神馬町）。天正三年（一五七五）夏には、京都の里村紹巴《さとむらじょうは》邸にて、島津家久と同宿しており、同八年、隈本城の城氏とともに島津氏に従属した。
（38）**稲富新介長辰**　一五三六～一六二九。日向国紙屋地頭（宮崎県小林市野尻町）。のちに相良長泰と改名。
（39）**船盛**　軍勢を船に割り振ること。

この日、有馬鎮貴から島原肥後守《しまばらひごのかみ》・峯左近将監《みねさこんしょうげん》が両使として派遣され、島原渡海の祝言とともに、多くの迎船を派遣するとの連絡があった。鎌田政広の宿所にて、伊集院忠棟とともにこの両使と対面した。

この日、上津浦鎮貞《こうつうらしげさだ》(40)殿から使書が届き、八代着庄の祝礼を承った。

この晩、肝付兼寛が有馬渡海の暇乞いに来た。〈常住の食〉(41)でもてなした。矢野節介などその場に居合わせた者達と酒を飲みつつ閑談した。

二十日、上津浦殿の使僧が来られたので、対面して書状への返事をした。

この日、諸勢が徳淵《とくのふち》(42)から有馬に向けて出船した。

この日、隈本在番の吉利忠澄・新納忠元・伊集院久宣の三人に対し、有馬から迎船が来たため、先日の談合決定を変更し、八代に参集した軍勢を有馬に渡海させた旨を説明した。

去十五日、伊東祐延《いとうすけのぶ》・宮原秀齋《みやはらしゅうさい》の両使から忠平殿の伝言を承った。八代への移動にともない、愚弟上井秀秋を八代役人(43)に任命したい旨、数回打診をしているのだが秀秋が承諾しない。そこで拙者から説得して欲しいと要請があった。これを受け、「忝い《かたじけな》ことではありますが、秀秋は若輩であり、八代役人就任は不釣り合いだと思います。しかし、忠平殿からの要請とあれば秀秋を説得し、追って詳しく申し上げるつもり」との返事をした。

そしてこの日、伊東・宮原の両人を拙者の宿舎に呼んで次の通り返答した。「先日申しましたように、忝いことではありますが、秀秋が『八代役人就任は難し

(40) **上津浦鎮貞** 天草五人衆のひとり。居城は肥後国上津浦城(熊本県天草市有明町上津浦)。

(41) **常住の食** 常備の食料の意ヵ。

(42) **徳淵** 熊本県八代市本町にあった港。

(43) **八代役人** 忠平老中。島津本宗家の老中にあたる他家の重臣を「役人」と称している。

い』と断り、使者を帰したこと二十回に及んだとのこと、過分の至りであります。忠平殿のお考えどおりに八代役人に就任させても任に堪えないと思いますが、その時は拙者からもお詫び申し上げる」と使者に返答し、「忠平殿のお考え次第と返答するよう弟秀秋に意見します」と申し上げた。拙者が不相応に鹿児島評定所(44)に居たときと同様に、秀秋の八代役人就任は難しいことであると、自分の経験を踏まえ、両使に対して詳しく申し上げた。

二十一日、忠平殿から招集され、忠平の常の住まいにて寄合があった。呼ばれたのは、家久・新納久饒・拙者の三人であった。

この日、有馬へ諸勢が渡海した旨と島津征久《ゆきひさ》(45)・島津忠長《ただたけ》(46)が八代に遅着していることを鹿児島寄合中（老中）に同書にて伝えた。

この日、忠平殿・家久公が伊集院忠棟の宿に入り、終日酒宴となった。鼓《つづみ》・大鼓などの余興があり、幸若与十郎《こうわかよじゅうろう》が一曲舞い、石原治部右衛門尉が狂言を演じるなど、いろいろと慰《なぐさ》んだ。

二十二日、三舟《みふね》(47)から甲斐宗運《かいそううん》(48)が和睦を望む旨、鎌田政広・比志島国貞の両使が中途で甲斐宗運の使者に会い、申し出を受けた。甲斐宗運からは、「網田《おうだ》(49)・郡浦《こうのうら》(49)・甲斐頭《かいとう》(50)・小川(50)などの神領（阿蘇社領）を阿蘇家に返却すれば和睦してもよい」とのことであった。あまりに思いもしない申し出であり、両使からも、「とてもその条件では和睦は実現しない」と突き放したとのことである。しかしながら、「とにかくこちらから堅志田に対して説明する」とあしらって帰した。

（44）**鹿児島評定所**　島津氏の居城御内（鹿児島市大竜町）にあった老中評定（談合）の場。宝永二年（一七〇五）「御家老座」と改称。

（45）**島津右馬頭征久**　一五五〇～一六一〇。初名幸久、のち以久。島津忠将長男。大隅国清水領主（鹿児島県霧島市国分）。佐土原島津家・垂水島津家祖。

（46）**島津図書頭忠長**　一五五一～一六一〇。島津尚久長男。薩摩国鹿籠領主（鹿児島県枕崎市）。宮之城島津家祖。

（47）**三舟**　御船、熊本県上益城郡御船町。阿蘇大宮司家重臣甲斐宗運の居城。

（48）**甲斐宗運**　一五一五？～八五。親直《ちかなお》、宗運は入道名。甲斐親宣子息。阿蘇大宮司家重臣。

（49）**網田・郡浦**　肥後国宇土郡。

（50）**甲斐頭（海東）・小川**　肥後国下益城郡。

この日、伊集院忠棟が拙者の宿舎に来て、終日閑談した。それから蓑田信濃守《みのだしなののかみ》(51)から伊集院忠棟と拙者に食事を提供され寄り合い、夜更けまで酒を飲んだ。

二十三日、敷祢休世斎《しきねきゅうせいさい》(52)の宿舎に挨拶に行って閑談した。この晩、伊集院忠棟の宿所へ家久公が風呂に入りにいくというので、我々も参った。夜更けまで酒宴となった。この座に、忠平殿から伊東右衛門佐《いとううえもんのすけ》が遣わされて仰るには、合志《ごうし》(53)殿から島津家への臣従《しんじゅう》の申し出があった。それに対し忠平殿からは、「知行についてと、小代《しょうだい》(54)へ攻撃を加えるよう申したので、こちらからも老中が交渉するように」とのことであった。これに対し、「このような交渉は、仲介の人物がいないと寄合中が直接のりだすのはやりづらいことが多いものです。その上、合志・小代方面には不案内であり、全く対応できません。隈本には、吉利忠澄・新納忠元・伊集院久宣らが在番をしているので、案内者もいるでしょうから、先日から忠平殿の使番をつとめている伊東右衛門佐を隈本へ派遣して、彼らと談合して交渉するのがいいのではないかと、我々は考えております」と返答した。

二十四日、家久公が樺山玄佐《かばやまげんさ》(55)の宿舎に挨拶に行くというので、拙者も連れて行かれた。それから直接拙者の宿舎に来られた。食事の後、終日酒宴となった。それからまた、家久公の宿舎に連れて行かれ、終夜雑談などした。

この日、堅志田に対し、家久公の命というかたちで、延命院《えんめいいん》と本田城介《ほんだじょうのすけ》(56)を使者として派遣した。その内容は、「これまで家久は、阿蘇家との和睦を懇望してきましたが、阿蘇家がこれに応じる旨決定しつつも、所領返還を求めてき

(51) **蓑田信濃守** 相良氏旧臣。八代在住カ。

(52) **敷祢休世斎（頼賀《よりいわ》）** 一五一三～九六。大隅国敷祢領主（鹿児島県霧島市国分敷根）。覚兼舅（妻の父）。

(53) **合志殿** 合志親為《ごうしちかため》（宣頓《せんとん》カ）。肥後国衆。居城は肥後竹迫城《たかば》（熊本県合志市上庄）。

(54) **小代** 小代親泰《しょうだいちかやす》カ。肥後国衆。居城は肥後筒ヶ岳城（熊本県荒尾市府本）。

(55) **樺山玄佐（善久《よしひさ》）** 一五一三～九五。樺山広久長男。家久舅。室は島津忠良（日新斎）の娘御隅《おすみ》。大隅国長浜領主（鹿児島県霧島市隼人町）。二男忠助は日向国穆佐地頭（宮崎市高岡町）。長女は家久室。

(56) **本田城介** 久親。島津家久の母橋姫の兄。家久重臣。

たことは、老名衆としては、全く納得いたしかねます。こちら側から所領を差し出せと命じるほどの戦況であるにもかかわらず、そちらが所領のことを持ち出したことは、まったく道理に合わないご判断ではないでしょうか。家久が説得し、和平に向けた方針でしたが、これではまったく成立いたしません」と突き放したものであった。

二十五日、比志島国貞の宿舎にて、伊集院忠棟と拙者が寄り合った。同席者は新納久饒・鎌田政広などであった。

この日、筑後の田尻鑑種が籠もる鷹尾城(57)から、山くぐり(58)一人が到来した。内容は、「龍造寺《りゅうぞうじ》方から鷹尾攻城の陣が十築かれましたが、たいした兵力ではありませんので、さしたることはないでしょう。島津方から兵船を五十艘、百艘も派遣していただければ、敵陣の一つや二つ追い払うことができましょう」とのことであった。これを受けて談合となった。こちら側の船数をそろえ、荷籠《にかご》（田尻氏への支援物資）を送るべきとの結論になったので、新納久饒・比志島国貞を使者として島津忠平・家久御兄弟の意見をうかがった。両名の意見は、「もっともではあるが、まずは筑後方面の状況やそこまでの通路等を偵察する人員を二、三人派遣し、その後で兵粮籠《ひょうろうかご》や軍衆を派遣すべきではないだろうか。この意見について談合して決定するように」とのことであった。これについて、宇土川尻(59)に崎右衛門尉《さきうえもんのじょう》という船頭がおり、先日、肥前に派遣したのできっと彼なら状況を詳しく存じているだろうということで、早々に参上するよう書状で

(57) **鷹尾城**　福岡県柳川市大和町。
(58) **山くぐり**　敵に包囲されている城・陣中に派遣される密使。忍者の可能性が高い。
(59) **宇土川尻**　熊本県宇城市小川町川尻。

本郷甲斐守《ほんごうかいのかみ》(60)まで連絡した。

この日、堅志田に昨日派遣していた延命院が帰ってきた。彼の話によると、先頃、家久公の御内衆（家久の直臣）に対し、甲斐宗運側が日向国美々津にて申し入れをした際、御神領（阿蘇領）の話となった。その時、使衆が聞いたところでは、「薩摩（島津家）はとりわけ御神慮を重視するので、きっと御神領に対し侵攻することはないだろうと考えており、このようななりゆき（甲斐宗運が神領返還を要求するような状況）になっているとのこと。状況によっては今後、侘を入れてくることもありうるのではないだろうか。ただ、現状ではとりあえず申してこないであろう。まずは、阿蘇氏との和睦が実現するよう家久公に取りなしを頼みたいと甲斐宗運が申している」とのことであった。これを受けて、本田城介は小川に留まり、延命院のみ帰ってきたとのこと。すぐにこちらから家久内衆を派遣し、「そういうことならば和睦を受け入れてもよい。ただし、甲斐宗運の実子一人を人質に差し出すか、そうでなければ隈部(61)に対し、五日中に攻撃を行うこと。この二条件のうち一つも実行できないのであれば、和平実現は難しい」と伝達した。

この日、有馬から山田有信が飛脚で注進してきた。一昨日、十一月二十三日、偵察のため深江《ふかえ》(62)に兵を派遣した。そこで敵勢（龍造寺勢）に遭遇し、終日、手火矢《てびや》(63)にて応戦し敵三人を討ち取ったとのことであった。すぐに書状を山田有信に送った。「島原半島における境目の端村(64)などはすべて引き上げてしまって

(60) **本郷甲斐守**　名和氏家臣ヵ。

(61) **隈部**　熊本県山鹿市菊鹿町。隈部氏の本拠隈部館の所在地。

(62) **深江**　長崎県南島原市深江町。

(63) **手火矢**　鉄砲。

(64) **端村**　小さな村。

いるので、城攻め以外の戦闘行為は慎むことになっている。もしこうした戦闘で負傷すれば大変なことになる。なぜならば、肥後国中での戦闘が終息するのは、かなり先のことになりそうだからである。有馬氏へわずかな軍勢を派遣したが、彼らはただいたずらに滞在しているだけになっている。これはとりあえず、もしものことがあった時の対応として、談合の結果派遣したまでである。あくまでも肥後攻略が主眼であり、安否にかかわる軍事行動は無用である」とのことを川上久隅や、その他の諸軍衆に対して、周知徹底するよう申し渡した。

二十六日、敷祢休世斎・比志島国貞が語りたいといって拙宿に来た。雨だったので終日、囲碁や褒貶連歌《ほうへんれんが》[65]などで暮らした。夕食をともにし、酒で雑談などして皆、帰宿した。

二十七日、伊集院忠棟の宿舎にて終日雑談。この座に、甲斐宗運と交渉中の使者がやってきた。家久内衆の本田城介・高崎越前守《たかさきえちぜんのかみ》[66]・久木崎伊賀丞《くきざきいがのじょう》の三人である。甲斐宗運の使者が申すには、「人質については、子供・孫ともに一人も差し出すことはできない。合戦については、島津側の意向どおり、相応に隈部《くまべ》辺に出兵する」とのこと。また、使者が戻り次第、甲斐宗運に詳しく尋ね、明後日、八代に報告するとのことであった。この晩、稲富長辰の宿所で〈常住之食寄合〉があった。

二十八日、ここかしこの衆中が拙宿に挨拶に来られたので、酒でもてなした。

この朝、忠平殿の宿所に参上した。理由は、弟秀秋を役（老中）に任じる件につき、拙者に対し、秀秋が了承するよう説得して欲しいと頼まれていたが、

(65) **褒貶連歌**　一座の者が互いに作った歌をその場で批評する連歌。

(66) **高崎越前守**　島津勝久老中・貴久家臣だった高崎播磨守能名の二男能時（能兼・能隣）、もしくは高崎播磨守能宗の子能堅。家久老中。

その件が忠平殿の意向どおりに決着した。そして、その御礼を、宮之原伊賀守《みやのはらいがのかみ》を使者として頂いたので、その返礼のため参上したのである。

この晩、忠平殿に呼ばれ〈常住之御寄合〉(67)があった。その座は、肝付（兼寛カ）と拙者であった。

この日、鹿児島の平田《ひらた》光宗《みつむね》(68)・本田《ほんだ》親貞《ちかさだ》(69)から書状が届いた。先日、続衆(70)の到着が遅参している旨連絡したことへの返書であった。

二十九日、忠平殿が田尻鑑種からの書状への返書を、比志島国貞に書くよう命じられた。その案文を、拙者と談合したいと比志島国貞が持参したので、談合した。

この日、蓑田信濃守のところへ忠平殿が招かれた。その座にいた衆は、家久・伊集院忠棟・新納久饒・拙者・亭主であった。終日酒宴となった。この座中に、田尻籠城（鷹尾城）に派遣した忠平殿の使者が帰ってきた。田尻方面の様子を絵図をもって物語った。龍造寺からの着陣は九つあったが、小勢であるのでさしたる事はないだろうとのこと。また、田尻住城《じゅうじょう》の兵粮などは、来年秋までは差し迫ることはなく、手火矢の玉薬なども五、六年は不足しないだろうとのことであった。使者は忠平内衆の左京坊と荒武名字の人であった。船で鷹尾城に至り、左京坊には太刀、荒武には脇刀が田尻鑑種から下されたとのこと。龍造寺隆信《りゅうぞうじたかのぶ》(71)と鍋島信生《なべしまのぶなり》(72)は、有馬表を不安に思ったのか帰陣したとのことであった。

【解説】

(67) **常住之御寄合** 日常の場所での寄合カ。

(68) **平田美濃守光宗** 平田昌宗養子。一五二九〜一六〇五。老中、大隅国帖佐地頭（鹿児島県姶良市）。

(69) **本田下野守親貞** 本田親尚二男。?〜一五九六。老中、大隅国吉田地頭（鹿児島市吉田地区）。

(70) **続衆** 援軍。

(71) **龍造寺隆信** 一五二九〜八四。肥前佐賀を本拠とする戦国大名。天正八年八月に家督を嫡男政家に譲っている。

(72) **鍋島信生** 一五三八〜一六一八。のちの直茂《なおしげ》。龍造寺隆信義弟。龍造寺氏重臣。

天正十年十月以前に、島津忠平が肥後八代に移ることが決定しており、移封を前提とした肥後八代への出陣であった。忠平の八代支配の責任者ともいえる「八代役人」（八代担当の忠平老中）に覚兼の弟秀秋を抜擢する話があがり、いやがる秀秋の説得を覚兼が依頼されている。

さて、この時の出陣は、いまだ島津氏に帰順しない阿蘇大宮司家とその重臣甲斐宗運への対応と、城一要の居城隈本城に救援のため派遣されていた新納忠元らへの支援が目的であった。ところが、龍造寺隆信の圧力を受け島津氏に従属した有馬鎮貴の救援要請もあり、既に八代に出陣済みの軍勢を一部島原半島に出陣させている。これはあくまでも、龍造寺方となった国衆への牽制が目的だったようだが、有馬出陣衆の大将川上久隅らが暴走していく。

さらに、佐土原城主島津家久は、肥後出陣以前に日向国美々津において密かに甲斐宗運側と接触しており、勝手に和睦交渉をおこなっていたようである。これにより島津氏に本格的な侵攻意思が無いとみた甲斐宗運は、十一月二十二日にあり得ない条件で和睦を提案している。それはさすがに却下した覚兼ら老中であったが、和睦前提の外交交渉を余儀なくされている。

加えて、島津勢の肥後出陣を知った筑後国鷹尾城の田尻鑑種も、島津氏に救援を要請してきて覚兼らは対応に苦慮している。

天正十年（一五八二）

十二月条

一日、忠平殿のもとに出仕した。〈御焼火処(1)〉に伊集院忠棟と拙者を呼び寄せ、田尻鑑種《あきたね》からの要請を聞かされた。その趣旨とは、爰元《ここもと》（島津勢）の加勢をひとえにお願いしたいとのことであった。その他、籠城の様子は、昨日の使者が物語ったのと同様であった。この日、家久公、伊集院忠棟らに挨拶をした。

　この日の晩、忠平殿から酒寄合のお誘いが二度もあったので参上した。参加者は、家久・比志島国貞・鎌田政広・稲富長辰《いなとみながとき》・拙者であった。座中で、有馬（島原半島）に派遣中の軍勢に関する話となり、有馬派遣軍の帰帆について明朝、談合する必要ありということになった。また今晩、島津忠長《ただたけ》もこちらに着陣する予定なので、忠長とも明朝、談合することとなり、伊集院忠棟から事情を説明することとなった。

二日、早朝、忠平殿の宿所に出仕した。やがて談合となり、談合衆は忠平・家久御兄弟、島津忠長・伊集院忠棟・鎌田政広・比志島国貞・新納久饒《ひさあつ》・拙者であった。有馬鎮貴《しげたか》への使節として大寺安辰《おおでらやすとき》(2)・稲富長辰に渡海するよう仰せつけた。その趣旨は、川上久隅《ひさずみ》・鎌田寛栖《かまたかんせい》・山田有信が先手として渡海しており辛労であること。次に、深江・安徳《あんとく》(3)のこと。「ここは、たやすく攻め破れる在所なのか。

(1) **御焼火処**　囲炉裏のある部屋カ。

(2) **大寺安辰**　?〜一五八七。日向国田野地頭。

(3) **安徳**　長崎県島原市南崩山町。

もしくは、安富徳円《やすとみとくえん》が(4)色々と障害になっているため攻撃できないでいるのだろうか。同氏は当手（島津方）に属すといっておきながら、未だその姿勢を見せていないとの風聞であり、困ったことである。それが事実ならば、安富徳円には腹を切らせるべき事案である。あるいは、どうにかして計略し、こちら方へ帰参すれば、八代に召し留め〈一途御曖《いっとのごあつかい》〉(5)が必要である。ただし、こちらの戦略次第の判断が肝要である。また、諸軍勢が有馬に漫然と駐留していると無用な事態を招きかねないので、そちらの様子をうかがいつつ隈本に軍衆を帰帆させるのがいいだろう」というものであった。

この日、田尻鑑種からの使者、西田・荒木両人が忠平殿のもとに参上し、酒を下された。蒲池《かまち》主計助《かずえのすけ》の使僧も同じく参上した。田尻鑑種からの使者の趣は、新納久饒と伊東祐延《すけのぶ》が承った。島津家に対し、無二の御奉公を誓う旨の起請文《きしょうもん》(6)を提出し、そのほか戦況について条書で伝達してきた。

この日、三舟（御船）・隈庄《くまのしょう》（甲斐宗運父子）から使僧・使者と書状が到来した。鎌田政広と比志島国貞が意趣を承った。「先刻伝えたように、人質に孫・子は出せないので、一族の歴々のものを出したい。その上で、隈部に対し一合戦行い、急ぎ島津家の意向次第に奉公するつもりである」とのこと。その返事として、「人質の事は、直子・直孫はまったく出せないとの意向であるが、すべて偽りではないのか。なぜなら、龍造寺氏には人質として直孫を送り、こちらへは送れないとはおかしい。しかし、せっかく家久公が帰順のとりなしをしたことが無駄

（4）**安富徳円**　有馬家重臣。純清《すみきよ》、徳円は入道名。

（5）**一途御曖**　処刑ヵ。

（6）**起請文**　神仏に誓った契約文書。寺社発行の牛王宝印《ごおうほういん》の裏に記す。契状ともいう。

になってしまうので、来たる十日から十一日の間に合志親為《ごうしちかため》と相談の上、隈部麓(7)に出陣すれば、帰順が真実だと分かるであろう。人質のことは、そちらの申し出どおり、一族の中から歴々のものを一両日中に差し出し、和平にむけて努力していただきたい」と伝えた。使者は忝《かたじけな》いと述べた。そういうことで、甲斐氏との和平はこれで落着した。甲斐宗運から祝礼として拙者に銭五千疋《ひき》、隈庄殿（甲斐上総介カ）から太刀《たち》一腰《ひとこし》、緞子《どんす》(8)をいただいた。忠平・家久・伊集院忠棟、使番の鎌田政広・比志島国貞へも銘々祝礼の引き出物があった。和平が正式に決まっていないうちにこうした引き出物は納得できないが、返すのもいかがなものかということで受け取り、それぞれで返礼することに決定した。忠平殿からは、「甲斐宗運は、ふだんさまざまな武略を駆使する人物であることは疑いないところである。とくに、今度の和平に関しての人質などの駆け引きをみるに、偽りの帰順であることは歴然であるが、甲斐宗運側から違約の回数を重ねさせれば、合戦では必ず勝利できるであろう。このことを覚悟の上で、ぬかりのないように」とのことであった。さらに忠平殿のご意見は、「日新様《じっしんさま》（島津《しまづ》忠良《ただよし》）(9)がたびたび仰られるには、合戦を有利に導くには、とりわけ相手に〝非〟を重ねさせ、自らに〝理〟があるようにすることである。そうすれば合戦は間違いなく思い通りにいく。この談合の判断はとても大切なことである」とのことであった。

この晩、新納久饒の旅宿に拙者や伊集院忠棟らが集まり酒寄合となった。

(7) **隈部麓** 熊本県山鹿市菊鹿町。

(8) **緞子** 絹の紋織物。

(9) **島津忠良** 一四九二〜一五六八。日新斎。島津相州家運久養子、義久・忠平兄弟の祖父。「日新公いろは歌」の作者であり、島津家の精神的支柱であった。

三日、三舟・隈庄への返書を比志島国貞に認《したた》めてもらった。その文言は、「島津家久に対し、たびたび帰順を申し入れたことを重く考えております。そこで、まず隈部氏に対し、急ぎ一合戦なされるのが専一であります。それが実現すれば、こちらへの帰順の意志が真実だと見なし得るでしょう。納得できない部分も多々有りますが、まず和平を実現させることには異議ございません」というものであった。拙者からの返礼は、甲斐宗運に喉輪《のどわ》(10)一つ、隈庄殿には太刀一腰、鳥目《ちょうもく》(11)三千疋であった。甲斐氏からの両使の宿所に、食籠を肴に酒を届けさせ、ついでに返事も持たせた。安楽阿波介《あんらくあわのすけ》を使者とした。

この日、伊集院忠棟の宿所で風呂興行があるというので、入りに行った。それから帰宿する際、田尻鑑種の使者二人が書状を拙者に持参した。すぐ使者と対面して酒寄合となり書状も拝見した。内容は、御屋形様（島津義久）に対し、無二の奉公を誓うとのことであり、我々とも今後、疎略無くいろいろと協議していきたいとのことであった。

四日、栗野衆《くりの》(12)が必要な人数をそろえないまま出陣してきたことは曲事《くせごと》であると地頭の川上忠智《かわかみただとも》(13)へ書状を出した。

伊集院忠棟の宿所にて、堅志田からの落人、小田弾正《おだだんじょう》という者に対し、比志島国貞・蓑田平馬允《みのだへいまのじょう》の二人が尋問をおこなった。甲斐宗運の本心は、孫を肥前に人質として送っているので龍造寺氏に与している。〈弓箭ハ本もなき物〉(14)なので、まずはこちらに出仕しておき、もし島津家に〝弱目〟が出たならば、龍

(10) **喉輪** 喉から胸板の上の隙間を覆う鎧の小具足。
(11) **鳥目** 銅銭。
(12) **栗野衆** 鹿児島県姶良郡湧水町。
(13) **川上忠智** ?〜一六〇七。川上忠興子息。大隅国栗野地頭（鹿児島県姶良郡湧水町）。
(14) **弓箭ハ本もなき物** 「戦略は流動的なもの」くらいの意味ヵ。

造寺家に忠節を尽くすというように内々に龍造寺方に与しているとのことであった。

この日、有馬表で合戦があったようである。そこで、伊集院忠棟がその吉凶を心易(15)で占おうというので了承した。申刻（午後4時頃）に占い、現在の状況を表す本卦《ほんけ》は〈山地剥《さんちはく》〉、結果を表す変卦《へんけ》は〈山水蒙《さんすいもう》〉、過程を表す互卦《ごけ》は〈重坎（重坤の誤りヵ）〉と出た。これらを五行易で捉えれば、本卦は〈比和《ひわ》〉であった。変卦は〈土剋水《どこくすい》〉であったので、きっと戦の勝利は間違いないとの結果であった。しかしながら、〈変所王之位〉であったので、「城を陥落させることは難しいのではないか」と答えておいた。

この晩、島津忠長の宿所に呼ばれ寄合があった。参加者は、家久・伊集院忠棟・拙者であった。夜更けまでいろいろとご遊覧であった。帰宿すると、隈本衆の長野惟冬《ながのこれふゆ》(16)が使いをもって挨拶に来ていた。中紙(17)三十帖を持ってきていた。

五日、伊集院忠棟が拙宿に来て談合となった。鎌田政広・比志島国貞も同席した。三舟に延命院を使僧として派遣することに決し、その内容・条数(18)などについて、比志島国貞を通じて忠平殿の意向をうかがった。ご納得とのことであったので意趣を承った。まず、

和睦御礼について
長野(19)への攻撃について
人質について

(15) **心易** 易占いの一つ。宋の邵康節《しょうこうせつ》に始まる。筮《ぜい》竹を用いないで、任意の物の数、たとえば、ある文字の筆画の数・生年月日の合計数などによって卦爻《けこう》を定めるもの。

(16) **長野惟冬** 城氏の家臣ヵ。

(17) **中紙** 品質が中程度の紙。

(18) **条数** 事項を一つ一つ書き並べた書状。

(19) **長野** 熊本県山鹿市菊鹿町上永野、隈部館の所在地。

合志に対する熟談について

神載[20]について

付随して龍造寺氏との断交が重要とのことである。また、「隈部氏領長野への攻撃の日取りは、来たる十日、十一日がよいだろう。もしこの日で差し障りがあれば、十四日がいいだろう。これに同意しなければ帰順が真実ではないことは歴然であろう」とのことであった。

この日、有馬表の状況が伝わってきた。千々石《ちぢわ》城[21]の下栫《したかこい》を破却して敵（龍造寺勢）二、三百を討ち取り、捕縛した人数は数えられないくらいであったとのことである。蓑田杢左衛門尉《みのだもくざえもんのじょう》も合戦に参加して分捕《ぶんど》り[22]をあげ、数カ所疵を蒙ったため帰還し、状況を物語ってくれた。拙者悴者《かせもの》[23]の鳴海舎人助《なるみとねりのすけ》と申す者などが多数の分捕りをあげたとのことである。蓑田杢左衛門尉の宿所に忠平・家久兄弟もこられ、疵をご覧になった。

六日、田尻鑑種から派遣された使者二人を拙宿に呼び、めしを食べながら会談した。奈良原安芸守《ならはらあきのかみ》・矢野出雲守《やのいずものかみ》が相伴した。

この日、忠平殿のもとに出頭した。家久公とともに、人質として来ている有馬鎮貴の舎弟（新八郎）と会談した。その座が終わった頃であったろうか、我々にも酒が出て雑談となった。それから伊集院忠棟の宿所に参上し、鹿児島に対し、有馬での戦況を伝える書状を出した。

この晩、有川貞真《ありかわさだまさ》[24]の宿所に伊集院忠棟と拙者が呼ばれて酒寄合となった。

（20）**神載**　起請文（神仏に誓う文書）。

（21）**千々石城**　釜蓋《かまぶた》城、長崎県雲仙市千々石町己小倉。

（22）**分捕り**　戦で敵の首をとること。

（23）**悴者**　自分の配下の意であり、覚兼の御内（上井家被官）。宮崎城内外には、覚兼被官（悴者）と宮崎衆（衆中）がいた。どちらも覚兼の指揮下にあるが、宮崎衆は覚兼自身の家臣ではなく、あくまでも島津義久の直臣であり、宮崎に配置されていたに過ぎない。ほかの戦国大名でいうところの「寄子《よりこ》」であり、地頭の覚兼は「寄親《よりおや》」にあたる。

（24）**有川雅楽助貞真**　有川貞則二男。忠平老中。のちに伊勢氏を称する。

七日、比志島国貞から伊集院忠棟の宿所で風呂を焚いていると連絡があったので、入りにいった。やがて有馬に渡海していた稲富長辰が帰帆した。川上久隅・鎌田寛栖からの返事は、「皆がまもなく帰宅するので省略する」とのことであった。まずは、番衆のみ残して諸勢は開陣するとのことであった。また、安富左近《(兵)》衛尉は、川上久隅と同船して帰帆とのことであった。

この日、有馬に渡海していた宮崎衆敷祢越中守《しきねえっちゅうのかみ》[25]・柏原左近将監《かしわばるさこんのしょうげん》[26]・長山《ながやま》兵部少輔《ひょうぶしょうゆう》・愚弟鎌田兼政《かまたかねまさ》[27]が帰ってきた。このたびの千々石《ちぢわ》栫《かこい》[28]（釜蓋城）攻撃にあたっては、大手口を拙者悴者が宮崎衆と同心して太刀始[29]をつとめたとのことであった。拙者悴者で渡海した衆は、安楽帯刀《あんらくたてわき》・長谷山平内左衛門尉《はせやまへいないさえもんのじょう》・常松《つねまつ》左近将監《さこんのしょうげん》・加治木雅楽助《かじきうたのすけ》・関善介《せきぜんすけ》、小者の佐藤であった。いずれも分捕りの高名をあげている。敷祢越中守は分捕りをあげ、鑓疵《やりきず》二か所を蒙り、鎌田兼政は石打にあったという。野久尾《のくび》口は猿渡信光《さるわたりのぶみつ》[30]が一番に攻め上ったとのことである。山田有信もご辛労であったとのことである。頴娃久虎《えいひさとら》[31]は分捕りをあげ、鑓疵一か所を蒙るお働きであったとのことである。諸軍粉骨し、敵数百人を討ち取ったとのことである。

この晩、愚弟鎌田兼政が辛労の上、手負いを蒙ったものの痛がらなかったことへの祝言として、伊集院忠棟が拙宿に来られた。雑談中に村田経平《むらたつねひら》[32]が到着し、島津義久《よしひさ》[33]様から伊集院忠棟・拙者に対し、八代での長期在陣へのねぎらいとともに、諸口で適切な才覚を頼む旨のお言葉があった。

(25) **敷祢越中守**　敷祢頼賀《よりいわ》（休世斎）の又従兄弟越中守頼次ヵ。
(26) **柏原左近将監**　宮崎衆。のちに出家して有閑と名のる。
(27) **鎌田源左衛門尉兼政**　覚兼実弟。鎌田政実養子。
(28) **栫**　陣城のこと。「拵《こしらえ》」と崩しが似ているが、「拵」は造営するという意味の動詞、「栫」は城を指す名詞である。吉本明弘「城館用語に見る戦国期の島津領国─『栫』を事例として─」（『南九州城郭研究』三、二〇〇五年）。
(29) **太刀始**　最初に攻め込むこと。
(30) **猿渡越中守信光**　一五三四～八七。
(31) **頴娃左馬助久虎**　一五五八～八七。薩摩国頴娃（鹿児島県南九州市頴娃町）領主。居城は頴娃城。
(32) **村田右衛門尉経平**　村田秀久子息。生没年不詳。老中、薩摩国郡山地頭（鹿児島市郡山地区）。
(33) **島津義久**　一五三三～一六一一。島津本宗家当主。薩隅日三か国守護。「三州太守」と自称。忠平・歳久・家久の兄。居城は鹿児島の御内。「太守」と呼ばれる。

八日、伊集院忠棟から使いがあり、「早々に来て書状を作成して欲しい」とのことだったので、彼の宿所にて書状を認《したた》めた。鹿児島の本田親貞《ちかさだ》に対し、村田経平《つねひら》をもって伝達する一か条（野村是綱《のむらこれつな》[34]殺害の一件）であり、内々の書状である。この書状には拙者も加判した。

この日、敷祢越中守（宮崎衆中）の手負い見舞いのため宿舎に行った。また、村田経平、川上久隅などへご挨拶にまわった。比志島国貞も同道した。

九日、伊集院忠棟の宿所に参った。村田経平から伝えられた義久様からの隠密の件（野村是綱殺害の一件）について神判《しんぱん》（起請文）に署名した。比志島国貞・鎌田政広・伊集院忠棟と拙者が連署した。できないと言ったのだけれども、どうしてもというので拙者が右筆[35]をつとめた。

この日、忠平殿から「やむを得ない談合があるので祗候《しこう》[36]して欲しい」と、愚弟上井秀秋から、伊集院忠棟と拙者に対し要請があったので二人で参上した。村田経平から話のあった隠密の談合であった。村田経平も参上した。

その後、三舟に派遣していた延命院が帰ってきた。甲斐宗運が言うには、前日とは異なり、「長野（隈部氏）への攻撃は、合志氏と熟談しても両家（合志と阿蘇）だけでの軍事行動はまったく受け入れられない」とのことであった。やがてこの件を、高崎越前守を通じて家久公に詳しく伝えた。

その後、村田経平の宿所にて、崎右衛門尉という船頭を呼び寄せ、田尻鑑種に伝令を出す船の手配などについて談合した。この談合の途中、隈本に派

（34）**野村民部少輔是綱**　一五八四年一月二日付イエズス会総長宛ルイス・フロイス一五八三年度日本年報によると、「彼は幼少の時から国主（義久）とともに育てられ大いに寵愛を受けていた」とあり、義久の近習だったとみられる。

（35）**右筆**　文書や記録をとる書記。

（36）**祗候**　伺い上がる。

遣していた本田治部少輔《ほんだじぶしょうゆ》が帰ってきた。その報告によると、隈本在番中の吉利《よしとし》忠澄《ただずみ》・新納忠元・伊集院久宣が、明後日、十一日に日比良《ひびら》(37)に出陣するとのこと。その状況報告のため、本田とともに派遣された四本秀堅《よつもとひでたか》はそのまま隈本に留まり、本田のみが帰ってきたとのことである。ついては、「一合戦の上、状況次第によっては、忠平・家久御兄弟や八代在陣中の歴々の軍勢を隈本方面まで進軍させて欲しい」とのことであった。

この日、伊集院忠棟と拙者の曖衆《あつかいしゅう》(38)などを少々隈本に派遣した。諸軍衆もそれぞれの判断でそのようにした。

十日、朝、忠平殿が拙宿に無沙汰しているとのことでおいでになった。拙者の見苦しいばかりの〈かなかけ〉(39)の宿にて酒を振る舞った。席次は、客居に忠平・伊集院忠棟・本田親正《ほんだちかまさ》(40)・鎌田政広、主居に家久・村田経平・拙者・比志島国貞であった。終日酒宴となった。この座中に、田尻鑑種から山くぐりが派遣されてきた。「去朔日(十二月一日)夜、龍造寺陣が江村之城《えむらのじょう》(41)に攻め寄せてきたのでこれと合戦し、究竟者《くきょうもの》(42)七、八人を討ち取った」とのことである。種々の件につき談合となった。忠平殿が出立されたあと、伊集院忠棟が宿に来いと拙者を誘うので参上した。村田経平が鹿児島から伝えてきた隠密の談合であった。

その頃、鹿児島から本田親貞の書状が届いた。その内容は、「去月三日の夜中、野村是綱が殺害された。調査したところ阿多源太《あたげんた》と平野新左衛門《ひらのしんざえもん》の仕業ということが露見したので、死罪にすべきと決定したところ、出奔してしまった。寺

(37) **日比良** 熊本県玉名郡和水町日平。
(38) **曖衆** 指揮下の衆(軍勢)。
(39) **かなかけ** 鉋掛け。作事途上の家という意味カ。
(40) **本田弥六親正** 本田親貞の養子親孝の子。
(41) **江村之城** 江之浦城カ(福岡県みやま市高田町江浦町)。
(42) **究竟者** 屈強者。

や社家にも逃げ込んでいないようである。もしそちらの境などに逃げてきたならば、成敗するように」とのことであった。前に隠密と記した件はこのことである。

十一日、頴娃久虎が有馬の戦場で疵を負ったとのことなので、見舞いのため彼の宿所に出向いた。

この晩、島津義虎《しまづよしとら》(43)の宿所に、伊集院忠棟・村田経平と同心して参上した。夜更けまで酒・茶などにて閑談した。

この日、隈本に集結していた衆が日比良の栫を攻撃したとのことであり火色《ひいろ》(44)が見えた。また、三舟・隈庄の人質が来た。

十二日、鹿児島へ書状を送った。内容は、昨日、日比良あたりで合戦となったようであること、また、三舟・隈庄から人質が来たことである。三人が連判した。

この日、伊集院忠棟の宿所にて田尻鑑種に派遣する船の手配などについて報告した。あわせて船への下積の薪などの手配を所々に命令した。

この晩、島津義虎の宿所に忠平殿が挨拶に行かれた。まず、御三献(45)のあと、めしとなった。席次は、主居に忠平、次に義虎・本田正親《ほんだまさちか》(46)、客居に家久・喜入《きいれ》久通《ひさみち》(47)・拙者であった。夜更けまで酒宴であった。

この日、本田正親・大膳坊《だいぜんぼう》（快順）が鹿児島から義久様の命を伝えに来たので、伊集院忠棟の宿所にて拙者とふたりで承った。「このたび、遊行同念上人《ゆぎょうどうねんしょうにん》(48)が鹿児島に来られたとのこと。そこで上人が仰るには、『日向国都於郡《とのこおり》の広大寺《こうだいじ》(49)・

(43) **島津義虎**　一五三六～八五。島津薩州家実久の嫡子。室は島津義久の長女御平。薩摩国出水・阿久根・高城、肥後国水俣領主。居城は出水亀ヶ城（鹿児島県出水市麓町）。

(44) **火色**　雲気（空中に立ち上る異様な気）のこと。永松敦『狩猟民俗と修験道』（白水社一九九三年）に詳しい。

(45) **三献**　大・中・小の盃で一杯ずつ飲んで膳を下げることを三回繰り返す酒宴の作法。

(46) **本田刑部少輔正親**　本田親治の嫡子。奏者、薩摩加世田（鹿児島県南さつま市）地頭カ。

(47) **喜入式部大輔久通**　一五五九～一六〇〇。喜入季久子息。母は佐多忠将娘。薩摩国喜入領主。

(48) **遊行同念上人**　遊行三十一代。一五一七～八七。元亀四年（一五七三）七月十八日、常陸江戸崎顕声寺（茨城県稲敷市江戸崎）で遊行相続。天正十五年（一五八七）六月二十八日、光照寺にて入寂。

(49) **広大寺**　光台寺。都於郡にあった時宗寺院。川原田道場とも。明治四年に廃寺。

光照寺《こうしょうじ》に参りたい[50]』とのことである。そして、それが可能ならば、現在、京都付近は物騒なのでそこに二、三年滞留して、様子をみた上で上国したいので、その間、この寺をお貸しいただけないだろうか」とのことであった。なお、この件の使者は、その二つの寺の住持からであったとのこと。まず、返事には「老名敷衆《おとなしき》(老中)の過半が境目におります。とくに日向国は拙者の噯であるので、ご要請のとおりに対処いたします」とお答えした。

十三日、伊集院忠棟から呼ばれたので、彼の宿所で終日過ごした。いろいろと出ている問題について談合した。隈本当番の吉利忠澄・新納忠元・伊集院久宣の三人に対し、使書を送った。その内容は、「一昨日、日比良の栫を攻撃し、これを陥落させたとの噂を耳にした。めでたいことでありますが、いまだ、お三方からご連絡がありません。どのような状況でしょうか」というものであった。やがて、日比良・安楽寺[51]などが陥落したとの情報が届いた。

この日、三舟・隈庄からの人質四人が伊集院忠棟に挨拶に来た。拙者の宿所にも来るとのことであったので、同じく伊集院忠棟の宿にて見参した。押物を肴に酒を飲んだ。甲斐宗運から銭三百疋を頂戴した。隈庄殿からは、太刀に中紙一束を添えて頂いた。寄合中それぞれにも同様の贈り物があったようである。

この晩、島津歳久《としひさ》[52]殿が着陣されたので、宿所に参上した。村田経平・本田正親と同心した。また、有馬鎮貴殿が到着したと拙宿に使者を遣わしてきた。夜に入り、伊集院久治《ひさはる》[53]が拙宿に来られ、しばらく雑談をかわした。

(50) **光照寺**　宮崎県西都市大字鹿野田に現存する。

(51) **安楽寺**　熊本県玉名市安楽寺。

(52) **島津左衛門督歳久**　一五三七～九二。島津貴久三男。義久・忠平同母弟。薩摩国祁答院領主（鹿児島県薩摩郡さつま町・同県薩摩川内市祁答院町）。居城は虎居城（同県さつま町宮之城屋地）。唐名「金吾」で呼ばれる。

(53) **伊集院下野守久治**　?～一六〇七。伊集院久通子息。奏者、日向国福島地頭（宮崎県串間市）。

十四日、伊集院忠棟が有馬鎮貴殿と寄り合うとのことで、おもてなしすべく参上した。客居には有馬殿、次いで拙者・安富左兵衛尉《やすとみさひょうえのじょう》・猿渡信光、主居には伊集院忠棟、次いで有馬殿舎弟・伊集院久治であった。酒を数返のみ、有馬殿が盃を持った際、幸若与十郎《こうわかよじゅうろう》が一曲舞った。その後、人質として、こちらに逗留中の有馬殿の三男が座に出られ、酒を飲まれた。

この日、拙宿に有馬鎮貴殿がご挨拶に来られ、袍《ほう》(54)一つを頂いた。拙者は酒を切らしていたので出すことができなかった。

この日、新納忠元・伊集院久宣から、日比良城をたやすく攻略したこと、城主小森田を討ち取ったこと、そのほか敵を多数討ち取ったこと、各々の軍功などは追って細かく報告する旨の書状が届いた。伊集院忠棟と連判で返書を送った。

この晩、忠平殿の宿所にて談合があった。参加衆は、拙者・伊集院久治・上原尚近《うえはらなおちか》(55)・比志島国貞・鎌田政広であった。肥後表、有馬表、田尻鑑種籠城の状況、阿蘇家との和平が不調な件など、軍事行動のあり方について談合した。いろいろと意見が出て書き尽くしがたい。まずは、伊集院久治と上原尚近を明日、隈本に派遣し、隈本方面の状況を見聞することが肝要であると決定した。

この夜、比志島国貞・本田正親が拙宿に来て夜更けまで雑談と酒宴。

十五日、早朝、忠平殿から本田親商《ほんだちかあき》(56)を使者として、「伊集院忠棟と同心して至急参上するように」との命があった。談合すべき子細があるとのことであった。

(54) **袍**　礼装の上着。

(55) **上原長門守尚近**　?〜一五九二。奏者、日向国飫肥地頭（宮崎県日南市）。

(56) **本田源右衛門尉親商**　?〜一六〇五。本田親尚子息。忠平家臣。

やがて参上した。軍事行動の方策についてであった。まず、伊集院久治・上原尚近を召し寄せ、忠平殿の考えを言い含めて肥後へ登らせるとのこと。また、三舟・隈庄へ使者を派遣すべきということで、延命院・常覚坊《じょうかくぼう》へこれを命じられた。さらに、肥後国中の〈境見切り《さかいみき》〉[57]のため宮原越中守《みやはらえっちゅうのかみ》と西田《にしだ》主馬允《しゅめのじょう》を使僧の供とするべきとのことであった。

この日、有馬鎮貴殿から島原肥後守・草野備前守《くさのびぜんのかみ》の二人を使者として、今後も有馬家への支援をお願いしたいとの要請があった。猿渡信光が案内者であった。島津歳久宿所に伊集院忠棟と同心して参上したが、お留守であった。互いにご挨拶をかわした。

この晩、有馬鎮貴殿のところへ忠平殿が参って寄合となった。拙者も同行するように命じられ従った。席次は、主居に忠平・家久・拙者・矢野出雲守、客居に有馬鎮貴・同舎弟・新納駿河守《にいろするがのかみ》・有川貞真・忠平御内衆であった。乱舞《らっぷ》などでいろいろと振る舞われた。境目の衆であるということで、有馬鎮貴殿の内衆が全員召し出され、酒を下された。座が終わって帰ろうとしたところ、伊集院忠棟から「明日、三舟・隈庄への使書の内容を談合したい」とのことだったので忠棟の宿所に行った。まずは、赤星統家《あかほしむねいえ》[58]が肥後国中の方であるので、応接し我々もともに雑談した。また、肥後国中の絵図があったので、その内容などについて詳しく承った。その後、使僧の延命院・常覚坊に対し、三舟・隈庄の両所に伝えるべき内容を伊集院忠棟と拙者の両人で申した。その内容とは、先

(57) **境見切り**　状況判断カ。

(58) **赤星統家**　一五三〇〜一六一九。菊池氏重臣赤星親家子息。龍造寺隆信に背き、居城の隈府城（熊本県菊池市隈府町）を追われ、島津氏の庇護下にあった。

日、人質を差し出した事へのお礼と、合志氏と熟談のうえ長野へ攻撃するとの先日の約束が履行されていないことへの不満。また、龍造寺家との手切れと、島津家への忠節を誓う旨を書き載せた神判（起請文）の提出を求めるほか、いろいろと現状についての内容であった。詳しくは筆紙に尽くしがたい。

十六日、三舟・隈庄への使僧に持たせる書状に署判した。今朝、肥後に派遣していた宇多能登守《うたのとのかみ》が帰ってきた。衆中各々が日比良栫を攻め戦功をあげたとのことである。拙者悴者どもも、とくに辛労であったとのこと。宮崎衆中では長《なが》野淡路守《のあわじのかみ》が分捕りをあげたとのことである。拙者悴者の加治木治部左衛門尉《かじきじぶさえもんのじょう》が合戦に参加し、鑓疵を蒙ったうえに分捕りもあげたとのことである。

この日、比志島国貞の宿所にて終日雑談し、夜になって帰った。

十七日、伊集院忠棟宿所にて談合。参加者は、村田経平・比志島国貞・鎌田政広・本田正親・拙者であった。

この晩、有馬鎮貴殿から龍造寺勢が有馬方面で軍事行動を起こすとの情報を得たとして、その書状を見せてくれた。また、有馬殿が捻文《ひねりぶみ》(59)を伊集院忠棟に届け、田尻鑑種にむけて出陣していた龍造寺勢の陣二つが撤退したとの情報をもたらした。

この日、有馬鎮貴殿への挨拶として、太刀・緞子一端を贈った。関右京亮《せきうきょうのすけ》に使いを頼んだ。

十八日、家久公からお使いが来て、「有馬鎮貴殿と今朝、寄合をするので一緒

(59) **捻文**　捻り封をした書状。

に来て、もてなしを頼む」とのことであった。参上したいところではあるが、有馬鎮貴殿へのご返事を談合するため伊集院忠棟が拙宿に来ることになっているのでお断りした。

この日、伊集院忠棟・村田経平・鎌田政広・比志島国貞・本田正親が来て、拙宿で終日談合であった。食を振る舞った。肥後日比良に進駐した軍衆の判断で、明日十九日、志毛野《しもの》(60)に出陣するとの情報が入った。こちらに滞在中の軍衆を少し派遣して欲しいとの触があった。また、地下衆《じげしゅう》(61)も少々派遣して欲しいとのことであった。そこで、忠平殿に対し、捻文をもって伊集院忠棟と拙者から申し入れをしたところ、ご納得とのご返書があった。

有馬鎮貴殿から鎌田政広を通じて申し入れがあり、「有馬方面での雑説が伝わってきたので、急ぎ帰帆したい。ついては誰か存知の人物に有馬へ同道していただきたいと考えていたところ、家久公が（有馬氏の）出頭時の取次だったので、ご挨拶したところ一緒に渡海する」とのことであった。鎌田政広に家久内衆の高崎越前守を添えて、この件を我々にもご了承頂きたいとのことである。これを受け家久公へは、「有馬殿が、だれか存知の衆と同心して帰帆したいとのことであるが、家久公はご存じのように肥後攻略の軍衆であり、とくに巧者は皆この地にいるべきです。その上、先日、有馬殿が出頭した際、自ら『番衆らは不要である』と申されました。今になってこのようなことを仰られるのは納得いきません。家久公からこのことを十分に説明し、有馬殿にご納得いただ

(60) **志毛野** 霜野、熊本県山鹿市鹿央町霜野、内空閑鎮房《うちこがしげふさ》（肥後国山本郡の国衆、菊池氏旧臣）の居城。
(61) **地下衆** 地元の衆。

くのが肝要です。また、家久自身が渡海されることは軽々しく決めることではありません。我々老中の判断では了承できかねます。かならず鹿児島の義久様の上意をうかがってから決定すべきものです」とご返事した。しかし、家久公からは本田治部少輔を使者として我らに対し、有馬に渡海したいとの意向が示され、さらに、拙者を召し連れたいとのことであった。これに対しては、「有馬に渡海する場合、我々を召し連れたいとお考えでしょうか。忝く存じます。とくに今、敵が軍事行動を起こすやの風聞がある以上、お供することに異議はございません。しかしながら、今現在、不相応な加判役（老中）を拝命しておりますので公儀の立場上、忠平殿や伊集院忠棟から反対意見が出た場合は、その意向に従わなければなりません。ただ、私と同心したいと仰っていただいたことには感謝申し上げます」と返事しておいた。

この夜、有馬鎮貴の宿所に伊集院忠棟が挨拶に出向き、拙者も同道した。宿所は、正法寺《しょうほうじ》(62)であった。門外まで有馬殿が出迎えに来られ、しきりに中へと仰られたが、辞退して帰った。

十九日、歳久公からお使いがあり、今日、申刻（午後四時頃）に忠平殿がご挨拶に来られるので、我々も参上して、もてなしをお願いしたいとのことであった。

この日、伊集院忠棟の宿所にて談合。家久公の有馬渡海の件の書状を鹿児島に送った。そこで、有馬鎮貴殿には、まず先にご渡海いただき、家久公の渡海

(62) **正法寺**　熊本県八代市西宮町にあった寺院。

は、鹿児島（義久）の意向次第ということを、鎌田政広・本田正親から有馬殿に伝えた。安富左兵衛尉は八代にもう暫く逗留するので、有馬殿への返事や家久渡海の件を伝えて欲しいとのことであった。これに対してこちらからは、「まずは安富も同心して帰帆して欲しい」と有馬殿に伝えたが、しきりに「鹿児島からの連絡が来るまではこちらに逗留させて欲しい」とのことであった。

この日、申刻（午後四時頃）、忠平殿が歳久宿舎に挨拶に参られた。やがて食となり、その席次は、主居が忠平・歳久・伊集院忠棟・比志島国貞・鎌田政広、客居に島津忠長・家久・村田経平・拙者・本田正親であった。薄暮まで酒宴であった。伊集院忠次《ただつぐ》(63)が狂言を舞い、歳久公から忠次に道服《どうふく》(64)が贈られた。さまざまなもてなしがあった。この夜、家久公から呼ばれたので祗候した。忠長や村田経平そのほか鹿児島若衆中など多数呼ばれており、雑談した。

二十日、宇土殿（名和顕孝《なわあきたか》）から歳暮のご挨拶と鴨二羽をいただいたので、返書を送った。三舟・隈庄に派遣していた使僧、延命院と浄覚（常）坊が帰ってきて、両所からの返事を聞いた。まず、和平のため人質を差し出したお礼として両使が参られたことを畏まっていたとのこと。次に、境目との手切れについての神載（起請文）提出は納得できないので、五、六日中に使節をもって詳しく申し述べたいとのこと。両所とも当主自身が面会して、両使をもてなしたとのことであった。

この日、比志島国貞を有馬への使者として渡海させることに決定した。そこ

(63) **伊集院若狭守忠次**　?〜一五八三。
(64) **道服**　袈裟。

で、鹿児島衆を二、三人同心させるとのことであった。

伊集院忠棟が風呂を焚いたので来いというので行った。それからめしを振舞われ、夜更けまで雑談して帰った。

この日、大矢野種基《おおやのたねもと》(65)がこれまで奉公を怠ってきたため、こちらに参上しても見参を許さず、召し置いていた。その後もたびたび侘びを入れてきて、降人《こうにん》(66)として出てきた以上、無理之御曖《むりのおあつかい》(67)となる恐れがあるので、まずは見参を許すのがいいだろうと決まり、忠平殿と対面させた。我々の宿所にも来られた。本田正親が取りなし、案内者となった。中紙三束を持ってこられ、押物を肴に酒寄合となった。


二十一日、敷祢休世斎殿が祝儀のため帰宅するということで、暇乞いに来られた。

この日、忠平殿から晩にめし寄合をするということで、阿多名字の人物が伝えに来た。やがて参上した。参加者は、家久・比志島国貞・鎌田政広・蓑田平馬允・矢野出雲守・拙者であった。夜更けまで雑談。

安富左兵衛尉がしきりに有馬に帰帆したいと鎌田政広を通じて申して来た。そこでどうしたものかということで、江夏友賢《こうかゆうけん》(68)に卜などさせてみた。まずは（有馬に）帰してあしらっておくのがいいだろうとのことであった。

二十二日、伊集院久治・上原尚近が日比良《ひびら》から帰宅したので、陣内にて報告を聞いた。その衆は、忠平・家久・忠長・伊集院忠棟・村田経平・鎌田政広・比

(65) **大矢野種基**　一五六七？～九八。天草五人衆のひとり。居城は大矢野城（熊本県上天草市大矢野町中）。
(66) **降人**　降参した人。
(67) **無理之御曖**　道理に合わない対応。
(68) **江夏友賢**　元は明国福建省江夏県の人物で、代々易者の家系にあった。明国にいた頃の名は黄友賢、或いは黄自閑。友賢の墓（鹿児島県姶良市加治木町）の碑文によると、永禄三年（一五六〇）に薩摩国の川内あたりの倭寇に捕えられ、薩摩国へ連れてこられて入来院に居住したとしている。その後、易学（特に占筮）に通じていたことから、島津家の目に留まり仕えることとなった。

志島国貞・本田正親・拙者であった。日比良の在番衆の考えでは、霜野《しもの》(69)に出陣すべきとのことである。伊集院久治・上原尚近の見立てでは、出陣してもすぐさま落とせるかどうかは疑問とのことである。とにかく、日比良に諸軍衆を逗留させるにふさわしいところは全くないので、山北(70)などと申す在所に陣所を設置するのがいいだろうということになり、巣山寺・丹生民部少輔《にうみんぶのしょう》を両使として、日比良に在陣中の軍衆にこの結果を伝えさせた。日比良への伝言は、「日比良の談合衆の意見ももっともであるが、十分に談合した上で合戦にもちこむ判断を指示したい」というものであった。これを伊集院忠棟の宿舎にて、拙者も同前に両使へ伝えた。

この晩、鹿児島寄合中（老中）に対し、日比良城攻略の状況について、また諸方角の状況について書状で報告した。伊集院忠棟と拙者が署判した。

二十三日、陣内にて終日談合。その衆は、忠平・家久・忠長・伊集院忠棟・村田経平・伊集院久治・鎌田政広・比志島国貞・本田正親・拙者であった。談合の議題は、

肥後国中への作戦について

有馬表について

阿蘇家進退について

以上、三か条であった。

肥後国中のことは、今度攻略した所々には番衆を置かず、隈本への街道沿い

(69) **霜野** 熊本県山鹿市鹿央町霜野。

(70) **山北** 熊本県玉名郡付近の地域呼称。

に番衆を置くことに決定した。今度の出陣については、敵方との境目に到着次第、追々諸勢を少数ずつ派遣すること。また、〈御分国中《ごぶんこくちゅう》〉(71)においては、陣取りやそれ以外の軍事行動についても、鹿児島に細かく相談して、義久様の判断を仰ぎ、または御鬮《みくじ》を引くなど、種々念を入れる必要がある。しかしながら、こんどは他国であり、ことさら鹿児島からは遠方でもあり、突然の出陣に対しても鹿児島から直接、陣取りすることはなかなか出来ない。よって、鹿児島にて十分談合の上、来年の春から秋に準備を整え、皆出陣するのがいいとの結論になった。また、安富左兵衛尉のことは、是非ともこちらに留め置くべきと決定した。

　この日、合志氏に対し、忠平殿がお約束になった合戦の日取りを延期する旨の書状を送った。拙者が筆者となった。

　この晩、安富左兵衛尉の宿所に忠平殿が出向き、寄合となった。

二十四日、三舟・隈庄に対し、隈部氏との手切れをはっきりさせるため、商売の往来や魚・塩などの行き来を差し止めるよう書状を送った。我々が連判した。あわせて、豊福《とよふく》(72)へもこの書状と、両所に届けるように命じた書状、及び魚・塩などの輸送を厳しく止めるようにとの書状を送った。

二十五日、吉利忠澄から使者がきた。一昨日、二十三日、肥前衆（龍造寺勢）が高瀬(73)から安楽寺の〈捨栫《すてかこい》〉(74)に一、二千程で攻め寄せてきたが、城一要《じょういちよう》(75)の軍勢が追い崩し、高瀬川まで追いつめ、敵三人を討ち取ったとのこと。あわせて、去

(71) **御分国中**　薩隅日三か国内の意カ。

(72) **豊福**　熊本県宇城市松橋町豊福。名和氏領。

(73) **高瀬**　熊本県玉名市高瀬。

(74) **捨栫**　捨てるつもりの栫（砦）カ。

(75) **城一要**　肥後国衆。出田親基《いでだちかもと》。天正九年（一五八一）に亡くなった城親賢《ちかまさ》の弟で、親賢の遺児久基を後見した。居城は隈本城（熊本市中央区古城町）。

夏以来、現在に至るまであまりに長い在番なので、今回の出陣で合戦がないのならば、帰宅したいとのこと。まずは、帰宅するのがいいのではないかと返事をした。

　この日、合志（親為カ）から書状が届いた。境目で手切れをし、端村を多数破却し火色が立っているとのことである。近日中にまた阿蘇家と熟談して、一緒に合戦を挑むつもりであるとのことである。

　この晩、伊集院忠棟の宿所にて、島津義虎と寄合となった。その席次は、客居に義虎・拙者・鎌田政広・伊集院久治・宮之原縫殿助《みやのはらぬいのすけ》、主居に伊集院忠棟・本田親正・比志島国貞・本田正親であった。幸若与十郎が舞い、夜更けまで酒宴となった。

二十六日、伊集院久治の宿舎に挨拶に行き、酒を飲んだ。その後、村田経平の宿所にて、上津浦鎮貞《こうつうらしげさだ》殿から歳暮の使書を頂いた。その返事を両人とともに伝えた。

　この日、伊集院久治を取次として、忠平殿から寄合中に対して指示があった。「この時期、各方面の戦略につき談合がなされている。油断している方面が無いことは存じているが、夜も昼も緩怠なく入念な談合が大切である」とのことであった。皆、伊集院忠棟の宿舎に揃って談合となった。その衆は、伊集院忠棟・村田経平・伊集院久治・上原尚近・鎌田政広・本田正親・拙者であった。肥後情勢は、しばらくこうした状況が続くであろう。ついては番衆のみ隈本に残し、諸勢は帰陣させ、追って鹿児島で戦略を練り、評議を済ませてから出陣というのがいいだろうと決定した。そこで、まず、最初の隈本在番は、しっかりとした衆を配置するのが重要なので、島津義虎に頼むこととなった。あわせて、有馬表の番衆などもおおかた編制した。また、合志氏は隈部境との手切れをしたところなので、こちらの諸勢が帰陣するとなると詳しい事情説明が必要であろうから、使者を派遣することが必要と決定した。あわせて、三舟・隈庄へもこの件を説明することが必要であるとのことであった。

　この日、三舟・隈庄から、神載をもって島津家への無二の報告を誓い、龍造寺家には未来永劫通じないとの使書が届いた。この書状への返事を連判で送った。神文への返答は追って作成することとした。

　この日、三池鎮実《みいけしげざね》(76)から歳暮の使書と海月《くらげ》が届いた。

二十七日、伊集院久治・上原尚近・鎌田政広・本田正親・矢野出雲守と食寄合《めしよりあい》となった。それから伊集院忠棟の宿所に参り、夕方、談合の結果をお聞きになった忠平殿の御返事を承った。いずれもご納得とのことであった。

　この日、鎌田政心《かまたまさむね》(77)・大膳坊（快順）を両使として山北に派遣した。その趣旨は、「皆、直に霜野に陣を取られたのは当然である。しかし、今度の出陣は境目からの連絡次第で少人数を派遣するという計画であった。だから、直接そちらに諸軍衆が長陣《ながじん》(78)をとることは難しいのではないかと八代駐留の衆は考えている。そちらの諸兵はそちらの考え次第であるが、陣取りが難しいようであれば、

(76) **三池鎮実**　筑後国衆。居城は三池山城（福岡県大牟田市今山）。

(77) **鎌田筑前守政心**　?～一五八六。鎌田政盛の子。日向国財部地頭（宮崎県児湯郡高鍋町）。

(78) **長陣**　長期間、同じ場所に陣をとる。

諸軍衆を隈本に帰陣させることが重要である。しかし、合志氏に対し、近日中に伊集院久治と上原尚近が事情説明に行くので、それまでは山北に皆滞在することが専一である。両使の説明の結果次第である」というものであった。

この晩、伊集院久治の宿所に皆寄り合った。客居は忠長・伊集院忠棟・村田経平・鎌田政広・蓑田信濃守、主居に家久・拙者・本田正親・亭主であった。この座中に、田尻鑑種から山くぐりが到着した。書状などを持参しており、その書面には、肥後北目での勝利の祝言と、田尻の城に異変がないことを記していた。書状を披見後、誹諧など種々閑談となり、夜更けになって皆帰った。

二十八日、伊集院忠棟の宿舎にて、諸城の番編制をおこなった。

この晩、村田経平宿所に忠平殿が挨拶に行かれた。めしが振る舞われた。客居は、忠平・家久・拙者・矢野出雲守、主居は、忠長・伊集院忠棟・亭主であった。夜更けまで雑談であった。諸方角の作戦などの談合もあった。

この日、三舟・隈庄から使書が届いた。その内容は、隈部表に対し、今日二十八日に手切れするとのことであった。当然であると返答しておいた。

二十九日、伊集院忠棟から同名若狭守《わかさのかみ》を使者として連絡があり、「田尻鑑種へ派遣する使衆を舟本に派遣し、舟数などの確認をするように」とのことであった。やがて、伊集院若狭守とめし寄合をしている内に、柏原左近将監と滝聞越後守《たきぎきえちごのかみ》を召し寄せ、三人同心して舟元まで派遣した。

この日、拙宿にて談合であった。その衆は、伊集院忠棟・村田経平・伊集院久治・

上原尚近・鎌田政広・本田正親であった。終日談合であった。諸境目の状況についてであった。その座中、鹿児島（義久）から大源坊が使僧として到着した。伊集院忠棟と拙者の八代での長期在陣を慰労し、諸口に対する一層の賢慮を依頼するとのことであった。次いで、阿多源太・平野新左衛門（野村是綱殺害の下手人）の身柄について命令があった。

この晩、本田正親の宿所に伊集院忠棟・拙者など、そのほか談合衆が集まりめしが振る舞われた。夜更けまで種々談合であった。安富左兵衛尉は、しばらくこちらに召し留めておくことに決定した。

晦日（三十日）、有馬鎮貴殿から歳暮と有馬方面での戦況について使書を頂いた。返事を出しておいた。

この日の朝、愚弟上井秀秋の宿所にてめしを振る舞われた。そのあと、伊集院忠棟から風呂に誘われたので行った。その後、忠棟宿所にて談合。参加者は、伊集院久治・上原尚近・拙者であった。諸境目のことについて議題となったが、禿筆《とくひつ》には尽くしがたい。

この日、鎌田政広・本田正親を取次として、忠平殿が仰られるには、「当庄（八代）を検地させると真幸《まさき》(79)の田数に劣るので、この地への移封は受け入れがたい」とのことであった。忠平殿の使者は、伊東右衛門佐と宮原秀斎《しゅうさい》であった。これへの返事は、「我々としては確かに承りましたが、まずは義久様のご意見を聞いてお返事します」とした。談合が一段落ついたときに、御一家衆やそのほか

(79) **真幸**　日向国真幸院、忠平領（宮崎県えびの市・小林市の広域名称）。

の衆に使いをもって歳暮の祝言を申し入れた。島津義虎が酒と肴をもって歳暮のお礼に来られた。拙者は留守だった。このほか、所々の人衆が歳暮の祝言に来られた。なお、明春には談合についてますます書き加えていくつもりである。

【解説】

有馬（島原半島）での戦況は泥沼化しており、本来、肥後方面での作戦を重視していた島津忠平らは、有馬渡海衆の撤退を指示する。渡海衆はさらに深入りして島原半島北西端の千々石まで進攻していたが、七日までに一部の在番衆を残して八代に撤退している。

島津家久が仲介して始まった阿蘇大宮司家＝甲斐宗運との和睦交渉は、宗運が人質は出せないなど、のらりくらりとした交渉戦術により、八代在番衆のイライラが募っている。そうしたなか、宗運は一方的に八代在番衆に進物を贈り、なしくずし的に和睦が成立する。島津忠平は、覚兼らに対し、相手に「非」を重ねさせ、自らに「理」があるようにすればいずれ勝てるという、祖父日新斎《じっしんさい》（島津忠良）からの教えに基づく独特の理論で納得させているところが興味深い。家臣たちの不満が募ると、日新斎の教えを説いて納得させるというのが、義久・義弘兄弟の常套手段である。

一方、隈本在番衆の新納忠元らはじっとしていられず、十一日以降、龍造寺方国衆領への進攻を開始。日比良城を落とすなど戦果をあげたものの、結局、厭戦気分が広がり撤退している。

十八日には、唐突に島津家久が有馬渡海を申し出ている。家久が甲斐宗運との和睦成立に熱心だったのは、有馬渡海こそが真の目的だったからだろう。そもそも有馬鎮貴の島津氏帰順の「取次」は家久だったことが明記されている。覚兼らは協議し、鹿児島の義久の許可がなければ渡海すべきではないと家久に回答している。

さらに、二十三日には、来春から秋にかけて再度出陣すべきということになり撤退が決まっている。こうした状況に不満をもったのか、島津忠平は三十日、急遽、真幸院に比べて田数（公田数）が不足しているという理由で八代移封を辞退する旨、老中らに申し出ている。

なお九日より、しばしば「隠密の件」が協議されている。これは十一月三日の夜中、島津義久の側近野村是綱が殺害された事件のことであり、その下手人二人が逃亡している。この事件は、年明けに衝撃の展開を迎える。

《天正十一年　あらすじ》覚兼三十九歳。肥後八代からの撤兵を決めた覚兼は、この年正月、肥後情勢報告と年頭の挨拶を兼ねて、島津義久の居城御内（鹿児島市大竜町）のある鹿児島に八代から直接出府する。しかし、義久は虫気（内臓疾患カ）が悪化していた。正月中に宮崎に戻った覚兼は、二月四日から十一日まで法華嶽薬師寺（東諸県郡国富町大字深年）に義久の病気平癒を祈願して参籠している。この間、同じく参籠していた島津奥州家菩提寺福昌寺の住持代賢守仲《だいけんしゅちゅう》や樺山玄佐と漢詩や和歌のやり取りに興じている。

　八月末、再度鹿児島に出府した覚兼は、老中としていくつかの内政上の重要問題（「南蛮僧仮屋」の存在が義久の虫気の一因であるとして、宣教師の退去を求める。切支丹の家臣野村是綱殺害事件の黒幕として、老中村田経平を鹿児島から追放）について協議・処断したあと、いったん宮崎に戻る。宮崎では、島津家久による山中（耳川上流域の山間地域）への調略活動を追認し、覚兼領木花寺の小者による窃盗疑惑の裁断をするなど、雑務をこなしているが、六月には父董兼《ただかね》に「加判役（老中）」を辞職したいと相談した上で、義久に対し病気と伊勢・熊野参詣・立願成就を理由として辞職願を申し出ているが、却下されている。七月、鹿児島での談合で肥後・肥前での軍事作戦のための出陣が決定する。八月下旬にいったん鹿児島に出仕した覚兼は、そのまま肥後八代へ出陣する。覚兼は、八代在番老中の平田光宗や伊集院忠棟・上原尚近と「忍衆」を使った阿蘇大宮司家領堅志田（熊本県下益城郡美里町中郡）に対する奇襲作戦を敢行するが失敗に終わり、同家との和睦も破綻してしまう。こうした拙速な作戦に対し鹿児島の義久は苦言を呈し、島津側から積極的に阿蘇家に仕掛けることの無いよう釘をさしている。また、同時期に筑前国古処山《こしょさん》城（福岡県朝倉市秋月野島）の秋月種実《あきづきたねざね》から、島津義久を「九州之守護」と仰ぐので、龍造寺隆信と和睦し、豊後大友氏に対する共同戦線の構築を持ちかけられる。義久は、秋月氏からの提案を受け入れ、龍造寺氏との和睦を模索する方針を示し、覚兼ら八代出陣衆は十月末から堅志田近くに向城（化之山城、熊本県宇城市豊野町上郷）を築き、十一月末に宮崎へと撤退していった。

天正10年代　島津氏地頭・領主配置図

天正十一年（一五八三）

正月条

元日、忠平殿のもとへ参上。伊集院忠棟・村田経平《むらたつねひら》も同心していった。三人いっしょに三献で寄り合った。我々は太刀一腰、銭千疋を進上した。その後、歳久公と家久公をお呼びになり、その後、豊州（島津朝久《ともひさ》）(1)・薩州（島津義虎《よしとら》）をお呼びになり、それぞれを一座として種々の肴が出て酒宴となった。諸所の地頭・衆中もお会いになり、酒を飲んだ。

この日、島津歳久公の宿舎に、右三人で同心してご挨拶にいった。その場に家久公もいらっしゃった。三献はいつものとおり。その後、湯漬け(2)をいただいて、て、酒宴となった。我々は中紙十帖ずつ進上した。また、家久公へご挨拶にうかがったが、お留守であった。こちらにも中紙を進上した。その後、朝久へご挨拶に参ったところ、しっかりといらっしゃったので、三献で寄合。こちらにも中紙を持参した。

この晩、義虎の宿舎に三人いっしょにご挨拶にうかがった。三献のあと、種々の肴で酒宴となった。幸若与十郎《こうわかよじゅうろう》が舞を披露した。彼にも中紙を持たせた。夜更けになって帰宅した。

この日、諸所の地頭・衆中から挨拶を受けた。

(1) **島津朝久** ?～一五九三。島津豊州家忠親の二男。北郷時久は同母兄。室は島津忠平長女御屋地。大隅国平房・市成領主（鹿児島県鹿屋市輝北町）。「豊州」と呼ばれる。

(2) **湯漬け** 湯をそそぎかけた飯。

二日、伊集院忠棟・村田経平と同心して、島津忠長《ただたけ》のもとに挨拶にうかがった。お留守だった。中紙十帖ずつ持参した。その後、本田親正のもとに挨拶にうかがったが、留守だった。それから拙宿に伊集院忠棟と村田経平が来られ、三献で参会した。お二人から中紙をいただいた。それから本田正親・鎌田政広のもとに挨拶に参ったが、留守であった。それぞれに中紙を持参した。村田経平のもとへ、忠棟と同心して挨拶にうかがい、三献となった。中紙を持参した。伊集院久治のもとへ、三人同心して挨拶にうかがった。三献が済んだのち、めし寄合となった。中紙を持参した。

　この日、義虎・朝久・忠長など拙宿に挨拶に来られたが、会えなかった。忠長からは酒をいただいた。義虎からは中紙をいただいた。朝久からは真羽《まば》(3)をいただいた。

三日、猿渡信光が酒を持参してご挨拶に来られた。三献で参会となった。比志島国貞からは、新年から差し障りがあり、挨拶が遅れたとのことで、中紙を持参してご挨拶に来られた。三献で対応した。

　この日、鹿児島へ年頭の祝言を伝えるため、佐多《さた》忠増《ただます》(4)に寄合中（老中）から使者を依頼し、意趣を伊集院忠棟の宿舎で伝えた。大源坊と佐多忠増を両使として、佳札(5)を添えた。その条数は、

　年頭御礼のこと

　肥後表の作戦のこと

(3) **真羽**　矢羽根用の鷲の羽。

(4) **佐多忠増**　一五六二～一六四一。薩摩国百次地頭（鹿児島県薩摩川内市百次町）。

(5) **佳札**　年賀状。

合志《ごうし》氏・阿蘇氏への軍事行動のこと
諸勢帰陣のこと
隈本御番のこと
島津忠平からの要望のこと
忠平の御帰陣のこと
寄合中交替のこと
島津征久《ゆきひさ》出陣時期のこと
今年の春の出陣のこと
などの条々である。明日早朝、両使は出発するとのことであった。

この日、伊集院忠棟のもとへ忠平殿がご挨拶に来られた。三献はいつものとおり。その後、めしが出た。客居には、忠平・家久・拙者・上原尚近・伊集院久治・本田正親。主居には、歳久公・村田経平・伊集院忠棟という席次であった。種々肴など出て、夜更けまで酒宴であった。忠平内衆の三郎右衛門尉《さぶろうえもんのじょう》などと申すものが唄ったので、伊集院忠棟が着物を遣わした。

四日、島津義虎が拙宿にこられた。義虎が仰るには、「忠平殿が今日、（義虎のもとに）挨拶にこられるので、いっしょに参加して饗応を頼みたい」とのことであった。三献で対応した。義虎は粥を作って、酒も持参して来た。本田正親・比志島国貞などと寄り合っていたところ、家久公が挨拶にと来られた。そこで、義虎と拙者が同心して門まで出迎えた。三献の後、義虎持参の粥を家久公にも出した。その後、お互いにお酌をして種々の肴をいただき酒宴となった。家久公から中紙をいただいた。
　この日、隈本へ伊集院久治・上原尚近を使者として派遣した。使者の趣は、伊集院忠棟の宿で一緒に伝えた。その条数は、
合志の実否（島津氏に降るか否か）を聞き取ること
国中《くになか》(6)の作戦、付随して出陣時期のこと
諸軍衆帰陣のこと
隈本御番手のこと
山北を暫く格護《かくご》(7)し、併せてその方面の計策のこと
これらについてであった。やがて、両使は出立していった。
比志島国貞のもとに挨拶に行ったが、留守だった。中紙を持参した。愚弟上井秀秋《ひであき》へ挨拶に行った。しっかりとおり、種々肴で饗応を受けた。宮崎衆中各々へも酒が出た。
　この晩、伊集院忠棟のところで風呂に入った。夜になって帰った。忠平殿から連絡があり、明日、皆集まって寄合を開くので、我々老中も参上するようにと承った。
五日、伊集院忠棟の宿舎にて、田尻鑑種に派遣する使者の柏原左近将監《かしわばるさこんのしょうげん》・瀧聞《たきぎき》越後守《えちごのかみ》に対し、意趣を伝えるとともに、船の手配などについて詳しく指示を与えた。矢野出雲守も田尻（筑後）に行くとのことなので、わずかではあるが喉《のど》

(6) **国中**　肥後北部、守護菊池氏の旧支配地域の呼称。
(7) **格護**　保持する。

輪《わ》一つを与えた。

この晩、忠平邸にて寄合。席次は、客居に島津義虎・忠長・家久・村田経平・拙者・比志島国貞、主居に忠平・川上久隅・歳久・伊集院忠棟・本田正親・鎌田政広であった。夜更けまで酒宴となった。幸若与十郎が舞を舞った。忠平殿が折紙《おりがみ》(8)を下された。

六日、比志島国貞と有馬右衛門尉《ありまうえもんのじょう》の二人を有馬(島原半島)に派遣した。伝達事項を伝え、書状には伊集院忠棟と拙者が判を押した。伊集院忠棟の宿舎にて、赤星統家《あかほしむねいえ》と寄り合った。我々もその座に同席した。

この日、家久公の宿舎に、忠平殿がご挨拶に来られた。三献ののち、めしとなった。席次は、客居に忠平・島津忠長・伊集院忠棟・村田経平・本田正親・宮原景種《かげたね》(9)、主居に島津歳久・家久・拙者・鎌田政広・猿渡信光であった。終日酒宴となった。忠平・歳久は折肴《おりざかな》(10)と酒を持ち寄り、二献目でこれを食べた。また、寄合中(老中)三人で食籠《じきろう》(11)肴と酒を持ち寄り、これもその都度いただいた。この座中、田尻へ派遣した柏原・瀧聞両人が船元まで下ったものの、船がまだそろっていなかったとのことで、戻ってきた。そこで、しっかりと船を調達し、なんとしてでも明朝には出船するように命じた。

七日、家久公から高崎越前守を使者として連絡があった。「夕方、帰帆するため船元まで下った。暇乞いに行くべきだが、忠平への饗応で酩酊してしまい遠慮する」とのことであった。

(8) **折紙** 進物の品目(銭の場合は額)を記した紙。

(9) **宮原筑前守景種** 一五一五〜八七。島津相州家譜代の家臣。肥後国佐敷地頭(熊本県葦北郡芦北町佐敷)。

(10) **折肴** 折櫃《おりうず》に入った酒の肴。

(11) **食籠** 菓子を盛る蓋付きの器。

伊集院忠棟から使いが来た。「今度の八代への続衆は、出陣の遅速によって帰陣させるべきである。ついては、伊集院助七郎《すけしちろう》がもっとも早く出陣してきたので、帰宅させようと思うが、いかがか」とのことであった。そこで「早々に帰宅させるのがいいでしょう」と回答した。

歳久公が祝礼のためお越しになった。中紙をいただいた。三献はいつものとおり。そのほか、肴などご持参になって酒宴となった。鎌田政広が居合わせたので、同席して饗応した。宮原景種《みやはらかげたね》父子が挨拶に来た。酒を持参しており、三献となった。福永藤十郎《ふくながとうじゅうろう》・同名備後守が挨拶に来た。酒を持参して来た。

今晩、伊集院忠棟から捻(12)にて本日の祝言をいただいた。

八日、伊集院忠棟の宿舎にて、宮原景種・猿渡信光・拙者がめしを振る舞われた。その後、村田経平・本田正親など寄り合い、諸所の番盛(13)などやった。

この晩、忠平殿が忠長へ挨拶にうかがった。三献ののち、めしをいただいた。席次は、客居に忠平・伊集院忠棟・本田正親・宮原景種、主居に忠長・拙者・猿渡信光・忠平内衆の伊東祐延《すけのぶ》であった。忠平殿が折肴と酒を出し、伊東祐延が酌をして数度酒をいただき酒宴となった。その後、奥座で茶の湯となった。忠長が茶を点てた。その後、肴が出て酒宴となった。

九日、伊地知平三郎《いじちへいざぶろう》と平田宗衡《ひらたむねひら》(14)が挨拶に来た。三献で饗応した。伊尻伊賀守《いじりいがのかみ》が酒を持参して挨拶に来た。

この日、歳久公の宿舎へ忠平殿が来られるので、参上して饗応してほしいと

(12) **捻**　捻り封をした書状。

(13) **番盛**　番編成。

(14) **平田孫六宗衡**　？～一六一九。日向国穂北地頭の平田宗張子息。

のことなので参上した。めしをいただいた。席次は、主居に忠平・歳久・拙者、客居に川上久隅・伊集院忠棟・村田経平・本田正親であった。酒数度ののち、御膳をいただき、茶の湯となった。川上久隅が茶を点て、皆にお茶が下された。茶の湯ののち、種々雑談となり、その後、粥をいただいて、また酒をいただき、皆帰った。

十日、伊集院忠棟の宿舎にて談合。鎌田政広・巣山寺を両使として、三舟[15]・隈庄[16]に派遣することとなった。条数は、

年頭の祝礼のこと

和睦を望んでいるのか否か聞き取ること

阿蘇氏と龍造寺隆信が手切れになっているのかはっきりしないこと

神載のこと

今度の境目での手切れが明確ではないこと

このほかいろいろと伝えた。

この日、島津義虎から呼ばれたので、我々老中が参上した。席次は、客居が伊集院忠棟・拙者・本田正親、主居が島津義虎・村田経平・幸若与十郎であった。酒を数度いただいた。その後、鎌田寛栖《かんせい》が酒を持参してきた。その後、酒をいただいて皆帰った。それから直接、村田経平と拙者が同心して肝付兼寛《きもつきかねひろ》[17]の宿舎に挨拶にいった。

この晩、蓑田平馬允《みのだへいまのじょう》の所に行き、伊集院忠棟・村田経平・拙者にめしが振る

(15) **三舟** 御船。甲斐宗運の居城（熊本県上益城郡御船町）。

(16) **隈庄** 甲斐氏の支城（熊本市南区城南町隈庄）。

(17) **肝付兼寛** 大隅国加治木領主。

舞われた。皆酒を持参。夜になるまで饗応を受けた。

この晩、忠平殿が拙宿に挨拶に来られた。私は留守だった。太刀と銭千疋をいただいた。

十一日、諸勢が隈本から当庄（八代）に帰陣してきた。北郷忠虎《ほんごうただとら》(18)・新納忠元・鎌田寛栖らが皆拙宿に挨拶に来られた。銘々から酒をいただき、三献で対応した。合志に派遣していた伊集院久治・上原尚近が夕方に帰還したので、伊集院忠棟の宿舎にて話を聞いた。合志氏（親重《ちかしげ》カ）からは、「島津氏にひたすら奉公し、忠節を尽くす。諸勢がこのたび帰陣されることにつき喜ばしい。追って、島津勢が出陣の際は、もちろん合志方面で合戦に加わる」とのことであった。

この日、拙者はこちら方面の状況を鹿児島の義久様に報告しないわけにはいかないので、鹿児島に参上するということに決定した。このため、伊集院忠棟の宿舎にて談合。その場で出た内容を条書した。

この日の朝、忠平殿が真幸に向けてお帰りになった。

この晩、有馬から山田有信が帰帆した。島原方面は、攻めるには良い状況がそろっているとのことであったが、諸勢が帰還してしまったからにはしかたがない。夜更けまで伊集院忠棟の宿舎にて談合。それが済んだ後、拙者は徳淵まで移動した。

この日、本田正親と税所篤和《さいしょあつかず》(19)を使者として、島津義虎に隈本(20)御番が決まったことを通知し、「是非、直接隈本に入るように」と強く要請した。しかし、義

(18) **北郷弾正忠忠虎**　一五五六〜九四。北郷時久（一雲）二男。日向国庄内領主（宮崎県都城市）。

(19) **税所新介篤和**　奏者、薩摩国山野地頭カ（鹿児島県伊佐市大口山野）。のち越前守。

(20) **隈本**　現在の熊本城ではなく、その南西端、熊本県立第一高校付近。熊本市中央区古城町。

虎は「まずは和泉(21)に帰宅し、用意ができ次第、近日中に隈本に入る」との返事であった。

十二日、徳淵から出船した。和泉の米之津《こめのつ》(22)に着岸した。やがて、当津役人の簗《やな》瀬《せ》兵部左衛門尉《ひょうぶざえもんのじょう》が酒を持参して来た。別当のところに宿をとった。佳札をもって市来加賀守《いちきかがのかみ》を使者として、和泉城(23)に遣わし、「自ら参り、義虎御簾中《ごれんちゅう》(24)と島津忠永《ただなが》(25)に当春の祝言をすべきですが、鹿児島に急用があって急いでいるので遠慮いたします」と伝えた。

島津義虎公が、この夜中に八代から帰着した。「宿所にうかがうべきですが、夜中なのでやむを得ません。是非明朝、館にお越しください」と義虎の使者から承った。また、島津忠永からも使者にて、「是非明日、宿所にお越しください」と連絡があり、義虎御簾中からも同様の連絡をうけた。こちらにも難しいとの返事をしておいた。

十三日、米之津で、手火矢躵《てびやねらい》(26)に出て、青鷺《あおさぎ》一羽を射た。それからやがて出船しようとしたところ、島津忠永がやってきて仮屋にて饗応を受け、めしを振る舞われた。その席次は、客居に拙者、次いで同名衆、主居に忠永、次いで市来加賀守であった。種々肴をいただいて酒宴。やがて出船した。船元まで島津忠永がやってきて暇乞いを受け、それから蕨島《わらびじま》(27)で潮待ちして仮屋でくつろぎ、めしを振る舞われた。それから阿久根に着船。別当のところに宿をとった。松下《まつした》狩野介《かのうのすけ》が着船祝いに来られた。

(21) **和泉** 鹿児島県出水市。

(22) **米之津** 鹿児島県出水市米之津町。

(23) **和泉城** 鹿児島県出水市麓町。

(24) **義虎御簾中** 義虎正妻の御平《おひら》。島津義久長女。

(25) **島津又太郎忠永** 一五六五～九三。島津薩州家義虎嫡男。のちの忠辰《ただとき》。

(26) **手火矢躵** 鉄砲狩り。

(27) **蕨島** 鹿児島県出水市。

この日の朝、島津忠永から瀬崎野《せざきの》の駒(28)をいただいた。

十四日、阿久根から出船した。未刻（午後二時頃）、市来《いちき》湊(29)に到着。別当上原《うえはら》讃岐守《さぬきのかみ》のところでいろいろと接待を受けた。それから湯治《とうじ》のため、湯の村(30)というところに留まった。塚田父子が来て、しきりに在所に泊まってくれと申してきたが、湯治の為だからといって断った。塚田が湯屋に酒を持参して接待してくれた。

この夜、市来衆中の長野《ながの》助十郎《すけじゅうろう》・長谷場《はせば》方・万徳坊が酒を持参して来た。皆で夜更けまで酒宴となった。

十五日、巳刻（午前十時頃）、湯之村を出立し鹿児島に参上した。申刻（午後四時頃）、鹿児島仮屋（覚兼屋敷）に到着。老中の平田光宗・本田親貞に使節を遣わし、ただいま参上したことを伝え主君（島津義久）への取りなしを依頼した。平田増宗《ひらたますむね》が(31)酒を持参して来た。三献で対応した。

この晩、平田増宗のところに酒を持って行った。三献はいつものとおり。それからいろいろと肴で酒宴。夜更けに帰宅した。

十六日、早朝、本田信濃守《ほんだしなののかみ》が挨拶に来た。三献で対応した。その後、殿中(32)に出仕した。義久様は虫気《むしけ》(33)が良くなく、出仕した衆とはお会いにならないとのことだったので、平田光宗に八代での協議内容を大方伝えて帰宅した。

川上忠智《ただとも》・瀧聞宗運《たきぎきそううん》・岩永可丹《いわながかたん》が同心して挨拶にきた。三献で対応した。川上忠智から弓一張をいただいた。岩永可丹からは薫《たまもの》(34)二貝をいただいた。

(28) **瀬崎野の駒**　瀬崎野牧。鹿児島県阿久根市脇本から出水市高尾野町にかけて設定されていた牧。中世から近世にかけて駒取が行われていた。

(29) **市来湊**　鹿児島県いちき串木野市。

(30) **湯の村**　湯之元温泉（鹿児島県日置市東市来町湯田）。

(31) **平田新四郎増宗**　一五六六〜一六一〇。老中平田光宗孫、覚兼娘婿。

(32) **殿中**　島津義久の居城御内（鹿児島市大竜町）。

(33) **虫気**　腹痛を伴う病気の総称。

(34) **薫**　練香（巻貝などの粉末を梅肉や蜂蜜で練り固めたお香の一種）。

この日、本田親貞に挨拶にいった。酒を持参した。女中（親貞夫人）も一緒に、持参した酒で宴会。明日、義久様が親貞邸にお越しになるとのことで忙しそうだったので、八代での協議内容を大方伝えて帰宅した。

その後、福昌寺《ふくしょうじ》（住持代賢守仲《だいけんしゅちゅう》(35)）に参ったが、お留守であった。その後、白浜父子（重政《しげまさ》(36)・重治《しげはる》(37)）に酒持参で挨拶にいった。三原右京亮《みはらうきょうのすけ》へも挨拶にいった。

この日、鹿児島衆中数人が、酒持参で拙宿（仮屋）に挨拶に来た。高城珠長《たきしゅちょう》(38)にも挨拶に行ったが留守だった。

十七日、不断光院《ふだんこういん》(39)が拙宿に来られた。三献で対応した。やがて殿中に出仕した。今日も義久様は虫気が良くなく、本田親貞邸への来訪も延期となった。祈祷（義久の虫気平癒）の談合があった。

この日、家久公が昨日、鹿児島に到着したと聞いたので、家久公の御仮屋に参上した。白浜重政《しらはましげまさ》・有川貞末《ありかわさだすえ》(40)も居合わせて、盛大な酒宴となった。

その後、不断光院に挨拶にいった。酒と茶を差し上げ、三献で寄り合った。長谷場純辰《はせばすみとき》(41)のところに酒持参で挨拶にいった。正月は例年、談議所(42)に行くのだが、長日《ちょうじつ》前で、護摩所にいらっしゃるとのことなので、そちらに挨拶にいった。しかし、祈祷に出かけていてお留守だった。同宿衆がいらっしゃったので接待していただいた。平田宗祇《ひらたむねまさ》(43)も同心していった。拙者は酒を持参した。

この晩、平田光宗・増宗のふたりを拙宿に招き、めしを振る舞った。増宗は酒を持参し、光宗同前であった。白浜重治《しらはましげはる》の女中（重治の妻）も呼んだところ、

(35) **代賢守仲** 一五一五～八四。福昌寺第十八世住持。
(36) **白浜周防守重政** ?～一五八七。入来院氏庶流白浜氏。奏者、薩摩国大村地頭（鹿児島県薩摩川内市祁答院町）。
(37) **白浜次郎左衛門尉重治** 一五四三～?。重政子息。
(38) **高城珠長** 連歌師。里村紹巴《さとむらじょうは》の門人。
(39) **不断光院** 住持清譽芳渓《せいよほうけい》、鹿児島市下竜尾町。
(40) **有川長門守貞末** ?～一五九二。貞清とも。有川貞則長男。次弟は忠平家臣貞真。
(41) **長谷場純辰** 一五三九～九三。長谷場匡純子息。義久右筆。
(42) **談議所** 真言宗寺院、住持大乗院盛久《だいじょういんもりひさ》。清水城跡地、鹿児島市稲荷町、清水中学校敷地。
(43) **平田豊前守宗祇** ?～一六〇五。平田宗貞子息。老中平田光宗の従兄弟。
(44) **吉書始** 年始に吉書を出した儀式。
(45) **吉田美作守清孝**（清存とも）吉田宗清（島津忠良姉の子）二男。奏者、薩摩国阿多地頭（鹿児島県南さつま市金峰町）。

食籠肴と酒を持参してこられた。この座中、平田宗祇・本田信濃守が酒持参で来られたので、同座で盛大な酒宴となった。夜更けまで閑談して、皆帰宅された。

十八日、出仕はいつものとおり。まず、義久様が家久公を引見し、いつものとおり三献。家久公からは太刀目録が献上され、また折肴と酒が献上された。

　その後、拙者がお目にかかった。旅から直接伺候したので、上下だけで烏帽子《えぼし》は着けなかった。太刀と銭百疋を献上した。やがて、三献をいただき、御盃を頂戴したあと、例年、吉書始(44)のときに下される銭百疋をいただいた。奏者は吉田清孝《よしだきよたか》(45)であった。やがて帰宅した。八木昌信《やぎまさのぶ》(46)が酒持参で来られた。常住の食で寄り合った。すると、長谷場純智《はせばすみとも》(47)も酒持参で来られた。それぞれお会いした。愛宕山長床坊《あたごやまながとこぼう》(48)からの使僧が来られ、書状をいただいた。「祈祷については、ますます精を出しております」とのことであった。帯と扇をいただいた。使僧の勝尊坊《しょうそんぼう》からは、小刀をいただいた。案内者は大源坊であった。

　この日、本田親貞邸に義久様がお成りになったのでお供した。まず三献。亭主の座に義久様が参られ、御盃を頂戴したあと、太刀・銭百疋を持参。その後、義久様は上座の主居に着座され、その次に樺山玄佐・常栄・拙者・亭主、客居には、家久・祁答院賀雲斎《けどういんがうんさい》(49)・平田光宗・堀池宗叱《ほりけそうしつ》(50)であった。酒を三返いただいたところで、堀池宗叱が唄をうたい、堀池弥次郎《ほりけやじろう》、遠藤方の小次郎などの宗叱同心衆が出てきて、酒宴となった。数返ののち、お湯をいただいた。その間には、折肴や台物(51)で酒をいただいた。その後、点心(52)をいただいた。その座にいた

(46) **八木越後守昌信**（正信とも）義久右筆。但馬国八木城（兵庫県養父郡八鹿町）の八木豊信が島津氏の右筆となったとの説がある（岡村吉彦「但馬国人八木豊信の教養と島津家久」『鳥取県史だより』三一、二〇〇八年）。『本藩人物誌』は、豊信を昌信の子とするが、但馬から下向した豊信と同一人物かは不明。

(47) **長谷場織部佑純智**　一五六七～一六〇八。純辰子息。

(48) **愛宕山長床坊**　現在の愛宕神社（京都府京都市右京区嵯峨愛宕町）にあった修験寺院。

(49) **祁答院賀雲斎（重加《しげます》）**　嫡家祁答院良重の没後、嫡流に取り立てられる。

(50) **堀池宗叱**　京都を拠点としていた手猿楽の役者。実名次介忠清。永禄年間から天正年間にかけて、禁裏（宮中）能に親子で何度か出演しており、近衛前久とも親しかったようである。天正十一年の薩摩下向は、近衛前久の使者としての役目もあったのではないかと指摘されている（伊吹美保子「手猿楽「堀池」二代―宗叱・宗活事蹟考―」『芸能史研究』一四七号、一九九九年）。

小次郎らが大鼓を打ち、そのほか若衆中が鼓・大鼓・笛をいつものように鳴らし、終日酒宴となった。雑話などは筆紙には尽くしがたい。夜更けになって義久様は、御帰殿なされ、おのおの御門までお供した。

十九日、いつものように出仕した。白浜重治を申次《もうしつぎ》(53)として、義久様に申し上げた。「ご養生の時分に伺候いたしました。しばらく遠慮しておりましたが、私が召し連れております者ども、長旅になりましたので、お暇したく申し上げます」。これに対し義久様からは、「長旅ご苦労であった。早々に帰国するように。何があっても来月初めには談合があるので、その時期にはまた参上するように」とのことであった。御仮屋（誰の仮屋か不明）に参り、酒を進呈して三献で寄り合った。鮫島宗昌《さめじまむねまさ》(54)の取りなしによる。その後、平田光宗のところに暇乞いに参り、同じく平田《ひらた》九郎左衛門尉《くろうざえもんのじょう》へ酒持参で挨拶。三献で寄合。

この日、伊集院孫太郎《まごたろう》(55)のところに挨拶にいった。去年の冬に祝言をあげ、敷《しき》祢休世斎《ねきゅうせいさい》の娘を妻としたので、自分にとっても親類中となり、奥と表に酒を持参した。女中（孫太郎の妻）をよんで三献。その後、帰宅した。やがて、伊集院孫太郎が酒持参で来られた。その後、出船した。船元まで若衆中が、たくさん酒を持参して見送りに来てくれた。漸く向島《むかいじま》(56)の拙者領白浜(57)に着船。夜中に白浜を出船し、敷祢別当の所に夜中に到着。敷祢休世斎から使者が来たので、「明日伺います」と返事しておいた。

二十日、朝、十八官（董玉峯《とうぎょくほう》）と申す者のところで接待を受けた。その後、敷祢

(51) **台物** 大きな台にのせた料理。
(52) **点心** 一口で食べられる軽食。
(53) **申次** 主君に伝達する役目。
(54) **鮫島宗昌** ?〜一六一四。鮫島宗秋子息。
(55) **伊集院孫太郎** 覚兼も敷祢休世斎（頼賀）の娘を妻としており、伊集院孫太郎は義兄弟になる。
(56) **向島** 桜島。
(57) **白浜** 鹿児島市桜島白浜町。

休世斎殿のところに酒持参で参上した。そこでめしを振る舞われ、いろいろと饗応を受けた。その後、敷祢頼元《よりもと》(58)のところに参った。去年の冬に祝言をあげられたので、奥と表に酒を持参した。三献はいつものとおり。女中（頼元の妻）にもお目にかかった。その後、敷祢殿の母にも酒を持参して挨拶にいった。ここでも三献いつものとおり。それから直接出発し、庄内高牟礼《こうのむれ》の桑幡殿の百姓家で一泊。同地の代官がやってきていろいろと接待を受けた。

二十一日、高ノ牟礼を早朝に出発し、島津義虎からいただいた瀬野崎の栗毛（同月十三日に譲られる）に乗って早道で移動したところ、一日で宮崎に到着した。

二十二日、早朝から宮崎衆中・寺家衆《じけしゅう》(59)などが、銘々に酒を持参してきた。人によっては三献または押物で酒を飲んだ。

二十三日、この日もある者は酒、ある者は肴などを持参してきた。いちいち会って帰した。

この夜は、月待ち(60)であった。読経などで月待ちを終え、聴衆がいたので『太平記』を二、三巻読んで聞かせた。

二十四日、海江田《かいえだ》(61)から諸人来る。寺家衆なども同前であった。倉岡地頭の吉利《よしとし》久金《ひさかね》(62)から傍輩《ほうばい》(63)中を使者として年甫《ねんぽ》(64)の祝言をいただいた。

この日、樺山忠助《かばやまただすけ》(65)へ、前田勘解由左衛門尉《まえだかげゆざえもんのじょう》を使者として派遣。年始の挨拶と、肥後八代の御番として、来月二日に八代に到着するように、鹿児島寄合中も同じく御番を務める旨を伝える。

(58) **敷祢三郎五郎頼元**　一五六六～九八。頼賀（休世斎）の孫。覚兼室の甥。
(59) **寺家衆**　寺の僧侶たち。
(60) **月待ち**　特定の月齢の日に集う民間信仰。
(61) **海江田**　加江田、宮崎市加江田・折生迫付近。覚兼所領。
(62) **吉利山城守久金**　一五三〇～一六一六。島津忠将の二男。母は島津相州家忠幸（運久）娘、日新斎妹。日向国倉岡地頭（宮崎市大字糸原）。
(63) **傍輩**　同輩。
(64) **年甫**　年頭。
(65) **樺山忠助**　一五四〇～一六〇九。樺山善久（玄佐）二男。母は島津日新斎二女。大隅国長浜領主（鹿児島県霧島市隼人町小浜）、日向国穆佐地頭（宮崎市高岡町）。

吉利忠澄《よしとしただずみ》（覚兼義弟）からも、年頭の挨拶を使者からいただいた。
この日、竹篠山《たけしのやま》(66)に挨拶に行き、皆へ酒を持参。その後、金剛寺《こんごうじ》(67)が風呂を焼いてくれたので入った。住持は鹿児島に行っていたので留守だった。長野淡路守・野村大炊兵衛尉《のむらおおいひょうえのじょう》・野村右衛門尉《のむらうえもんのじょう》も同道した。この日から、服薬。

二十五日、満願寺《まんがんじ》(68)から齋《とき》(69)を振る舞われた。終日滞在し、拙者は酒を持参した。この日も地下衆《じげしゅう》や諸所からの挨拶の衆がたくさんあった。

二十六日、城内の衆中に挨拶し、銘々に酒を与えた。皆三献で寄り合い、いろいろと接待した。

二十七日、麓の衆中に挨拶した。岩戸(70)に行き、伊勢(71)の田中主水左衛門尉《たなかもんどさえもんのじょう》と共に挨拶した。めしを振る舞われ、終日、接待をうけた。拙者も酒を持参した。

二十八日、先日、鹿児島に伺候した時、義久様の虫気が良くなかったので、今まで心配していた。そこで、拙宿にて医王善逝《いおうぜんぜい》(72)之法十二座・同咒《どうじゅ》十二万返を、竹篠衆に依頼して執行してもらった。人衆は十三人である。早朝から始めて、酉刻（午後六時頃）に結願した。
この日、吉日だったので奈古八幡《なごはちまん》(73)に社参した。大宮司泉鏡坊《せんきょうぼう》が接待してくれた。樺山忠助殿から同名衆を使者として、先日の返礼があった。金剛寺が挨拶に登城してきた。三献で応接した。寺田壱岐守《てらだいきのかみ》を使者として、吉利忠澄、本庄地頭川上翌久(74)に新年の挨拶に遣わした。

二十九日、昨日の祈祷の御札配帙《おふだはいちつ》(75)を、泉長(鏡)坊を使僧として鹿児島の奏者白浜重

(66) **竹篠山** 現在の宮崎市大字瓜生野にあった寺院。その本坊は現在の王楽寺。
(67) **金剛寺** 宮崎市大瀬町に現存する臨済宗寺院。
(68) **満願寺** 宮崎城東麓にあった寺院。住持は玄恵、宮崎市池内町寺迫に墓所が残る。
(69) **齋** 寺で午前中にとる食事。
(70) **岩戸** 磐戸神社、宮崎市大字上北方。
(71) **伊勢** 伊勢社、現在の加江田神社。この頃は加江田川南岸（宮崎市大字加江田）に所在。
(72) **医王善逝** 薬師如来の異称。
(73) **奈古八幡** 現在の奈古神社。宮崎市南方町御供田。宇佐宮領宮崎庄の鎮守。
(74) **川上備前守翌久** 一五二〇～九六。川上忠塞《ただせき》四男。日向国本庄地頭（宮崎県東諸県郡国富町）。
(75) **御札配帙** 祈祷をおこなったことを記したお札。

治まで届けさせた。

この日、堀四郎左衛門尉《ほりしろうざえもんのじょう》を使者として都於郡(76)と穂北(77)に遣わし、年頭の挨拶と共に、無足衆《むそくしゅう》(78)に肥後表の百日番を務めるように命じ、路次《ろじ》(79)の準備だけを自力で賄い、逗留中は兵糧を上が考えてくれる旨を伝えた。

この日、敷祢越中守《しきねえっちゅうのかみ》・野村大炊兵衛尉などが来られた。茶の湯にて終日閑談。

晦日（三十日）、福永藤六《ふくながとうろく》が年頭の挨拶に来られた。酒を持参して来た。三献で応接した。日向尾八重《おばえ》衆(80)の米良弾正忠《めらだんじょうのちゅう》（重秀カ）が来られた。本庄衆中が、酒持参で来られた。昨日派遣していた堀四郎左衛門尉が帰ってきた。都於郡、穂北からの返事は、どちらも了解したとのことである。

この日、風呂の造作を始めた。

【解説】

正月、島津忠平・家久兄弟をはじめとして諸将が帰陣している。覚兼は島津義久への状況報告を兼ねて鹿児島に直接向かったが、その途上、湯之元温泉で湯治をしている。当時から湯治場だったことがうかがえ興味深い。義久は虫気に苦しんでおり、その後も症状はなかなか回復していない。宮崎に戻る途上、覚兼は舅の敷祢頼賀（休世斎）のもとに立ち寄っており、そこで十八官（董玉峯）という帰化明人の医者から饗応を受ける。意気投合したようであり、これ以後交友が続いている。

(76) **都於郡**　宮崎県西都市鹿野田。地頭鎌田政近。

(77) **穂北**　宮崎県西都市穂北。地頭平田宗張。

(78) **無足衆**　所領が一町に満たない下級家臣。

(79) **路次**　道中。

(80) **日向尾八重衆**　宮崎県西都市尾八重。

帰化明人は〇〇官と名乗《なの》ることが多いが、これは「排行《はいこう》」といい、兄弟に出生順に番号をふって名前代わりにした。日本での「二郎」、「三郎」と同じである。

二十一日、庄内高ノ牟礼から宮崎への帰路、島津義虎からもらった馬に乗り、早足で帰っている。わざわざこれを記しているということは、通常宮崎・鹿児島間は、徒歩で移動していたのであろうか。

宮崎に戻った直後の二十四日、覚兼は金剛寺に招かれ風呂に入っている。当時、寺院では沐浴のためよく風呂を焚いていた。覚兼はこれが気に入ったようであり、たびたび周辺の寺院で入浴している。なお、この頃の風呂とは蒸し風呂である。

天正十一年（一五八三）

閏正月条

一日、看経・読経などいつものとおり。〈私之三献〉が済んだ後、宮崎衆中がそれぞれ来られたので接見した。皆と酒を飲んだ。衆中へ命じたことは、恐らく今年の春にどちらかへ出陣となるであろうから、その際はしっかり公役を果たすこと。皆、弓・鉄砲以外の〈持具足《もちぐそく》〉はよくないこと。諸所の番普請《ばんぶしん》(1)をしっかりやっておくこと。このほかの条々もしっかり伝えた。衆中は皆、もっともだと承諾し、今後、公役をしっかり果たすとのことであった。

本田治部少輔《ほんだじぶしょうゆ》が酒持参で来られたので会った。綾地頭新納久時《にいろひさとき》(2)は、病気療養中とのことで子息（藤四郎カ）が来られた。酒を持参し、衆中二、三人も同心した。彼らにも銘々酒を与え、皆三献で対応した。

この晩、本田治部少輔・田中主水左衛門尉《たなかもんどさえもんのじょう》・敷祢越中守・鎌田兼政へめしを振る舞った。夜更けまで茶などで閑談した。

二日、佐土原へ家久公ご帰宅の祝言、ならびに奥（樺山玄佐の娘）へ年頭の祝言を、敷祢越中守を使者として伝えた。八代の光教寺《こうきょうじ》が酒を持参して来た。

三日、毘沙門宝前にて法華を読誦《どくじゅ》(3)した。大乗坊《だいじょうぼう》（住吉社大宮司）・野村大炊兵衛尉などが語りに来たので、将棋などについて茶の湯がてら、物語りした。昨日

（1）**番普請** 建築や土木。

（2）**新納縫殿助久時** 一五四八～一六〇七。新納忠清（忠祐二男、忠元叔父）子息。日向国綾地頭（宮崎県東諸県郡綾町）。

（3）**読誦** お経を声に出して読むこと。

佐土原への祝言の返事を敷祢越中守が帰宅して伝えてきた。

　この日、木花寺(4)が来られたので、庭に樹を植えさせ、石を配置させるなどした。

四日、都於郡の鎌田《かまた》政近《まさちか》(5)から、ご自身は虫気が良くないということで、同名衆を使者として年始の挨拶を受けた。拙者も療養中なので使者とは会わなかった。人を立てて返事をした。酒を振る舞った。この日、木花寺が帰られた。

　この日、雨で退屈していたところ、堀四郎左衛門尉・勝目《かつめ》但馬拯《たじまのじょう》がやってきたので、酒で参会して雑談した。庭前に木などたくさん植えさせて見物した。

五日、伊勢社の田中主水佐が来た。酒を飲みながら物語りした。また、樹などいろいろと植えさせて慰んだ。

　この晩、鎌田兼政夫婦と上井《うわい》兼成《かねしげ》夫婦とめし寄合。

六日、鎌田兼政を同道して、海江田に行った。まず、木花寺に参って支度し、同寺でめしを振る舞われた。いろいろと肴で酒を数返いただいた。本庄の万福《まんぷく》寺《じ》(6)から、その座で酒をいただいた。その後、諏訪社《すわしゃ》に社参し、それから伊勢社に参宮した。同社の大宮司（田中主水佐）のところで接待を受けた。その座が過ぎて、円福寺《えんぷくじ》(7)に年頭の挨拶にうかがい、酒を持参した。三献で寄り合い、その座で薄暮となったので、紫波洲崎城《しわすざきじょう》(8)に行った。恭安斎《きょうあんさい》(9)の御館で接待を受け、夜更けまで酒宴。

七日、中城(10)に参った。三献で寄り合った。今晩、持参の酒などは寄り合って飲むとのことであった。

(4) **木花寺**　法満寺。現在の木花神社境内にあった寺院（宮崎市大字熊野）。
(5) **鎌田出雲守政近**　一五四五～一六〇五。鎌田政勝嫡男。都於郡地頭。
(6) **万福寺**　宮崎県東諸県郡国富町大字本庄の天台宗寺院。
(7) **円福寺**　加江田に所在した寺院。現在の円南寺との関係は不明。
(8) **紫波洲崎城**　宮崎市大字折生迫字上白浜。現在の城山公園。
(9) **恭安斎**　上井董兼《ただかね》。覚兼父。生没年不詳。大隅国上井領主（鹿児島県霧島市国分上井）。父は上井為秋、母は敷祢頼賀（休世斎）妹。妻は大隅国加治木領主肝付兼演の妹。「薫兼」と表記されることが多いが、「董兼」の誤写であろう。天文十七年（一五四八）、島津貴久の傘下に入り、同二十二年、薩摩国永吉（同県日置市吹上町永吉）の地頭として移封される。天正八年（一五八〇）覚兼の宮崎移封にともない、所領加江田内にある紫波洲崎城（宮崎市折生迫）に居住。
(10) **中城**　覚兼祖母（敷祢頼愛《よりちか》の娘）が住む曲輪。

この日、折生迫《おりゅうざこ》で狩を行った。猪二つを捕った。狩り場に恭安斎からの使者が来た。趣旨は、「曽井の比志島義基《ひしじまよしもと》から、(11)高野図書助《たかのとしょのすけ》を使者として連絡があった。鹿児島に私用で使者を派遣したところ、伊集院忠棟から書状を預かったので持参した」とのことである。忠棟書状と奏者の白浜重治書状の二通が届けられたので披見した。忠棟からは、「来る十一、十二日ごろから談合があるので、日州両院(12)の諸地頭と同心して早々に鹿児島に参上するように」とのことであった。白浜重治からは、「義久様の虫気が良くなく、鳫《かり》と鶴を食べた方がいいと医者たちが言っている。きっと覚兼が持っているだろうから、進上するように」とのことであった。

この晩、中城にて祖母がめしを振る舞ってくれた。いろいろと肴があり、終夜の酒宴。この夜は中城にて泊まった。

八日、御崎の観世音(13)に参詣。祈念が過ぎたあと寺主が出てこられて誘われ、めしを振る舞われた。いろいろと接待を受けた。恭安斎と鎌田兼政が同心した。

この日、宮崎に向け出発した。しかし、天気が悪く、日も暮れてきたので、和知川原《わちがわら》の斎藤讃岐拯《さいとうさぬきのじょう》のところで泊まった。いろいろと接待を受けた。鎌田兼政が同心した。

九日、朝食を斎藤讃岐拯が振る舞ってくれた。いろいろと接待を受けた。その後、沙汰寺《さたじ》(14)に挨拶に行った。三献で寄り合った。拙者も酒を持参した。それから、住吉大宮司の大乗坊に挨拶に行った。まず三献、その後、茶の湯であった。

(11) **比志島式部少輔義基**　一五三七〜一六〇三。実父は伊集院忠倉。老中伊集院忠棟の実弟。旧名義智。比志島義弘の養嗣子となる。日向国曽井地頭（宮崎市大字恒久）。

(12) **日州両院**　宮崎平野を指す地域呼称。新納院から穆佐院にかけての意ヵ。

(13) **御崎の観世音**　現在の日之御崎観音寺。宮崎市大字折生迫。

(14) **沙汰寺**　現在の宮崎市下北方町字塚原にあった真言宗寺院。明治三年（一八七〇）に廃寺となり、現在、平景清の石塔を祀る「景清廟」となっている。

天目茶碗(15)と茶壺など見せてもらい、雑談していたところ、めしを振る舞われた。いろいろと肴が出て終日酒宴。薄暮となったので帰宅した。

この日、諸所に使いを出し、鹿児島に参上するように申し渡した。

十日、米良《めら》淡路守《あわじのかみ》（重良カ）・俣江《またえ》加賀守《かがのかみ》そのほか山内衆(16)四、五人、年頭の挨拶に来られた。酒・猪・鹿など持参して来た。それぞれと酒で寄り合った。

この日、大乗坊が昨日のお礼に酒を持参して来た。終日、茶の湯がてら、碁・将棋などやり、いろいろと閑談した。この日、野村舟綱斎《のむらせんこうさい》が来た。

十一日、沙汰寺が一昨日のお礼に酒・肴持参で来た。衆中四、五人が居合わせたので、終日宴会。茶の湯なので雑談した。

十二日、薬師如来へ読経。この日、鎌田兼政に頼んで、鹿児島に行ってもらった。趣旨は、「談合のため諸地頭参上するようにとのことでしたので、日州両院の地頭に申し渡しました。拙者も参上すべきですが、痔病が悪化しており療養中なので、五日後に伺候いたします。先々御用がある場合には、鎌田兼政に仰ってください」と。このほか、四、五か条御用を申し上げた。

この日は、樹など植えさせて、屋敷にずっと居た。

十三日、曽井地頭比志島義基と関係が悪化した岩下名字の衆中が、去年の冬以来、本坊(17)を頼って滞在中であり、「彼を召し直して(18)欲しい」と、鎌田《かまた》筑後守《ちくごのかみ》を使者として比志島に申し入れた。

この朝、鹿児島の古後殿がやってきたので、めしを振る舞った。柏原《かしわばる》伊賀守《いがのかみ》

(15) **天目茶碗** 鉄釉をかけて焼かれた陶器。

(16) **山内衆** 日向国臼杵郡・児湯郡の山間地域に居住する者たち。

(17) **本坊** 竹篠山の中心的塔頭。現在の王楽寺（宮崎市大字瓜生野）とみられる。

(18) **召し直し** 衆中（配下）として認めてほしいという意味。衆中は、移動希望を出すことができた。衆中「召し」は「召使」と同じ用法。

も同席した。鎌田筑後守がやがて帰ってきた。岩下名字のこと、拙者が意見したところ、召し直すとのことであった。今後はどちらにでも召し移して欲しいとのことであった。

この日、金剛寺から「風呂を興行したので来られませんか」と誘われたので入りに行った。まず、点心をいただいた。その時、持参の酒をいただいた。それから風呂に入り、その後、客殿にて接待を受けた。めしを振る舞われた。夜更けになって帰った。鎌田筑後守・勝目但馬守《かつめたじまのかみ》も同心した。

この日、善哉坊《ぜんさいぼう》(19)の弟子大弐公《だいにこう》が酒持参で来られた。

十四日、高城地頭の山田有信から、指宿浅六左衛門尉《いぶすきせんろくざえもんのじょう》を使者として挨拶があった。先日（閏正月九日）の使者に対するお礼であった。近日中に鹿児島に参上するとのことであった。

この日、関右京亮のところに挨拶に行った。酒を持参した。めしを振る舞われた。終日酒宴。

十五日、看経・読経などいつものとおり。衆中がやって来て面会。普請などについて談合した。

十六日、薩摩国永吉上谷（覚兼領）の百姓が来たので面会した。あわせて南之薗の百姓もやってきた。本坊から連絡があり、「昨日、曽井に岩下名字のものを連れて行ったところ、比志島義基殿は異議なく面会した」とのことであった。

この日、池田志摩拯《いけだしまのじょう》から呼ばれたので、帆村《（穂）ほむら》(20)に下った。いろいろと接待を

(19) **善哉坊** 金剛密山妙光院善哉坊。宮崎県東諸県郡国富町深年にあった修験寺院。勝福寺とも呼ばれる。天正六年（一五七八）、伊東攻めの軍功により面高真連坊《おもだかしんれんぼう》頼俊《らいしゅん》が住持となる。慶応三年（一八六七）廃寺。

(20) **帆村** 穂村、現在の宮崎市塩路・山崎付近。

受けた。その夜は、池田の所に泊まった。俳諧や茶の湯などを楽しみ、衆中も多く同心した。

十七日、瀬戸山大蔵左衛門尉《せとやまおおくらざえもんのじょう》(21)から接待を受けた。終日酒宴。子どもに名前を付けてくれと頼まれ、お礼に脇差を拙者にくれた。この晩、帰宅した。

十八日、看経・読経などいつものとおり。観世音へ堂参した。財部《たからべ》(22)の光音寺《こうおんじ》が来られた。茶・木綿を二ついただいた。

この日、福島(23)から衆中一、一人が酒持参で来られたので面会した。鹿児島出仕中の倉岡地頭吉利久金《よしとしひさかね》から梶原方を使者として連絡がきた。義久様の虫気が良くないことを、もしかして拙者が知らないのではないかということで注進してきたとのこと。

この日、鹿児島に派遣中の鎌田兼政から今月十六日付けの書状が届いた。これも、義久様の虫気がいまだ快癒していないことを伝え、乗り物を使ってでも鹿児島に参上すべしとの寄合中の意向を伝えてきた。

この日、風呂を建築するため、終日普請させた。この晩、鹿児島から泉長坊(鏡)が帰ってきた。義久様の虫気の件であった。

十九日、財部の比喜《ひき》大宮司(24)町田一公房《いっこうぼう》が酒持参でやってきたので面会した。義久様の虫気祈祷について、長野淡路守と関右京亮《せきうきょうのすけ》に本坊・満願寺と談合させた。どちらも祈祷を行うとのことであった。拙者も、二月彼岸に法華嶽《ほけだけ》(25)に参籠して立願することにした。

(21) **瀬戸山大蔵左衛門尉** 穂村在住の有力者。
(22) **財部** 現在の宮崎県児湯郡高鍋町。
(23) **福島** 現在の宮崎県串間市。
(24) **比喜大宮司** 比木大明神。現在の比木神社（宮崎県児湯郡木城町椎木）の大宮司。
(25) **法華嶽** 法華嶽薬師寺。宮崎県東諸県郡国富町大字深年に所在する寺院。

二十日、寺社家ともに、それぞれ祈祷をしっかりおこなうと申し入れてきた。

　この日、穂北衆中が一、二人、酒を持参してきたので寄り合った。

二十一日、柏田《かしわだ》(26)と宮崎城との間に道を造らせた。新しい道なので、城から下り実見して作らせた。その時、佐土原から弓削名字の人が酒持参でやってきた。金剛寺が祈祷のため大般若経を転読《てんどく》(27)したということで、札を持参した。

二十二日、ご祈祷のため、満願寺にて衆中主催で大般若経の転読をおこなった。竹篠の本坊では百講座おこなった。瓜生野八幡宮《うりゅうの》(28)では、社家衆が千度の祓い(29)をおこなった。奈古八幡宮でも千度の祓いをおこなった。これらのご配帙を、堀四郎左衛門尉に託して鹿児島に進上させた。あわせて、拙者の不参について、療養中のため参上しがたい旨を釈明させた。

　この日、本坊が酒・肴を持参して来たので、衆中も集まって終日酒宴。

二十三日、西俣七郎左衛門尉《にしまたしちろうざえもんのじょう》が今年に入り無沙汰しているといって、酒持参で来られた。ちょうど鹿児島に伺候しており、今月二十日に鹿児島を出発し、到着したとのことである。そこで、義久様の虫気の様子をたずねたところ、今は平癒したとのこと。また、鹿児島ではちょうど談合のため諸所の地頭が到着しているようだと話してくれた。

　この日は、晩に月待ちだったので、終日法華経を読誦した。この夜、茶の湯・俳諧・雑談などで月を待ち取った。

二十四日、読経・念仏。この晩、平田宗衡《ひらたむねひら》が酒を持参して来たので、めしを振

(26) **柏田**　宮崎市大字瓜生野、相生橋北詰付近。

(27) **転読**　経文の一部を読むこと。

(28) **瓜生野八幡宮**　宮崎市大瀬町にある瓜生野八幡神社。宇佐宮領瓜生野別符の鎮守。

(29) **千度の祓い**　中臣祓詞を神前で千回読み上げて罪を祓い清めること。

る舞い接待した。

　この日、義久様の虫気平癒との連絡が、鹿児島から鎌田兼政の書状でもたらされた。

二十五日、天神への読経などした。この日、吉利忠澄がやってきて夕食を共にした。酒を持参して来た。愚息（犬徳丸《いぬとくまる》）(30)と初めて会うということで、鳥目百疋を持ってきてくれた。夜更けまで酒宴だった。

　この日、法華嶽住持（年室僧延《ねんしつそうえん》）が酒持参でやってきた。拙者の参籠(31)計画を賞賛してくれた。

二十六日、吉利忠澄を内城に登城してきて欲しいとしきりに誘ったのだが、紫波洲崎に急ぐということで、宿から直接出発してしまった。

　嵐田(32)から蓮堯坊《れんぎょうぼう》が酒を持参して来た。

二十七日、柏田と城との間の道造り普請をさせた。

　この日、関右京亮を使者として家久公に派遣し、無沙汰を侘びるとともに、佐土原に逗留中の目医者をこちらにも派遣して欲しい旨、要請した。

二十八日、御崎寺《みさきじ》住持が読経に来てくれた。我々の看経・読経はいつものとおり。

　この日、去る正月に筑後の田尻鑑種《あきたね》殿のところへ派遣していた柏原左近《かしわばるさこんの》将監《しょうげん》が帰ってきた。田尻氏の籠もる鷹尾城の状況を、直接鹿児島に参上して伝え、寄合中から聞いた鹿児島での談合の様子を細々と話してくれた。田尻鑑種からの書状と緞子一端をいただいた。書状によると、敵陣九つが到着したが無

(30) **犬徳丸**　一五八二～一六三二。覚兼嫡子。母は敷祢頼賀（休世斎）娘。元服後、経兼《つねかね》と名乗る。『本藩人物誌』は天正十年四月一日生まれとしており、事実ならばこの時十ヶ月の乳児である。
(31) **参籠**　一定期間引き籠って神仏に祈願すること。
(32) **嵐田**　宮崎県東諸県郡国富町大字嵐田。

人数であり、さほど結束も強くない様子なので、籠城側としては全く問題ないとのことであった。その上で、「島津側からの加勢については、ご賢慮をもって初秋ごろには派遣していただけないか」との要請があった。まずは、津口に龍造寺方の警固舟が多数いるので、これを急ぎ兵船で打ち破る作戦が重要であるとのことであった。

この晩、馬嶋宗寿軒《まじまそうじゅけん》という目医者が佐土原からやってきたので、めしを振る舞い面会した。牛黄円《ごおうえん》(33)と真珠散《しんじゅさん》(34)を頂いた。席次は、客居に宗寿、次いで長野淡路守、主居に拙者・柏原左近将監であった。

二十九日、宗寿は茶湯者(35)であるというので、茶道具を見せてもらった。今朝、めしを振る舞った。敷祢越中守・鎌田兼政も同席した。この日は、終日茶の湯。

この晩、伊集院忠棟から書状が到来した。義久様の虫気が平癒したとのことで、拙者の鹿児島伺候は延期してかまわないとのことであった。

（33）**牛黄円**　牛の胆石で作った薬丸。

（34）**真珠散**　真珠で作った漢方の目薬。

（35）**茶湯者**　茶人。

【解説】

宮崎での日常生活の記事は、この月から始まる。正月に不在だったため、宮崎城周辺の寺家・社家や周辺の地頭らが年頭の挨拶に来ており、覚兼自身も島津家久の本拠である佐土原や、父恭安斎（董兼）・祖母中城の住む紫波洲崎城まで挨拶に出向いている。百姓からの挨拶があるのも興味深い。

来たる十一、十二日に鹿児島で談合があるので「日州両院」（覚兼所管地域）

の地頭を連れて出府するよう命じられたが、覚兼は痔病を理由に遅れる旨回答している。覚兼の悪い癖である。その後、島津義久の虫気がかなり悪いことを知り、十九日、二月に法華嶽で参籠することを思いついている。

十三日、曽井地頭と仲違いして竹篠山に出奔していた曽井衆中の取りなしをしている。衆中は、上司である地頭が気に入らないと移動希望が出せるが、それには地頭が許して衆中に復帰（召し直し）しておく必要があったようである。

二十一日から覚兼の指示で宮崎城から柏田へと繋がる道が造成されている（柏田口）。柏田は大淀川の船着き場と町場があり、これ以後覚兼はこのルートを度々使用している。

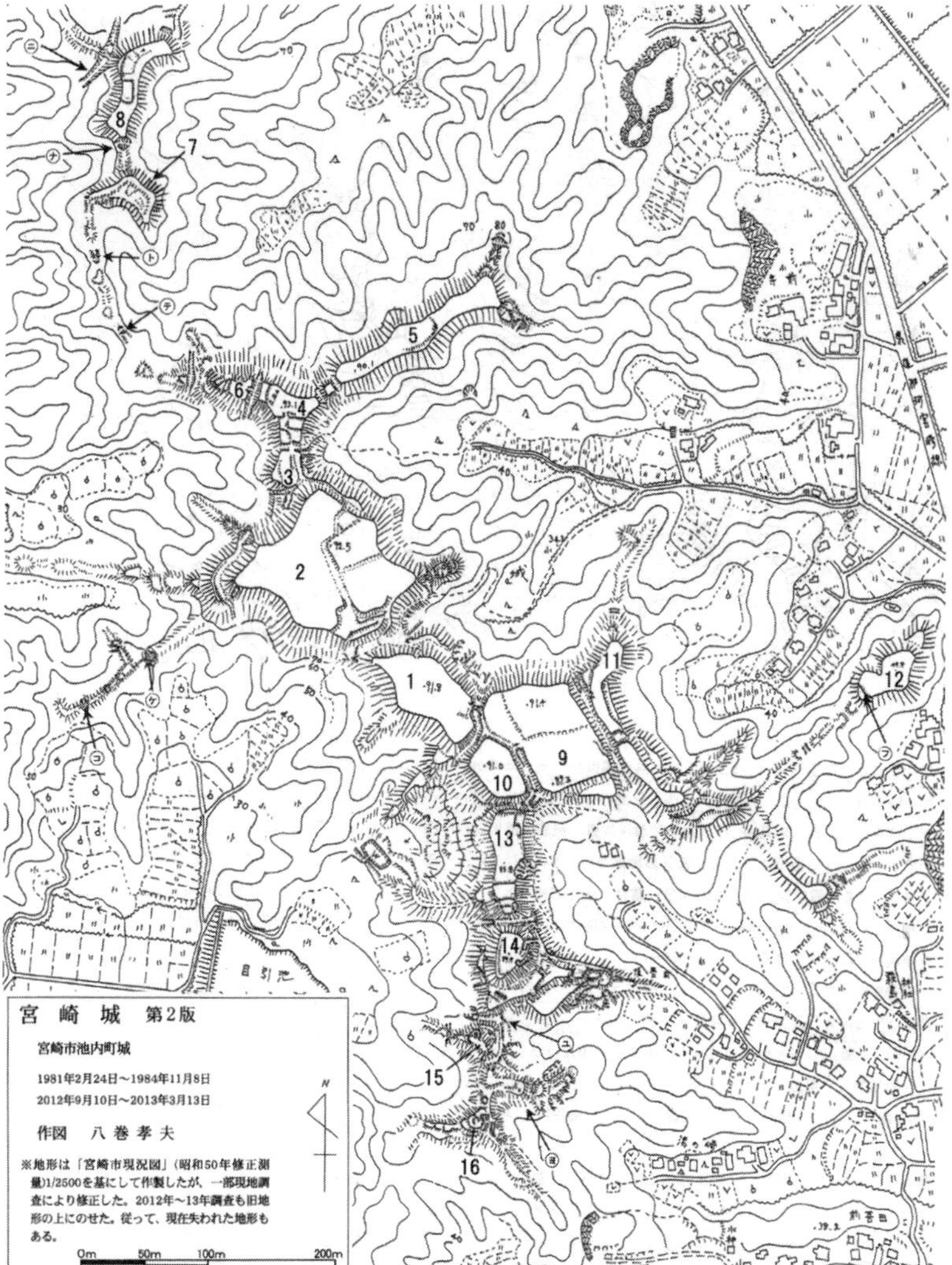

八巻孝夫氏作成の宮崎城縄張図（2013年）

※曲輪の番号は、八巻孝夫氏が付したものである。その一部には『日向地誌』などに記された伝承名が残っている。八巻孝夫「日向国・宮崎城の基礎研究」（『中世城郭研究』27、2013年）にもとづき、分かる範囲で通称名・伝承名を載せる。
1：本丸、本城　2：野首城　4：服部城　5：射場城、弓場城
9、10：百貫城、百貫ショウジ、南城　11：猿渡、馬乗馬場
13：彦右衛門丸、彦ヱ門城　14：マル城、丸城

天正十一年（一五八三）

二月条

一日、宮崎衆中が皆やってきた。いつものとおり面会した。この日も宗寿《そうじゅ》に茶の湯を立てさせて慰み、道具を拝見した。いろいろと〈曲灰〉(1)などをならして見せてくれた。夕食を共にしている途中、紫波洲崎《しわすざき》から父恭安斎が蚫《あわび》(2)を持参したので、すぐ肴に出した。宗寿も賞翫《しょうがん》し(3)、雑談のなかで、

かひも有《ある》 浦ハ住《すみ》よし伊勢島を たのめてきたる 海士《あま》のこの春

〔貝がたくさん有って、来た甲斐の有る浦と言えば「住み良し」の名を持つ住吉と伊勢である。それらの浦をあてにして(アワビを採りに)海士がやって来た今年の春である〕

と詠んだ。黙っていられず、拙者もすぐさま返歌し、

たのめつゝきますかひやハ あらざらむ 春の海辺ニ ちかき住家《すみか》を

〔あてにして貝を求めておいでになる甲斐がありますでしょう。春の海辺に近いこの住居に〕

と詠んだ。それからいろいろと戯れ言をいいながら酒数返いただいた。

二日、鎌田兼政の館にて、宗寿・拙者に朝食を振る舞ってくれた。その後、茶の湯をして道具を見せてもらった。

(1) **曲灰** 茶席の炉用灰のことカ。
(2) **蚫** 鮑。
(3) **賞翫** 物の良さを味わい楽しむこと。

この日、父恭安斎が、拙者の気分が最近良くないというのを聞いて、見舞いに来てくれた。夕食の時に宗寿も同席して、酒を飲んだ。

三日、毘沙門への看経はいつものとおり。恭安斎と朝食を共にした。柏原左近《かしわばるさこんの》将監《しょうげん》・宗寿も同席した。いろいろと肴を出して酒を数度。恭安斎はこの日、帰宅した。明日、法華嶽に参籠する拙者に同心するということで、宗寿はこの日、佐土原に帰っていった。

この日、鹿児島に派遣していた堀四郎左衛門尉が帰ってきた。義久様の虫気《むしけ》は平癒したとのことであった。宮崎衆中、寺社家中が祈祷して御札配帙《おふだはいちつ》を進上したことへのお礼があったとのこと。また、田尻鑑種《あきたね》への援軍兵船を近日中に派遣することについて、談合で決定したとのこと。兵船ならびに上乗衆《うわのりしゅう》・手火矢衆(4)の手配については、日州両院の諸所に命令するようにとのことであった。これらについて説明を受けた後、〈私之風呂〉(5)に入った。

四日、彼岸に入った。看経などいつものとおり。午刻（午後十二時頃）、法華嶽へ向かった。路次は駕籠《かご》だったので、法華経を読経していた。参籠の志をもって同心した衆中は、鎌田兼政・関右京亮・野村大炊兵衛尉・弓削甲斐守《ゆげかいのかみ》・江田《えだ》源兵衛尉《げんべえのじょう》・上井兼成が同道した。酉刻（午後六時頃）、法華嶽に参着した。まず堂参。銭百疋を持って行った。福昌寺住持代賢守仲《だいけんしゅちゅう》も参籠されていた。宝前にてお目にかかった。樺山玄佐《かばやまげんさ》も参籠されていた。

この日、鹿児島に参上していた財部地頭鎌田政心《かまたまさむね》が、寄合中の使いとしてこ

（4）**手火矢衆** 鉄砲衆。
（5）**私之風呂** 個人用の風呂の意カ。

ちらにやってきた。趣旨は、「義久様のご名代として、法華嶽への参籠大儀である。併せて、田尻鑑種殿への兵船派遣の件、油断なく準備するように」とのことであった。

この日、諸外城へ兵船と上乗について申し渡した。鎌田政心から酒をいただいた。

五日、看経はいつものとおり。まず堂参し、寺で粥を振る舞われた。樺山玄佐と拙者、そのほかは僧達であった。

この日、代賢和尚の御影《みえい》(6)を安置するために塔頭《たっちゅう》(7)が造立された。願主は西俣七郎左衛門尉である。そこで徒移《いし》(8)の祝言として、樺山玄佐・拙者、そのほか衆僧に対し、その塔頭にて斎《とき》が振る舞われた。代賢和尚の寿影開眼《じゅえいかいがん》の頌唱《こうしょう》がおこなわれた。

安床這箇木偶人
有相身中無相身
梵刹新興洞曹窟
瑠璃燈影続光辰

床に安ずるは　這箇木偶人《これもくぐうにん》
有相の身は無相の身に中《あた》る
梵刹《ぼんせつ》　新たに興す　洞曹窟《とうそうくつ》
瑠璃燈影　光を続《つ》ぐ辰《とき》

と即興で書き、樺山玄佐が我々に見せてくれた。玄佐はやがて、

法《のり》の花　開《ひら》けし春の化《おもかげ》ハ　幾世《いくよ》も人の　心なる辰《とき》

(6) **御影**　頂相《ちんぞう》(禅僧の肖像画・彫刻)。
(7) **塔頭**　寺の敷地内にある小寺院や別坊。
(8) **徒移**　本尊を移したり新たに安置すること。

〔仏に供える花が開いた春の景色は、いつまでも人の心のままである〕
と詠んだ。その場に居合わせて黙っていられなくなり、拙者も、
辰《とき》しもあれ 光普《あまね》き法の場に しづ（静）心有《ある》 花の影かな
〔この春という季節に、光がすみずみまでを照らしている寺に落ち着いた心で散らずにいる花の姿であるよ〕
と詠んだ。この座に、玄龍首座《げんりゅうしゅそ》(9)という僧が居合わせており、塵尊偈句《じんそんげく》を奉った。

鳳閣龍楼一主人
雨曇濁世現金身
陛堂宝偈徹三統
野鳥高歌花舞辰

鳳閣龍楼《ほうかくりゅうろう》の一主人
雨曇 世を濁《けが》すも 金身を現す
陛堂《しんざ》宝偈《ほうげ》 三統を徹し
野鳥高歌 花舞ふ辰《とき》

また酒をいただき、その後、皆退出した。

　この日も宮崎・紫波洲崎から皆酒を持参して来た。数が多く、銘々は記録できない。この夜、家久公から使いが来て、参籠への挨拶と京酒が着船したとのことでこれを贈ってくれた。

六日、早朝堂参。看経などいつものとおり。諸方から酒・肴を持参して来たが、数が多く銘々は記録できない。宮崎衆中が酒持参で来てくれた。こちらの衆僧を拙宿に呼んで、終日酒宴。

(9) **玄龍首座**　正興寺住持。正興寺、鹿児島県霧島市隼人町にあった寺院。

七日、堂参・看経はいつものとおり。西俣七郎左衛門尉が塔頭祝いとのことで、福昌寺代賢守仲に齋を進上した。樺山玄佐と我々もご相伴にあずかった。いろいろと肴も出て酒。常沢という座頭(10)がやってきて、『平家物語』を語ってくれた。

この日、入野地頭吉利忠澄が、子息（忠張、覚兼甥）を連れて酒持参でやってきた。あわせて、綾地頭新納久時の子息、平田宗衝も酒持参で来られた。終日酒宴。衆中達も銘々酒を持参して来た。

この夜、中甫蔵主《ちゅうほぞうす》を通じて代賢和尚に申し入れをした。趣旨は、「拙者は、弱年から玄葩《げんは》和尚のもとに朝夕参扣《さんこう》(11)し禅道を学び、道号(12)を頂戴したいと思っていました。ちょうどよい機会なので、御参籠のついでに再参(13)し、道号を申請したい」と。

八日、堂参・看経はいつものとおり。夜前に、代賢和尚に申し入れた件の返事があった。「道号を所望とのこと。玄葩は門徒中の大老であり、よく存じているので、再参には及ばない。道号を授けよう」とのことであり、拙者が長年の禅道修行を詳しく申し上げたところ、「殊勝である」とお褒めの言葉をいただいた。

この日、朝食を共にした。その座は、代賢和尚・樺山玄佐・法華嶽寺当住の円(延)書記《えんしょき》（年室僧延）・玄龍首座・中甫蔵主・馬嶋宗寿軒《まじまそうじゅけん》・常沢（琵琶法師）・拙者・鎌田兼政であった。この座で、京酒が到着し、いろいろ雑談しながら数返いただいた。

この晩、長野下総守が酒を持参して来た。長持寺《ちょうじじ》(14)、そのほか諸所から寺家衆

(10) **座頭**　琵琶法師。

(11) **参扣**　高位の人の所へ伺うこと。

(12) **道号**　僧侶の号。

(13) **再参**　再び参禅すること。

(14) **長持寺**　都於郡城下にあった曹洞宗寺院カ。

中が酒持参で来た。
　この日、代賢和尚から手渡しで、庵主号《あんじゅごう》（一超宗咄《いっちょうそうとつ》）を書き付けたものを拝領した。
九日、堂参・看経はいつものとおり。吉利忠澄の内衆が酒を持参して来た。終日酒宴。このほか、諸方から音信多数。
十日、堂参・看経はいつものとおり。樺山玄佐から竹下珠羿《しゅげい》を使者として話があった。この参籠中に、玄佐が和歌百首を詠んだので、宝前に奉納したところ、代賢和尚がご覧になり尊偈《そんげ》(15)を詠まれ、同じく玄龍首座も尊韵《そんいん》を詠まれ、両首を見せてくれた。拙者にも一首詠んで欲しいとのことであった。若輩なので再三遠慮したものの、しきりにお願いされた。福昌寺（代賢和尚）が書かれたのは、「樺山安芸入道玄佐居士が賢太守（義久）の当病平癒のため七日間参籠し、百首の和歌を仏前に奉納した。山僧これを賜り、祈念するついでに一偈《いちげ》をもって賞賛する。照鑑、拙魯拝」

百首和歌絶妙詞
金書銀字転清奇
医王善逝哀憐受
願意円成在此時

百首の和歌 絶妙の詞
金書銀字 転《うた》た清奇
医王善逝《いおうぜんぜい》 哀憐《あいれん》を受け
願意円成《えんじょう》 此の時に在り

(15) **尊偈**　経文に交じっている多くは四句から成る詩。仏徳をたたえ、教理を象徴的に述べるもの。

玄龍首座の詩は、「謹んで奉り、福昌大禅仏尊詩之厳韵の尾を汚し、玄佐居士の坐右下に呈します。玄龍拝」

金滕準擬詠歌詞
祷尒文〻也太奇
松樹春回千歳緑
瑠璃殿上雨晴時

金滕《きんとう》 準擬《じゅんぎ》す 詠歌の詞
爾《なんじ》 祷《いの》ること文文として 也《また》 太《はなはだ》 奇なり
松樹 春は回《めぐ》る 千歳《せんざい》 緑《りょく》
瑠璃《るり》殿上《でんじょう》 雨晴るる時

拙者もあまりのことに、謹んで請い奉ります。玄佐老が百首の歌を詠み、医王善逝(16)宝前に献じられ、福昌主盟翁も一覧して感謝のあまり尊偈を詠み、君臣の徳を賞賛した。予も傍らでこれを拝見し、黙止しがたく、和尚の高韵の末尾に詠む。

相応両翁和漢詞
文〻連玉句皆奇
或云花鳥或風月
満目青山亦得時

相応す 両翁 和漢の詞
文文 玉句連なって 皆奇なり
或いは云う 花鳥 或いは風月と
満目青山《まんもくせいざん》 また時を得る

このように詠んだ。また、玄佐へ歌を一首贈った。

(16) **医王善逝** 薬師如来。

君を祈る ことの葉種《はぐさ》も百千鳥《ももちどり》 囀《さえず》る春の 幾世ならまし

〔主君のことを祈願して（樺山玄佐が）詠んだ和歌が百首あるという。その百ではないが、百千鳥（多くの小鳥）がさえずる春が長く続くことだろう〕

これらを竹下珠羿に持たせて玄佐に進上した。やがて、詩・歌ともに仏前に籠め置かれたという。まことに身の程知らずで恥ずかしいことであった。

この日、鹿児島に野村友綱《のむらともつな》を使者として派遣し、本日参籠の御願が成就したことを伝えた。

この日、紙屋地頭稲富長辰《いなとみながとき》が酒を持参して来た。本庄地頭川上翌久からも、現在、病とのことで使者が酒を持ってきた。

十一日、早朝、法華嶽から戻った。馬嶋宗寿軒を、参籠中召し置いていたが、この日の朝、佐土原に帰した。

この日、入野《いりの》(17)に挨拶にいった。地頭の吉利忠澄は留守であった。ご子息から盛大な接待を受けた。未刻（午後二時頃）、入野を出発した。本庄(18)の万福寺住持に途中で出会い、お茶をいただいた。伊勢社の田中主水佑《もんどのすけ》が本庄まで迎えに来ていた。柏田の河原に芝居(19)を構え、盛大な接待を受けた。それが済んで、城に帰着した。祝言などいつものとおり。

十二日、法華嶽から下向したということで、衆中・寺家衆がやってきた。この日も前日と同じ。終日普請をさせて見物。

十三日、この日、都於郡の総昌院《そうしょういん》(20)住持が酒を持ってきたのでお会いした。肝付《きもつき》

(17) **入野** 宮崎県東諸県郡綾町大字入野。吉利忠澄の居城は、大字入野字城平の垂水城ではないか。

(18) **本庄** 宮崎県東諸県郡国富町本庄。

(19) **芝居** 仮設の座敷。

(20) **総昌院** 都於郡城下にあった寺院。現在の大安寺（宮崎県西都市鹿野田）。

雅楽助《うたのすけ》も酒を持参して来た。倉岡地頭吉利久金が酒を持参で挨拶に来た。衆中も同心していた。

十四日、福昌寺代賢守仲が挨拶にいらっしゃった。宿舎を満願寺に命じた。やがて、内城にお招きし、まずは挨拶にお茶を出し、その後、めしをお出しした。主居に代賢・玄龍首座・拙者・柏原左近将監、客居に御同宿衆三人、次いで本田治部少輔・鎌田兼政であった。齋が済んだあと、奥座にて内々にお目にかかった。押肴で酒をお出しした。その後、茶の湯の座で点心をお出しして、酒を数返、お茶はもちろんである。この座中、伊勢社の田中主水佑が酒を持参して来たのでいただいた。明日、涅槃会《ねはんえ》(21)を法華嶽でやるということで、急ぎお帰りになった。鎌田兼政に中途まで送らせ、追酒を出させた。

この日も終日、茶の湯などで雑談。この晩、報恩寺《ほうおんじ》が我々に振る舞ってくれた。

十五日、看経などいつものとおり。衆中がそれぞれ挨拶に来たので面会した。田尻鑑種殿への兵船・上乗派遣について談合した。また、反銭・反米《たんまい》のことを触れさせた。愛宕山の秀存坊《しゅうぞんぼう》が来たので面会した。まず、めしを振る舞い、その後、点心を出して茶など点てた。御札守をいただき、あわせて帯二筋・扇子一本をいただいた。これはいずれも秀存坊からのものである。

十六日、秀存坊から、当国各々へ挨拶にうかがうため曳付《ひきつけ》(22)一通の発給を頼まれたので、したためてやった。この日は、佐土原へ行くと聞いていたので、秀存坊を送り届けるように命じた。拙者自身がお会いすべきだが、今朝は暇がない

(21) **涅槃会** 釈迦の入滅の日（二月十五日）に寺々で行う法要。

(22) **曳付** 引付（通行手形）。

ので使者を派遣した。めしも宿所の報恩寺まで持たせた。使僧へは鳥目百疋を贈った。

この日の朝、柏原左近将監が我々に振る舞ってくれ、終日酒宴となった。茶の湯なども点てて雑談。

この晩、田村吉右衛門尉《たむらきちうえもんのじょう》が、「今、麓まで下ってくれれば酒を振る舞いたい」と誘われたのだが、今は療養中だと断って、いろいろと肴と酒を持って行かせた。

十七日、拙宿で風呂を焼かせ、終日慰んだ。この晩、風呂に入った衆にめしを振る舞い、酒宴。

十八日、観音へ読経などいつものとおり。この日、狩のため加江田に行った。夜は、常瑠璃寺《じょうるりじ》（浄）（23）に留まった。見物のため、娘を一緒に連れて行った。鎌田兼政も同心した。ここかしこから酒・肴をいただいた。

この日の朝、今月十日に鹿児島に派遣していた野村友綱が帰ってきた。

十九日、九平《ここのひら》（24）に到着。鹿倉《かくら》（25）の様子を見た。この日も、父恭安斎・中城（覚兼祖母）、そのほか家景中《かけいちゅう》（覚兼内之者）のものどもがお酒などくれた。

二十日、狩をした。宮崎衆中も各々参加し、清武からも衆中五、六人が参加した。都合狩人七百余人で実施した。猪・鹿九を仕留めた。拙者も一つ射た。諸所から酒・肴が到来。鹿倉一つを狩りして、あとは酒を飲んで日を暮らした。この夜も、九平に留まった。

（23）**常瑠璃寺**　加江田にあった時宗寺院。所在地不明。

（24）**九平**　宮崎市大字鏡洲字九ノ平。

（25）**鹿倉**　狩場。

二十一日、加江田内山の鹿倉にて犬山《いぬやま》(26)をやった。猪・鹿二を仕留めた。

　この晩、紫波洲崎に行った。恭安斎から盛大な接待を受けた。衆中も四、五人同心した。拙者も酒を持参した。

二十二日、この日の朝も恭安斎から接待を受けた。この日、宮崎に帰宅した。

二十三日、帰宅したということで、衆中が皆挨拶に来た。今回の狩でしとめた猪などをやった。

　この日、紫波洲崎から加治木伊予介《かじきいよのすけ》・児玉隠岐丞《こだまおきのしょう》が来た。昨夜の雨風で、折生迫湊(27)に寄船(28)二艘が漂着したとのことである。一艘は、種子島の舟、もう一艘は赤江の舟とのことである。荷物など全く残っていないとのことである。地下舟を早々に出して兎に角、仕たる者共（積み荷を強奪した連中）がいるとのことなので、不審者を捕らえて、十分に糾明するよう命じた。

二十四日、地蔵へ読経などいつものとおり。去年、長宗我部元親《ちょうそかべもとちか》(29)や中国にいらっしゃる公方《くぼう》様（足利義昭《あしかがよしあき》(30)）・毛利輝元《もうりてるもと》(31)に使僧として派遣されていた善哉坊《ぜんさいぼう》（面高《おもだか》真連坊頼俊《しんれんぼうらいしゅん》）が直接、鹿児島で復命したのち、昨日、帰宅の途に就き、本日こちらへやってきた。長宗我部元親から拙者への返書を持ってきた。足利義昭からの上使(32)として布施殿が下向してくるとの話であった。また、中国（毛利氏）から秋月・龍造寺の家中に、いろいろと目立たぬように（密偵を）潜り込ませているとのことである。

　この日は終日、拙宿の風呂を焼かせて慰んだ。また、昨夜の夢想で、亡くなっ

(26) **犬山**　犬を使った狩り。
(27) **折生迫湊**　宮崎市の突浪川《つきなみがわ》河口の港。現在の青島漁港。
(28) **寄船**　遭難して海辺に吹き寄せられた船。
(29) **長宗我部元親**　一五三九〜九九。土佐国岡豊城《おこうじょう》（高知県南国市）を本拠とする戦国大名。この時期、土佐国のほか、阿波・讃岐両国を制圧していた。
(30) **足利義昭**　一五三七〜九七。室町幕府十五代将軍。この時期は毛利輝元に庇護され、備後国鞆の浦（広島県福山市）に滞在していた。
(31) **毛利輝元**　一五五三〜一六二五。安芸国吉田郡山城（広島県安芸高田市）を本拠とする戦国大名。本能寺の変後に羽柴秀吉と和睦し、国境をめぐって交渉中であった。
(32) **上使**　朝廷・主君など上級者から派遣された使者。

た肝付兼盛《きもつきかねもり》が(33)連歌を興行するということで、拙者に発句を依頼してきた。不相応ながらも引き受けて詠んだ句は、

得る人も　あひにあひぬや　花の時

〔すぐれた人も出会えただろうか。花の盛りの時期に〕

であった。前の霜台《そうたい》(34)は旧友であり、いろいろと頼まれることもあったので、こんな夢を見たのではないかと思う。

二十五日、天神に読経などいつものとおり。池江志摩介《いけえしまのすけ》が土地の永代買《えいだいがい》(35)をしたということで坪付(36)をしたためてやった。酒など持参して来たので面会した。また、野村丹後守も酒をくれた。雨で退屈したので、衆中五、六人を集めて終日雑談して慰んだ。

二十六日、鹿児島に参上するため出発した。田野(37)に到着した。上之原の長蔵坊に宿をとった。

この晩、ねらい(38)に登ったが、遅くなったので鹿が見つからなかった。この夜、大寺安辰《おおでらやすとき》が酒を持ってきた。衆中五、六人も同心してきて、酒・肴を持参して来た。夜更けまで雑談して帰った。明日、路辺で犬山狩をするとの計画らしい。

二十七日、天気が悪く、山にも登らず、加江田からの人衆を待っていた。それから一層、雨脚が強くなったので滞留した。長福寺(39)住持が茶を持ってきて、雑談。先日、法華嶽にて福昌寺代賢守仲がお作りになった頌《じゅ》などを物語り、書付《かきつけ》(40)を送ると約束したので、長福寺が寺に帰った後、書付を寺に持たせた。その次に、

(33) **肝付弾正忠兼盛**　一五三三〜七八。大隅国加治木領主。覚兼従兄弟。

(34) **霜台**　弾正忠の唐名(中国名)。肝付兼盛の官職。

(35) **永代買**　期限付きではなく、永久に所有権を譲渡する売買契約。

(36) **坪付**　売買契約の認可・保証。

(37) **田野**　宮崎市田野町。地頭は大寺安辰。

(38) **ねらい**　鉄砲狩。

(39) **長福寺**　宮崎市新名爪にあった寺院。

(40) **書付**　簡単な文書。メモ。

拙者が狂言に詩を作った。

霞彩濛〻更不晴
逢人先問是途程
春朝帯雨晩来急
客舎酒無樽自横

霞彩《かさい》 濛濛《もうもう》として 更に晴れず
逢う人 先ず問うは これ途程
春朝 雨を帯びて 晩来急なり
客舎に酒無く 樽自ら横たわる

よく戯れ言など言い慣れた僧だったので、このように戯れ言などで退屈を紛らした。

この日、鹿児島から去二十四日の書状が到来した。内容は、「先日の足利義昭からの上使下向については、家久公にお礼をするため、この境をお通りになる予定である。中途の宿舎や接待を命じておくように」とのこと。すぐに田野地頭大寺安辰に申しつけた。

二十八日、早朝、田野の宿を出発。山之口(41)と島戸(42)の間で、肝付兼寛が宮崎に派遣した使節と会ったので、趣旨をうかがった。酒・肴をいろいろと送っていただいたので、途中で賞翫した。そうしたところ、上使が通過したのであるが、拙者は路辺の傍らにおり、面会はしなかった。正覚坊《しょうかくぼう》が案内者であり、拙者がいると聞いてやってきた。ちょうど加治木(肝付兼寛)からもらった酒で寄り合った。

(41) **山之口** 宮崎県都城市山之口町。
(42) **島戸** 宮崎県都城市郡元町付近。

鹿児島寄合中から書状が到来した。その内容は、上使ご通過の件。また、田尻鑑種への兵船派遣の件であった。柏原左近将監にまたまた命じて、今度の兵船に乗船するようにとのことであった。詳しく読んだ上で、正覚坊にこの書状を持たせ、宮崎で説明するように頼んだ。また、「拙者は留守なので、上使を田野から曽井に送るべき」と堅く申しつけた。それからこの日は、高之牟礼に到着し、そこで泊まった。

二十九日、早朝に出発し、敷祢[43]に着いた。敷祢休世斎から呼ばれ、盛大な接待を受けた。拙者も京酒を持参した。珍しい酒ということで、大いに賞翫された。敷祢頼元《よりもと》殿も同席された。その座が済んだ後、町に下って順風を待ち、夜に入って白浜に渡海。敷祢町に滞在中、十八官（董玉峯《とうぎょくほう》）という者が酒を持参して来て、いろいろと接待された。

（43）**敷祢**　鹿児島県霧島市国分敷根。

【解説】

二月四日から十日まで、島津義久の病気平癒祈願のため法華嶽薬師寺に参籠している。法華嶽では、覚兼の和歌の師ともいえる樺山玄佐（善久）や、島津家菩提寺である玉龍山福昌寺の住持代賢守仲と居合わせ、単に堂参・看経するだけでなく、和歌や漢詩を詠み楽しんでいる。そんな中、覚兼は代賢守仲に対し、幼いころから禅道に励んでいることを伝えて道号を求めており、代賢守仲もこれを認めて「一超宗咄」という庵主号を授けている。

十九日に九平での狩の様子が記されている。恐らくこの狩は巻狩であろう。巻狩とは「狩場を四方から取り巻き、獣を中に追いつめて捕らえる狩猟」（『広辞苑』）である。「都合狩人七百余人」の多くは、獲物を駆り立てる勢子であろう。こうした大規模な狩は単なる遊興や食肉の確保だけでなく軍事演習を兼ねていた。このため宮崎衆中だけでなく、清武衆中も参加しているのであろう。

二十三日には、嵐のため寄船（難破・漂着船）二艘が覚兼領の折生迫湊に来ており、当時の慣行により地下人がこれらの船の積荷を略奪している。これを問題視した覚兼は、糾明を家臣に命じている。その後、二十八日になってようやく鹿児島に向かっている。

天正十一年（一五八三）

三月条

一日、読経・念仏などいつものとおり。白浜(1)にて漁をさせて見物し慰んだ。

　この日、鹿児島に着船。やがて、明朝出仕する旨、奏者の鎌田政広に申し入れた。

　この晩、平田増宗《ますむね》のところに参った。平田光宗も増宗も、八代御番に立たれていてお留守だった。

二日、殿中に出仕した。いまだ義久様は虫気が良くなく、拝謁できなかった。京樽一荷・鴈一を進上した。納戸《なんど》衆(2)を通じて進上した。

　この日、書状をもって、「忠平殿の出仕が遅れておりますが、どうなっていますでしょうか。秋月種実《あきづきたねざね》(3)よりの申し入れについて談合を行う必要があります。早々にご参上いただけますように」と申し入れることになり、連判した。

　この日、伊集院忠棟・村田経平・本田親貞に挨拶した。伊集院忠棟からは釜(4)を見せられた。

三日、節句だったので、出仕衆(5)は恒例のとおりであった。義久様の虫気が良くないため、出仕衆にはお会いにならなかった。そこで、寄合中（老中）だけで御対面所《ごたいめんじょ》(6)にて、餅と酒をいただいた。義久様が御出座のときのとおりにおこなっ

(1) **白浜**　鹿児島市桜島白浜町、覚兼領。
(2) **納戸衆**　主君の側で従事する者。
(3) **秋月種実**　一五四八?〜九六。筑前国衆秋月文種二男。本拠は古《こ》処山《しょさん》城（福岡県朝倉市野鳥・嘉麻市千手）。父や兄を大友義鎮（宗麟）に殺害されるも、毛利氏の支援により古処山城に復帰した。何度も大友勢に敗れながら、その支配に抵抗し続けた不屈の名将。
(4) **釜**　茶釜カ。
(5) **出仕衆**　殿中に出仕する衆、伺候衆。
(6) **御対面所**　武家屋敷内に設けられた人と対面する座敷。

た。その後、伺候《しこう》衆は寄合中から餅を拝領した。

この日、互いに挨拶をおこなった。鎌田政広のところに挨拶にいったところ、「しばらく滞在してください」と言われて接待をうけた。宗雪《そうせつ》・道正屋宗与《どうしょうやそうよ》(7)が同席し、終日酒宴。茶の湯の道具などを我々に見せてくれた。また、吉田清孝に挨拶した。ここでも釜を堀池宗叱《ほりけそうしつ》がいいものだとして見せてくれた。そして、茶の湯の座(8)の造作など見せてくれた。

この晩、平田殿にめしを振る舞った。夜は、平田増宗の御方(覚兼長女のところ)で泊まった。


四日、いつものとおり出仕した。義久様に呼ばれたので、お目にかかった。

この日、伊集院忠棟を拙宿に招き、めしを振る舞った。席次は、客居に伊集院忠棟・本田正親・鎌田政広、主居に川上久辰《かわかみひさとき》・村田経平・拙者・比志島国貞であった。酒を数返いただいて、茶の湯をいただいた。その間、諸所に書状などしたためて、その後、点心で酒などいただき、皆帰った。

この晩、進藤長治《しんどうながはる》(9)の旅宿に参った。食籠肴《じきろうさかな》と京樽一荷を持参した。やがて、その酒で寄り合った。肴を手渡しでたびたび頂いた。拙者もお酌をし、また肴を進上し、いろいろと閑談して酒宴となった。その後、お暇する際、長治殿から「近衛様よりの書状を預かっているのだが、どのようにそちらの宿舎まで持って行きましょうか」と聞かれたので、「こちらで頂戴していきます」と答えた。しきりに拙宿まで持参すると仰られたのだが、再三こちらで頂戴すると答えた

(7) **道正屋宗与** 道正庵宗与。京都の商人。島津氏の在京代官的役割を担う。※岩川拓夫「中近世移行期における島津氏の京都外交—道正庵と南九州」(『薩摩島津氏』戎光祥出版、二〇一四年)。
(8) **茶の湯の座** 茶室。
(9) **進藤長治** 近衛信輔の被官。

ところ、そういうことならと近衛信輔《このえのぶすけ》(10)の御書を渡され、あわせて五明《ごみょう》(11)三本を拝領し帰宅した。この日も若衆中がやってきて、雑談して酒を飲んだ。

五日、いつものとおり出仕した。義久様から呼ばれることはなく、奏者白浜重治を通じて以下の通りご指示があった。「当所に南蛮僧仮屋(12)を与えている。伯囿《はくゆう》様（島津貴久《たかひさ》(13)）以来、キリスト教は禁止しているのだから、談合して当所に滞在させぬように」との上意であった。皆、尤もであるとのことだった。

出仕帰りに、代官有川貞末《ありかわさだすえ》が、本田親貞と拙者を招待したので、有川邸に参り、めしを振る舞われた。主居は本田親貞・三原下総守《みはらしもうさのかみ》・亭主、客居は拙者・新納《にいろ》久饒《ひさあつ》・野村友綱・川崎肥後守《かわさきひごのかみ》であった。酒を数返いただいてお湯をいただいた。その後、内方（貞末の妻カ）にお会いし、それから皆帰宅した。

この日、申刻（午後四時頃）、伊集院忠棟からお茶を一服お出ししたいと誘われたので、茶の湯座に堀池宗叱を案内者として連れて入った。その衆は、上に拙者、次に宗叱、次に東雪《とうせつ》・堀池弥次郎《ほりけやじろう》であった。まずは皆、風呂釜の様子を一覧し、その後、亭主に呼ばれてめしをいただき、酒を三返。配膳は、伊集院忠棟の子息増喜《ますはる》殿が一人でされた。お湯をいただいて、お菓子をいただいた。その後、皆しばらく遠見(14)して、手洗水を使った。その後、また座に皆戻り、宗叱が茶を点てた。天目台(15)という秘蔵の茶器を出され、特別に見せてもらい褒め称えた。その後、いろいろと閑談して薄茶をいただいた。これもまた宗叱が点ててくれた。炭なども宗叱が用意した。その後、お汁をいただいて酒。一、三

(10) **近衛信輔（信尹《のぶただ》）**　一五六五～一六一四。近衛前久子息。この時、正二位内大臣。祖父稙家の頃から島津氏との関係が深く、島津氏の官位獲得や和睦仲介の見返りに度々資金援助を受けた。後年、薩摩に下向している。

(11) **五明**　扇。

(12) **南蛮僧仮屋**　キリスト教宣教師の宿舎、もしくは教会。

(13) **島津貴久**　一五一四～七一。「伯囿」は出家時の法名。

(14) **遠見**　茶の湯の作法カ。

(15) **天目台**　天目茶碗をのせる台。

返肴などいただき、酒が済んだら皆帰宅した。この夜も若衆中がやってきて、夜更けまで雑談。

六日、いつものとおり出仕した。祢寝重張《ねじめしげひら》殿(16)が家督相続の挨拶に参上した。折十合・樽十荷を進上し、太刀・馬・弓・征矢《そや》(17)・鎧・甲・青銅千疋を進上した。三献で寄り合った。田尻鑑種《あきたね》殿への返書などを出した。出仕帰り、奏者の本田正親から寄合中が招待された。席次は、客居に伊集院忠棟・拙者・本田親貞・比志島国貞、主居に川上久辰・村田経平・亭主であった。酒数返ののち、お湯をいただいた。その後、茶の湯。その後、いろいろの肴で酒をいただいた。亭主の酌にてそれぞれ帰られた。

この日、進藤長治が拙宿に来られた。五明五本をいただいた。いろいろな肴で酒を数返いただき、閑談ののち帰られた。比志島国貞も居合わせ、いっしょに接待してくれた。この晩、祢寝重張に挨拶した。三献で参会し、太刀一腰・銭二百疋をいただいた。

七日、いつものとおり出仕した。肥後八代から雑説(謀叛・蜂起の情報)が、平田光宗・町田久倍《まちだひさます》(18)・島津征久《ゆきひさ》の役人衆の書状によってもたらされた。地下《じげ》の歴々(19)に野心(謀叛)の企てがあるとのことである。

この日、奏者新納久饒から伊集院忠棟・本田親貞・拙者が招待された。三人一緒に酒を持参していった。座体は、客居に伊集院忠棟・堀池宗叱・比志島国貞・堀池弥次郎・進藤又七《またしち》・一王大夫《いちおうたゆう》(河野通貞《こうのみちさだ》)、主居に本田親貞・拙者・三原下

(16) **祢寝重張** 一五六六〜一六二九。大隅国根占領主。祢寝重長子息。母は肝付兼続娘。重長は天正八年(一五八〇)三月十六日に没している。
(17) **征矢** 戦闘用の矢、狩矢・的矢。
(18) **町田出羽守久倍** 一五五三?〜一六〇〇。石谷久徳子息。奏者、薩摩国伊集院地頭(鹿児島県日置市伊集院町)。
(19) **地下の歴々** 地元住人のうちの有力者。

総守・本田正親・伊地知重隆《いじちしげたか》・亭主であった。酒数返を頂いた後、お湯。その後、また肴などいただいて酒。亭主が酌をして伊集院忠棟・本田親貞・拙者が酒を頂いたとき、堀池宗叱父子が唄ってくれた。その後、皆帰った。

この日、祢寝重張が寄合中を招待し、拙者も来るようにとのことだった。「参上すべきではあるが、今は療養中で、本日より服薬を始めたため、禁物（摂食禁止）が多く、座敷での振る舞いに憚《はばか》りが多くなるであろうから、ご遠慮します」と再三返答した。

この晩、平田光宗の女中（光宗の妻）・平田増宗の女中（増宗の妻、覚兼長女）が同心して、拙宿に来られた。食籠肴で酒をいただいた。夕飯を一緒にいただいた。

この日、田尻鑑種からの返事が来た。塩硝《えんしょう》[20]三斤[21]を送っておいた。

八日、いつものとおり出仕した。忠平殿が、今日は必ず参上されるということで、お迎えを佐多忠増に命じた。

この日、川上久辰から招待された。席次は、客居に伊集院忠棟・拙者・本田親貞・比志島国貞、主居は村田経平《つねひら》・本田董親《ほんだただちか》[22]・亭主・本田正親であった。酒数返をいただいて、皆帰った。

南蛮僧が当所に仮屋役所を給され居住した結果、世間の評判が悪くなった。とくにこのたび、義久様の虫気が出たのも、このような宗派のものが当所に住むようになり、諸神の心証に合わないことを告げるためであろうということで、

(20) **塩硝**　硝石（硝酸カリウム）、黒色火薬の原料。
(21) **三斤**　約一・八kg。
(22) **本田紀伊守董親**　一五〇五～?。薩摩国永吉地頭（鹿児島県日置市吹上町）。

まずは有馬あたりに退去するよう、ここ一両日説得したところ、南蛮僧はこの日退去した。

　この日、鎌田政広・村田経宣《むらたつねのぶ》がやってきて終日閑談。

九日、いつものとおり出仕した。恒例のお誕生講であった。安養院《あんよういん》が主催した。

　この日、堀池宗叱の宿所に挨拶に行った。吉田清孝も同心した。父子ともに門まで迎えてくれた。「先日、伊集院忠棟邸の座にて、ぶしつけにお会いし、その上、宗叱の手前をじっくりと眺めたこと、乱暴でした」と吉田清孝を通じてお伝えした。緞子《どんす》一端を持参した。宗叱にお会いすると、やがて茶の湯の座に行き、宗叱がわかるところまで案内し、そこからは吉田清孝に案内するようにと言って先に内に入られた。そして、吉田の案内で、くぐり戸をそっと叩くと堀池弥次郎が内から開けてくれた。その時、拙者が先にくぐり戸を入ると、そこに足もない木履《ぼくり》が三足おいてあったので、一足はき、やがて四畳半の座に入った。吉田清孝もそのようにした。宗叱が出てきて挨拶すると、炭を置いて、また内に引き下がった。その時、風呂釜などの様子を見物した。それから、宗叱が盃を持ってきて、座に置いた。やがて、肴が出て盃一、二返廻すと、また宗叱が炭を置いた。その時、我々は座を立って、手を洗い、静かに遠くから見物した。炭を置き終えたと見えたとき、また座に入った。その時、いつもの道具を取り出し、宗叱が茶を点てた。頃合いを見計らって拙者もいただいた。その次、吉田清孝が飲み、それから宗叱がいただき、取り納めとなった。そののち帰った。

この日、不断光院（清誉芳渓《せいよほうけい》）を訪ねた。

十日、いつものとおり出仕した。近侍《きんじ》(23)中に坊津一乗院《ぼうのついちじょういん》典瑜《てんゆ》(24)がお越しになり、大興寺《だいこうじ》(25)において光明真言之護摩《こうみょうしんごんのごま》を焼かれることが決定した。これについての準備を諸役人に命じた。

この日、本田正親から連絡があり、上使布施治部少輔《ふせじぶのしょう》が拙宿に挨拶に来られるとのことであった。そういうことならば、まずは拙者から挨拶するべきと思い、本田正親と同心して布施殿の宿所に参上した。食籠肴と酒樽一荷を持参した。やがて、その酒で寄り合い。酒を数返いただいた。拙者が帰宅すると、やがて上使も拙宿に挨拶に来られた。扇十本をいただいた。門まで出迎え、しきりに邸内に入るようお誘いしたのだが、拙者が持参した酒で沈酔《ちんすい》(26)してしまったとのことで、ご遠慮された。残念であった。

この日、阿多忠辰《あたただとき》・新納久饒・絮阿《じょあ》・珎阿《ちんあ》（田中国明）がやってきて閑談。洗食《あらいめし》(27)を振る舞い、酒を数返。いろいろと戯れ言など。

この日、不断光院やそのほか多くの方がお越しになり、終日物語りした。

この晩、忠平殿がご到着になった。宿所に参上したが、めし時で、とくに御用もないので御内衆に伝えて帰った。その後、忠平殿より使者が来て、「お越しになった際、面会しようと思っていたのだが、急に帰られてお目にかかれずに残念である」と述べられた。

(23) **近侍**　主君の側に仕えること。

(24) **坊津一乗院**　鹿児島県南さつま市坊津町坊にあった新義真言宗の大本山。紀州根来寺別院。

(25) **大興寺**　鹿児島市稲荷町にあった真言宗寺院。一乗院・大興寺・伊集院荘厳寺は薩摩藩真言宗の三本山とされる。

(26) **沈酔**　酔いつぶれること。

(27) **洗食**　水漬けにして食べる飯。

この夜、肝付兼寛が挨拶に来られた。酒をいただいた。

十一日、いつものとおり出仕した。義久様が忠平殿をお呼びになった。折肴と酒を持参された。義久様は虫気がよくないので、島津朝久《ともひさ》（忠平娘婿）といっしょに三献するのがいいだろうということで、忠平殿、次いで朝久が参上された。太刀目録を進上された。伊集院忠棟と拙者のふたりで取りなした。三献の配膳は、町田忠綱《まちだただつな》・阿多忠辰であった。忠平殿がご持参の酒でお酌をされた。やがて義久様が忠平殿へお酌をされ、あわせて朝久にもお酌をされた。それから忠平殿のお酌で、伊集院忠棟と拙者に酒が下された。朝久も酒を持参しており、お酌された。それから伺候衆十人ほどにも酒を下された。

この日、談合始めがあった。奏者鎌田政広を使いとして義久様から条数（協議事項）が示された。

一、秋月種実からの提案のこと
一、忠平の八代への繰り替えのこと
一、田尻鑑種に兵船を送ること
一、大矢野種基《たねもと》の進退のこと
一、義久の肥後への出陣延期のこと

これらの条数について、まず忠平殿に使いを出してご意見を聞いた。忠平殿のご意見は、「秋月種実からの提案は、龍造寺隆信とこちらとの和睦についてである。田尻鑑種が当家を頼ってきている以上、田尻氏の領地を肥後同様、島津氏の勢力下におけるような状況となれば、和睦してもいいだろう。八代への繰り替えについては、真幸の公田数の倍はないと承服できない。田尻氏への兵船派遣については、自国・他国の評判に関わる問題であるので、なんとしてでも援軍派遣が成功するよう努力することが重要である。義久様の肥後出陣を秋に延期することについては、尤もであるが、来秋になっても一合戦しておく必要がある。大矢野種基の進退については、繰り替えでもするのならば大矢野領（天草）に移す人物をしっかり選定し、その後に命じるのがいいだろう」とのことであった。

十二日、いつものとおり出仕した。上使布施治部少輔が近日中に坊津《ぼうのつ》[28]を一見すべくお越しになるとのことなので、宿の手配など山下筑後守《やましたちくごのかみ》に命じた。

この日の朝、奏者白浜重治を使者として、義久様から、拙者が刀雲生《かたなうんしょう》[29]と鍔一稜を持っていると聞いたので、見てみたいとのことであった。そこで、上覧に供した。鍔は上野弥左衛門尉《うえのやざえもんのじょう》というものが細工したものである。

この日、平田殿が風呂を焼くと聞いたので参上して入った。夕飯を振る舞われた。

十三日、いつものとおり出仕した。この日の朝、奥の座で忠平殿と寄合。義久様が主居、忠平は客居、その次に拙者であった。この時、義久様は療養中であったので、軽めにすることとなり三膳目までいただき、三返目はお湯をいただくことになった。ところが、古市舎人助《ふるいちおおとねりのすけ》が所領を拝領したお礼にと、酒を進上し

（28）**坊津**　鹿児島県南さつま市坊津町。

（29）**刀雲生**　備前国宇甘《うかい》（岡山県岡山市北区）で活動していた雲生作の刀。

てきたので、また盃をいただき、それから五返いただいた。いろいろと閑談した。義久様の御料様(30)が忠平殿をお呼びになり、お会いになった。その時、忠平殿は酒を持参し、酌は忠平殿が本田弥五郎《ほんだやごろう》に依頼した。女房衆《にょうぼう》(31)たちも全員酒をいただいた。

この日、朝久が拙宿にお礼に来られ、目籠《めご》肴と樽酒をいただいた。

十四日、いつものとおり出仕した。この日、若衆中がやってきて終日閑談。

十五日、いつものとおり出仕した。忠平・朝久、そのほか皆ご出仕された。義久様がお出でになり見参された。

この日、忠平殿が朝久宿所に挨拶に行かれた。吉田清孝が茶の湯をした。水こぼし(32)・花いけなど、堀池宗叱から褒められたというので我々に見せてくれた。

この日、伊集院忠棟・本田親貞・拙者に対し、奏者鎌田政広・吉田清孝を通じて義久様から伝達事項があり、本田親貞の館にて承った。この件は隠密であったので、後日処理が終わった後に書くつもりである。

この晩、右の件について、両使を派遣し、忠平殿のご意見を伺った。

十六日、いつものとおり出仕した。御家門様（近衛信輔）からの使者として、進藤長治が下向してきた。また、中国（将軍足利義昭）からの上使も来ており、費用捻出のため、諸所に一反につき二十文ずつ段銭《たんせん》(33)を賦課する旨を命じた。

この日、諏訪座主《すわざす》(34)のところで談合。伊集院忠棟・本田親貞・伊集院久治・上原尚近と、昨日の使者鎌田政広・吉田清孝、そして拙者であった。後日詳しく

(30) **御料様**　義久の後室（種子島《たねがしま》時堯《ときたか》娘）は既に元亀三年（一五七二）に没している。義久の三人の娘のうち、まだ嫁いでいない亀寿（一五七一～一六三〇）の可能性あり。

(31) **女房衆**　御内奥の女性たち。

(32) **水こぼし**　茶碗をすすいだ湯水を捨てること。

(33) **段銭**　田地から段（反）数に応じて徴収した金銭。

(34) **諏訪座主**　現在の鹿児島市清水町にあった諏訪社（現在の南方神社）の座主。

記すつもりである。談合ののち座主に呼ばれて、めしと酒を振る舞われた。それから皆帰宅した。その時、八代から平田光宗の書状が到来した。先日の雑説についてであり、現在は何事も起きていないとのことであった。田尻氏に派遣する兵船はまだそろっていないとのことである。

十七日、いつものとおり出仕した。諸所に堀池宗叱が近日中に向かうので、桟敷《さじき》(35)など用意しておくよう書状にて命じた。

この日、忠平殿の宿所に寄合中をお呼びになった。その席次は、主居に忠平、次に拙者・伊集院久治・伊地知重隆、客居に伊集院忠棟・本田親貞・堀池宗叱であった。酒を数返いただき、堀池弥次郎・進藤又七などが出てきて唄をうたった。終日乱舞《らっぷ》であった。正限伊右衛門尉《まさくまいえもんのじょう》が小鼓を打った。大鼓《おおつづみ》は宗叱と同心する小四郎というものが打った。大鼓は有川貞真《さだまさ》の二男貞昌《さだまさ》(36)が担当した。祁答院《けどういん》賀雲斎《がうんさい》が酒の時に来られ雑談した。乱酒となり、弥次郎が立って五条夕顔《ごじょうゆうがお》(37)を舞った。いろいろと取り乱れての酒宴となった。そうして皆帰宅した。

この日の朝、龍盛院《りゅうせいいん》は寺領闕所《けっしょ》(38)となっていたのだが、先日、興岳《こうがく》様（島津《しまづ》忠隆《ただたか》(39)）の夢を見たためであろうか、拙者に取りなしをお願いしたいと当住（現在の住職）が依頼してきた。寄合中に対し、奏者鎌田政広を通じて申し入れた。皆もっともなことだということで談合することとなった。この間、秘密の談合を行ってきたが、その内容について老中村田経平に上意（義久の判断）が下された。本田親貞の館にて、伊集院忠棟・本田親貞・拙者の三人が同心して、処

(35) **桟敷**　興行の席として一段高くして作られた観覧席。

(36) **有川貞昌**　一五七〇～一六四一。有川貞真二男。のちに伊勢氏を名乗る。後年、島津忠恒の家老となる。

(37) **五条夕顔**　源氏物語の登場人物。

(38) **闕所**　没収。

(39) **島津忠隆**　一四九七～一五一九。島津本宗家十三代当主。

分を申し渡した。もちろん、上意によるものである。使者は吉田清孝・伊地知《いじち》重次《しげつぐ》(40)、それに村田経宣が経平の一族なので、祖母や母らに詳しく説明するように同行させた。

その内容とは、去年の冬十一月三日夜、野村是綱《のむらこれつな》のところに賊が侵入し是綱を殺害した。真相を究明したところ、阿多源太《あたげんた》・平田新左衛門《ひらたしんざえもん》の両人の仕業と露見した。同年十二月六日、死罪に処すると決まったのだが、この二人が思いもかけず逃亡してしまった。それから諸所に探索を命じたものの、隠れてしまい行方知れずとなり手詰まりとなった。そうしたところ、有馬に番衆が渡海する際、伊地知重康《いじちしげやす》の舟に、阿多・平田の両名も同乗し、有馬表に渡海してしまった。そして、有馬に使者として渡海していた比志島国貞（市来地頭）とその弟彦八郎の宿舎に、阿多・平田の両名が押し入って申し開きするには、「野村是綱殺害(41)については、去年八月から談合していた。それは、村田経平・大野《おおの》左近将監《さこんのしょうげん》・比志島彦八郎・三五坊《さんごぼう》らと、村田経平の館にて談合し、若宮神社にて金打《きんちょう》(42)までした。何カ所かで狙ったものの実行できず、それからまた、村田経平の館で談合し、二人ずつで組んで時機を見て殺害することに決めた。そして、十一月三日夜に宿意を果たした。そうしたところ、大野将監と比志島彦八郎が裏切って、阿多・平田の仕業であると暴露したことは間違いない」と証言したのである。

これに対する比志島彦八郎の返答は、「自分が裏切って犯行を暴露したこと

(40) **伊地知雅楽助重次**　門川地頭伊地知重政子息。奏者。

(41) **野村是綱殺害事件**　前出日本年報には、ルイス・デ・アルメイダが薩摩を訪れた際、「彼に好意を示した人々の中に、一人の貴族（野村是綱）がいて、国主（義久）との面会」を取り持った。しかし、仏僧の依頼で「国で第一の奉行（村田経平）の従兄弟二人」が彼（野村）を殺害。「国主（義久）はこれを非常に悲しみ、彼を殺した人間を探索することに全力を投じた」と記している（松田毅一訳『十六・七世紀イエズス会日本報告集』第Ⅲ期第6巻、同朋舎出版、一九九一年）。五日の「南蛮僧仮屋」の件はこの事件と関係しているのだろう。

(42) **金打**　約束をたがえぬという証拠に、武士が両刀の刃または鍔などを打ち合せ、また小柄の刃で刀の刃を叩いたこと。

はない。大野将監が暴露したのである」とようやく返事した。これを聞いたのは、伊地知重康（二人を舟に乗せて有馬に渡した人物）と市来衆中のふたりであったと伊地知が白状した。さらに、阿多・平田両人から阿多忠辰《あたただとき》に書状が届き、それに右の連中と同心している旨、詳しく書き記していた。

義久様は、「とにかくやむを得ない。村田経平の罪状は明白である」と判断された。「本来なら腹を切らせるところであるが、科人[43]がこのように自首してきたからには、切腹までは命じない。大野左近将監・三五坊も同罪である。比志島彦八郎も科人に会っていたのだから、その罪は重い。比志島国貞は、御使衆（奏者）であるにもかかわらず、打ち漏らした科人に遭遇しながらこれを逃がし、その上、はなむけ[44]までしていろいろ面倒をみたこと、曲事千万である」と判断された。そこで、全員を当所（鹿児島）追放とした。村田経平については、寄合中に対して内々に申し上げたい子細があるとのことで、役所に留まっておられた。村田経平への使者には、吉田清孝・伊地知重次、一方、比志島国貞そのほかの衆へは、鎌田政広・税所篤和《さいしょあつかず》を派遣した。

十八日、出仕はいつものとおり。村田経平から、「科人衆が何を言おうとも私は努々《ゆめゆめ》知らないことである」と釈明があった。これに対し、「義久様の裁決は、証拠に基づいており、これを覆すほどの反証を示さず、ただ役所[45]に踏みとどまっているのは、きっと自身のためにならないであろう」と寄合中から返事しておいた。

（43）**科人**　犯人。

（44）**はなむけ**　別れて行く人に金品などを贈ること。

（45）**役所**　役宅、鹿児島屋敷ヵ。

この日、相良忠房《さがらただふさ》(46)が拙宿に挨拶に来られ、馬と太刀をいただいた。酒を出して対応した。深水長智《ふかみながとも》(47)がお供であった。深水からも太刀と漆千筒をいただいた。

十九日、義久様が歳久公をお呼びになった。折肴で酒を進上された。伊集院忠棟が取りなした。この日、歳久公の宿所に参上した。

二十日、義久様が相良忠房をお呼びになった。古体の三献であった。式の引出物が進上された。太刀は新納久饒、弓・征矢は三原下総守、鎧は岩切三河守《いわきりみかわのかみ》、馬は佐多忠増、この衆が請取役であった。三献の後、義久様が引出物をご覧になり、馬も上覧になり、鞍を置いた。持参の酒をお酌し、舎弟相良頼房《さがらよりふさ》(48)もお召しになり、酒を下された。深水長智・犬童《いんどう》名字の者にも酒を下された。深水は太刀一・刀一・漆五千筒を進上した。犬童も刀一を進上した。

この日、伊地知重次のところに寄合中が呼ばれ、終日酒宴となった。

二十一日、出仕はいつものとおり。「伊地知重康は、阿多・平田両人を自分の舟に載せ、有馬に渡海させた。とくにその両人の行方が分からなくなった際、平田光宗・本田親貞が書状を送り、二人が菱刈表を通過するならば、必ず成敗するように命じてあったにもかかわらず、その時は、両人を助けておきながら、後になって我が身が大事と考え、結局、白状したことは言語道断の曲事である」と義久様のご判断であった。これらの判断を、談合衆の忠平殿や歳久公をはじめ、それぞれに御下問になったところ、「上意は尤もであるが、死罪まではいかがなものか」とのことであった。「今回、面目を失った連中は、『まったく知

(46) **相良四郎太郎忠房** 一五七二～八五。相良義陽長男。義陽が響之原合戦で討死後、肥後国球磨郡のみを義久から安堵され、従属国衆となった。

(47) **深水三河守長智** 一五三二～九〇。相良氏重臣。入道名宗方。相良忠房を犬童頼安とともに補佐した。秀吉の九州平定の際、外交交渉により相良氏の存続に尽力。

(48) **相良頼房（長寿丸）** 一五七四～一六三六。忠房次弟。のちの長毎。忠房没後相良氏を継ぎ、豊臣大名となる。

らない』と申しているので、伊地知重康と問対（問答）するのがいいだろう。よって、その時はこちらに来るように」と、伊集院忠棟と拙者が判をして、書状を伊地知重康に送った。

この日、高城珠長《たきしゅちょう》に酒を持参して挨拶に行き、しばらく閑談した。『雨夜之記《あまよのき》(49)』はおもしろいものなので一覧してはどうかと勧められたので、借りることにした。

それから福昌寺に挨拶にいった。こちらにも酒を持参し、酌をした。いろいろと雑談した。常栄が居合わせたのだが、いつのまにか沈酔したと見え、今度の村田経平らに対する裁定について、「こんなことはあり得ないことだ」と拙者がいる場で曲事《くせごと》を申した。捨て置けない発言だと思ったので、「狂言で申しているようには思えない。後日、詳しく承るので、それまではここだけの話ということで拙者も聞かなかったことにしておく」と言った。代賢守仲《だいけんしゅちゅう》の御前であり、あちらもこちらも酩酊しているようなので、そう申し捨てた。

この晩、相良忠房の宿舎に、伊集院忠棟・本田親貞・拙者が同心して挨拶に行った。三献で寄り合い、その後、忠房の酌を受けた。提《ひさげ》(50)は舎弟の相良頼房であった。深水長智が座に出て、饗応してくれた。

二十二日、出仕はいつものとおり。一乗院（典瑜）が、この日から祈祷を開始するということで参上した。義久様がお会いになった。いつもは酒で饗応されるのだが、虫気がひどく悪いとのことで、お礼はお茶だけであった。一乗院は

(49) **雨夜之記**　連歌師宗長（一四四八～一五三二）による連歌論。永正十六年（一五一九）成立。

(50) **提**　銀・錫製などのつると注ぎ口のある小鍋形の銚子。

酒を進上した。

　我々の出仕帰りに歳久公から呼ばれて直接参上した。席次は、主居に歳久・本田親貞・吉田清孝・伊集院久治・鎌田政広・白浜重政、客居に伊集院忠棟・拙者・上原尚近・税所篤和・本田正親であった。酒を数返いただいた後、お湯をいただき、その後雑談。そのうち伊集院忠棟が茶の湯の準備をして、皆にお茶をくだされた。その後また冷麺をいただき、酒を飲んで皆お暇した。

　この日、福昌寺（代賢守仲）が拙宿に挨拶に来られた。塔頭《たっちゅう》衆の源因院《げんいんいん》をはじめ二、三人を連れてこられ、それぞれからお茶をいただいた。酒三返で対応し、閑談。

　この晩、有馬鎮貴《しげたか》殿から書状が到来した。「有馬方面における境目は、今は変化無い。いよいよご支援をお願いします」ということであった。

　この日から、川田義朗《かわだよしあき》(51)も多賀社(52)に参籠し、鞭《むち》の加持《かじ》(53)を執行した。

二十三日、早朝から看経・読経をした。出仕はいつものとおり。有馬から使僧が到来した。あわせて有馬右衛門尉《ありまうえもんのじょう》が有馬方面での番を終え、帰陣してきた。「有馬方面は何事もないのだが、龍造寺隆信が出兵するとの噂があるので、手火矢衆を百挺程合力のため派遣して欲しい」とのことであった。

　この日の朝、忠平殿から、鎌田政広・吉田清孝を通じて申し入れがあった。「八代は、鹿児島が直接支配することに決まったが、〈蝉鎰《せんやく》〉(54)を誰に渡せばいいのだろうか。また、〈浮所領〉(55)などを去年以来、管理しているのだが、これも

(51) **川田駿河守義朗**　?～一五九五。島津家軍配者。
(52) **多賀社**　鹿児島県清水町、多賀山公園に所在する。現在の多賀神社。
(53) **鞭の加持**　競馬による祈祷。
(54) **蝉鎰**　古麓城内の蔵の鍵ヵ。
(55) **浮所領**　知行者の定まっていない所領ヵ。

また鹿児島が管理すべきではないのか」とのことであった。

この日、町田久倍が八代から帰宅した。平田光宗から、肥後の様子について条書で伝えてきた。

この夜、月待ちであった。申刻（午後四時頃）から垢離《こり》(56)をおこない、読経を特におこなった。この日の亥刻（午後十時頃）、義久様の虫気が酷いと、伊集院忠棟から連絡があったので、御内に参上した。そのまま奥に参り、伊集院忠棟・本田親貞・拙者が同心した。しばらく伺候し、少しお眠りになったので、丑刻（午前二時頃）、帰宅した。

二十四日、出仕はいつものとおり。市来家守《いちきいえもり》(57)に対し、川上久辰・税所篤和を使者として、「日向国糸原《いとばる》名(58)は、現在、野尻所属であるが、倉岡がなにかと不自由なので、糸原名を倉岡所属とし、その替え地として、井蔵八町名(59)を野尻所属とする」と寄合中から命じた。これに従う旨、市来家守から返事があった。

この日、明日の連歌の一順・再篇を、護摩所において歳久公をはじめとする連衆《れんじゅ》がそろって実施するとのことであった。この晩、平田殿が風呂を焼いたので入った。

二十五日、月次《つきなみ》の連歌であった。席次は、主居に歳久・高城珠長・拙者・伊集院久治、客居に川上久辰・末広釣江《すえひろちょうこう》・常栄・喜入大炊助《きいれおおいのすけ》・税所篤和、執筆は瀧聞九郎右衛門尉《たきぎきくろうえもんのじょう》、座敷は納戸《なんど》の間であった。会調は伊集院・大村・百次・穂北であった。地頭がそれぞれ出てきて酒などくれた。

(56) **垢離**　神仏に祈願するため、冷水を浴び身体のけがれを去って清浄にすること。

(57) **市来美作守家守**　日向国野尻地頭（宮崎県小林市野尻町）。室は新納忠元妹。

(58) **日向国糸原名**　宮崎市糸原ヵ。

(59) **井蔵八町名**　現在の宮崎県児湯郡新富町大字伊倉。

二十六日、出仕はいつものとおり。相良忠房殿から、「代替わりして、まだ神判(起請文)を進上していないので進上したい」とのことであった。

福昌寺(代賢守仲)が村田経平からの頼み事を吉田清孝・伊地知重次《いじちしげつぐ》を通じて言上してこられた。村田経平は今、直林寺(南林寺ヵ)に滞在しており、「思ってもいない裁決で、まったくこの件は身に覚えが無い」とのことである。先日、村田経平が我々に申し開きした時と、まったく変わりの無い主張である。「義久様に言上されるのならば、ただひたすら言上されるのがいいでしょう。ただ村田経平の釈明は、以前とまったく同じ釈明なので、義久様からのお返事もまったく同じになるでしょう」と福昌寺には返答しておいた。

この日、御対面所にて相良忠房と寄合。義久様は療養中なので、忠平殿が名代をつとめられた。主居に忠平・朝久・本田親貞、客居に歳久・相良忠房・橘隠軒《きついんけん》(畠山頼国《はたけやまよりくに》)(60)・堀池宗叱であった。点心の時、義久様が相良忠房をお召しになり、寄合。義久様が相良忠房に金貝作りの腰物を下された。舎弟相良頼房殿には脇差を下された。宗叱が酒宴を催した。深水長智もたびたび召されて酒を下された。

この日、野村文綱《のむらふみつな》(61)の宿舎に酒持参で挨拶に行った。いろいろともてなしをうけた。その後、南林寺に参ったが、住持はお留守であった。同宿衆からことのほか丁寧なもてなしをうけた。拙者も酒を持参した。

二十七日、出仕はいつものとおり。この日、高城珠長のところで閑談し、それ

(60) **畠山頼国** 畠山尚順《ひさのぶ》の子頼兼の子。母は法成寺殿(近衛尚通ヵ)娘。将軍足利義輝に仕えたが、三好氏との抗争に敗れ、坊津に下向したとされる。

(61) **野村備中守文綱** 元伊東義祐家臣。天正五年(一五七七)に島津氏に内通。日向国内山地頭(宮崎市高岡町)。

から談議所（大乗院盛久）に参った。酒を持参した。お留守だったので、そのまま帰った。

この晩、高城珠長・岩永可丹《いわながかたん》が拙宿に来られたので、酒で参会し閑談。

二十八日、出仕はいつものとおり。一乗院のご祈祷が成就したということで、御札配帙をご持参いただいた。「義久様は、虫気が良くないので、お会いできない。覚兼が対応してよくよく御礼するように」とのことだったので、一乗院にお会いし、対応して帰った。

この朝、金峰山《きんぽうざん》[62]・霧島山に供える今年の米が準備できていないとの情報を、義久様がお聞きになり、「高原《たかはる》[63]・田布施《たぶせ》[64]の地頭を召し寄せ、厳しく糾明するように」と命じられた。一乗院執行のご祈祷は、光明真言の護摩であった。脇壇にて十一面供大威徳法《だいいとくほう》（解読不能）□座であった。

この日、一乗院が拙宿に挨拶に来られた。大興寺がお供であった。お茶と中紙をいただいた。酒で参会した。

この日、本田正親が去年、湯之浦[65]に所領十町を拝領したことにつき、お礼言上に参上し、我々にも二百疋持参してお礼を述べられた。この晩、島津義虎から書状をいただいた。内容は、「今こちらに滞在しているとうかがったので、ご挨拶申し上げます」とのことであり、猪肢[66]を多くいただいた。

二十九日、出仕はいつものとおり。白浜重治を通じて義久様に暇を申し上げた。義久様からは、「いまだ八代支配の件などまったく決着していない。これらに

（62）**金峰山**　鹿児島県南さつま市の霊峰。
（63）**高原**　宮崎県西諸県郡高原町。
（64）**田布施**　鹿児島県南さつま市金峰町。
（65）**湯之浦**　鹿児島県日置市吹上町湯之浦ヵ。
（66）**猪肢**　猪の枝肉。

ついて談合をしてから宮崎に帰るように」との上意であった。

　この日の朝、不動の法一万座《ほういちまんざ》の執行についての談合であった。「御流《ごりゅう》・三宝院《さんぼういん》を呼んで五千座ずつ執行させるのがいいのではないか」との話になったが、談議所も一乗院も、「彼らを呼ぶのは難しいのではないか」とのことであった。談議所の判断にまかせるのがいいだろうと決定した。

　この日、島津義虎に返事を出した。また、北郷殿（時久カ）に、「現在、肥後隈本御番は薩州家義虎の子息忠永が担当しているが、その替わりに北郷忠虎を出立させるべきである」との義久様の意向を書状にて命じた。

　この日、肝付三郎《きもつきさぶろう》(67)から、鹿児島に逗留されていると聞いたとして、検見崎《けみざき》兼崇《かねたか》を使者として挨拶があった。鹿の荒巻(68)をいただいた。

晦日（三十日）、出仕はいつものとおり。種子島久時《たねがしまひさとき》(69)から年始の使者が来られた。牧左京亮《まきさきょうのすけ》と申す者が使者で、進物などは恒例どおりであった。義久様が使者にお会いになり、御前にて、〈くわへ三献〉。拙者が御前にて取りなした。

　この日の朝、八代の支配について、誰を地頭にすべきか談合をしたが一向に決定しなかった。ここは上意に従うとして、奏者の町田久倍・税所篤和を通じて申し上げた。義久様は療養中ということで、人事案は出なかったが、よくよく談合し、さまざまな情報を勘案した上で、決定したいとのことであった。

　この日、相良忠房が初めて義久様のもとに出頭した。ちょうどよい機会であり、祝言として太刀・銭百疋を使いに持たせて進上した。深水長智にも同様。や

(67)**肝付三郎**　『大日本古記録』は、肝付兼続の子息兼包《かねしげ》に比定。あるいは同じく兼続の子息兼亮《かねすけ》、または加治木領主肝付兼寛《かねひろ》の可能性もあり。
(68)**荒巻**　塩蔵品。
(69)**種子島久時**　一五六八～一六一一。種子島時堯二男。大隅国種子島島主。姉は島津義久の後室。

がて使者が来てお礼をいただいた。

この日、相良忠房の宿舎に、義久様の名代として忠平殿が挨拶に行かれた。

この日の朝、出仕から帰る途中に、町田久倍・鎌田政広・吉田清孝・税所篤和と同心して、拙宿にてめしを振る舞った。

この日、お暇を申し上げ、向島白浜まで渡海。出船の時、拙者の市来野川原《いちきのかわら》毛《げ》(70)を義久様が御覧になりたいとのご意向を、大山綱秀《おおやまつなひで》からうかがった。大山に頼み、馬をお目にかけた。

この日、肝付兼寛から使者が来た。酒・肴を持参して来た。「帰る途中、加治木に寄って欲しい」とのことであった。

(70) **市来野川原毛**　市来野牧（鹿児島県いちき串木野市）産の馬。

【解説】

鹿児島に出府した覚兼が老中として様々な問題に直面する。十一日、義久の諮問により始まった重臣談合での一番の議題は、筑前国衆秋月種実からの提案に対する対応であった。詳細は記されていないが、種実はこの時点で龍造寺隆信と島津氏の和睦仲介を画策していたようである。島津忠平は和睦締結に前向きであり、また八代在番拒否の意向と考え合わせると、肥前や筑後への勢力拡大には消極的であったと考えるべきだろう。その点、みずから有馬に渡海しようとした弟家久とは対照的である。

近衛信輔の使者進藤長治と京都の商人道正庵宗与が下向しているのも興

味深い。道正庵は島津氏の御用商人であるとともに近衛家など京都の諸権力と島津氏の取次も務めた。彼らから本能寺の変以降の畿内情勢を詳しく知ったであろう。

五日には義久が鹿児島にあった「南蛮僧仮屋」を問題視し、南蛮僧（ルイス・デ・アルメイダカ）の退去を命じている。これは十七日に詳細を記す野村是綱殺害事件とつながっている。この事件はルイス・フロイスの一五八三年度日本年報にも記されており、義久の近習である野村是綱は熱心なキリシタンであり、そのため鹿児島に南蛮僧仮屋の設置が認められていたのであろう。恐らく寺家側からの反発を受け、老中村田経平が主導し野村暗殺が行われ、十七日の村田経平老中罷免、関係者の鹿児島からの追放となった。この裁定前に宣教師追放が命じられたのは寺家側への配慮であり、寺家寄りの譜代老中の罷免とバランスをとったのであろうか。これは、村田経平の弁明を福昌寺の代賢守仲が取り次いでいることからも裏付けられる。

天正十一年（一五八三）

四月条

一日、看経・読経はいつものとおり。愛宕山長床坊《あたごやまながとこぼう》の使僧が近日、京に戻ると聞いた。鹿児島では忙しくて返書が出せなかったので、白浜からしたためて出した。沈香《じんこう》(1)五両を贈った。また、三輪山先達からの使僧も近日中に戻られると聞いたので、返書を出した。銀子《ぎんす》(2)二両を贈った。

この日、加治木に向けて渡海した。申刻（午後四時頃）、加治木に着船。船元に肝付兼寛からの使者が来ており、乗り物が用意してあった。それから別当のところで暫く休んでいると、肝付蔵人殿《きもつきくろうど》（肝付兼寛家臣カ）が使いに来られ、同心して加治木城(3)に登った。蔵人殿の屋敷に泊まった。

肝付備前守殿《きもつきびぜんのかみ》が案内者として来られたので、彼とともに兼寛殿の館に登った。樽一荷と肴を持参した。やがて、めしを振る舞われた。席次は、客居に拙者・肝付備前守・肝付蔵人、主居に肝付兼寛・拙者悴者蓮香弥介《はすかやすけ》・日高新左衛門尉《ひだかしんざえもんのじょう》であった。いろいろと肴が出て酒。持参の酒をお酌した。兼寛も酌をしてくれた。悴者どもも皆、呼ばれて酒を賜った。

この晩、中城山ノ手(4)の肝付兼篤《きもつきかねあつ》殿・同半五郎《はんごろう》殿もそれぞれ挨拶に来た。どちらも酒と中紙を持参した。それぞれでいろいろともてなしを受けた。今夜は、

(1) **沈香**　東南アジア産の香木から採った香料。
(2) **銀子**　銀の貨幣。
(3) **加治木城**　鹿児島県始良市加治木反土に所在。
(4) **中城山ノ手**　加治木城内の曲輪のひとつ。

蔵人殿のところに泊まった。ここかしこから酒をいただいた。兼寛も酒を持参で拙宿に挨拶にきた。

二日、朝飯を肝付蔵人殿が振る舞ってくれた。兼寛は腹を悪くして来られなかった。いろいろともてなしを受けた。座が過ぎて出立した。

この日、宮内(5)に渡った。船元まで肝付蔵人殿らたくさん見送りに来た。未刻(午後二時頃)、浜之市(6)に着船。桑幡殿(7)の仮屋でしばらく休息し、それから迎えが来たので桑幡殿のところに参った。

やがて三献。弓一張をいただき、拙者も奥・表に酒を持参し、中紙を進上した。それから夕飯を振る舞われた。桑幡殿夫婦・政所《まんどころ》(7)殿夫婦、そのほか親類衆だけの座であり、いろいろともてなしを受けた。

この晩、『平家物語』など語ってもらい、もてなされた。今夜は桑幡殿の館(8)に泊まった。

三日、大円坊《だいえんぼう》が朝飯を振る舞ってくれた。桑幡殿父子三人も同心した。酒を持参した。

この日、政所殿に挨拶に伺った。酒を持参した。この晩、敷祢町まで到着。十八官(董玉峯《とうぎょくほう》)のところに宿泊。敷祢休世斎《きゅうせいさい》・頼元《よりもと》から使いが来た。

四日、十八官が朝飯を振る舞ってくれた。その後、敷祢休世斎が城から降りてきて、連れられて城(長尾城カ)(9)に登った。夕食を振る舞われた。頼元殿も同席し、いろいろともてなしを受けた。立花《りっか》(10)を一度見たいと言われたので、一瓶さした。

(5) **宮内** 大隅正八幡宮の門前町。現在の鹿児島神宮。
(6) **浜之市** 現在の隼人港(鹿児島県霧島市隼人町真孝)。
(7) **桑幡殿・政所殿** 大隅正八幡宮社家。
(8) **桑幡殿の館** 鹿児島県霧島市隼人町神宮2丁目、霧島市立宮内小学校の南側に所在。百㍍四方の方形居館であった。
(9) **長尾城** 鹿児島県霧島市国分敷根柊木山に所在。
(10) **立花** 華道の形式のひとつ。

まことにお粗末であった。〈おり湯〉などご用意いただき、いろいろともてなしを受けた。この夜は休世斎のところで宿泊。

五日、敷祢頼元殿が朝食を振る舞ってくれた。それから、休世斎も宮崎に行きたいというので、同道して出立。北郷一雲《ほんごういちうん》殿(11)に挨拶しようということで、都城に未刻（午後二時頃）到着。本之原(12)の本別当古郷隆昌《ふるごうたかまさ》の所に宿泊。休世斎は島戸(13)まで行くとのこと。

土持周防介《つちもちすおうのすけ》殿（北郷氏家臣）に、北郷一雲父子（時久・忠虎）に挨拶したい旨連絡した。やがて、永井《ながい》等永《とうえい》という使いがやってきて、歓迎する旨、一雲の意向を伝えてきた。「しばらくお休みください。一雲は療養中であり、忠虎は語りに出かけているので、忠虎が帰り次第お知らせします」とのことであった。

やがて、案内者が来て、連れられて北郷一雲の館に参った。忠虎殿が庭まで出てきて、こちらにとよばれたので、一緒に座敷に参った。一雲が会うべきであるが、療養中なのでやむを得ないとの説明が永井等永からあった。その後、忠虎殿に太刀一腰・銭百疋を進上する旨、小杉丹後守《こすぎたんごのかみ》に披露した。一雲には、太刀一腰・緞子一端を進上した。席次は、客居に拙者・敷祢越中守、主居に忠虎の以上三人であった。めしをいただき、その後、いろいろと肴が出て酒を五返いただいた。五返目は忠虎殿が酌をして、やがて拙者もまた酌をした。拙者悴者も二度よばれ、酒を下された。その後、古郷隆昌の所に戻ると、まず押肴にて酒が出た。その後、粥を振る舞われて、またいろいろと肴が出て酒。拙者

(11) **北郷一雲（時久）** 一五三〇～九六。北郷忠親長男。日向国庄内領主。

(12) **本之原** 宮崎県都城市南鷹尾町付近。

(13) **島戸** 宮崎県都城市郡元町付近。

倅者などにまで皆に振る舞ってくれた。

この晩、出立の際、忠虎殿が拙宿に挨拶に来られ、酒を三返。一雲から太刀一腰・銭百疋いただいた。忠虎からも同じく。それから島戸に到着。

六日、早朝、島戸を出立し、未刻（午後二時頃）、田野に到着。長蔵坊《ちょうぞうぼう》のところに宿泊。やがて田野地頭大寺安辰《おおでらやすとき》から使者が来た。明日、狩をするとのことで、その相談であった。また、拙者が当所に到着したということで、諸所に連絡するとのことであった。

この夜、使者を大寺のところに送り、「しばらく無沙汰しており、そちらに参るべきだが、天気が悪いので参りません」と伝えた。休世斎も同宿。

七日、早朝、狩に登った。曽井・清武・穆佐・細江(14)・田野・宮崎・海江田の衆が参加。曽井からは、比志島義興《ひしじまよしおき》(15)が人数を連れて登ってきた。二鹿倉《かくら》を狩った。天気が良くなく、さんざんな狩となった。ようやく猪と鹿の小さいのを七つ捕った。比志島義興・大寺安辰らと破籠《わりご》(16)の酒で参会。おのおの狩人にも拙者から酒を振る舞った。大寺から夜、頻《しき》りに来るように誘われたが、拙者は体調が悪く、また敷祢休世斎も同道しているので遠慮した。（狩の）用意の程を見せるということで、鎌田兼政・柏原左近将監ら宮崎衆中が多く田野まで同心してやってきた。拙者は清武の内くつかけ(17)という村に宿泊した。

八日、早朝に出立。未刻（午後二時頃）、宮崎に到着。まず敷祢休世斎に三献。その後、湯漬けでもてなした。拙者が帰宅したということで、衆中がそれぞれ

（14）**細江**　宮崎市大字細江。
（15）**比志島彦太郎義興**　一五六一～九九。曽井地頭比志島義基子息。
（16）**破籠**　白木の薄板で作った弁当箱。また、これに入れた食物。
（17）**くつかけ**　沓掛、宮崎市清武町今泉。

挨拶に来た。酒など持参する衆もいた。風呂を焼いて、休世斎を入れた。

九日、看経はいつものとおり。この日も衆中達がそれぞれやってきた。終日雑談して茶の湯など。

十日、看経・読経はいつものとおり。満願寺（玄恵）がいらっしゃった。

十一日、いつものとおり。西方院《さいほういん》（竹篠山の塔頭《たっちゅう》カ）が来られた。「来る十八、十九日ごろに風呂を焼くので、休世斎と一緒にお越しになりませんか」との案内であった。

この日、倉岡から吉利久金《よしとしひさかね》の二男が鹿児島から戻ったとの連絡があり、あわせて、糸原名が拙者の判断により倉岡所属となったことについてお礼があった。

この日、佐土原（島津家久）に和田江左衛門尉《わだえざえもんのじょう》を使者として、鹿児島から戻ったこと、しばらく無沙汰している旨を伝えた。田野の狩で捕った猪一丸《ひとまる》を贈った。家久公はお留守であり、お子様（豊久カ）と面会したとのこと。

十二日、薬師如来に看経。敷祢休世斎・敷祢越中守・鎌田兼政《かまたかねまさ》などに挨拶。案内者の鎌田兼政から、茶の湯にて盛大なもてなしを受けた。

この日、家久公から弓削太郎左衛門尉《ゆげたろうさえもんのじょう》を使者として、一昨日のお礼を受けた。あわせて、福昌寺雲堂造営の葺板の準備配当についておたずねがあった。

この日、釈門院《しゃくもんいん》(18)が高野山から下向したということで来られた。鞦《しりがい》(19)を一かけいただいた。鎌田兼政の館で面会した。佐土原からの使者も同様。

十三日、看経・念仏などいつものとおり。

（18）**釈門院**　高野山の塔頭の僧侶カ。

（19）**鞦**　牛馬の腰から尻に掛ける紐。馬具のひとつ。

十四日、鉄砲を田中主水左衛門尉《たなかもんどさえもんのじょう》（伊勢社宮司）に作らせることになり、始めさせた。

十五日、結夏《けちげ》(20)なので、とくに念入りに看経・読経などした。衆中それぞれをよび、面会した。

この日、彦山《ひこさん》(21)の門坊から使書をいただいた。山上に建立するので、奉加《ほうが》（寄付）をお願いしたいとのことであった。

西俣七郎左衛門尉がしばらく無沙汰しているとのことで、上樽(22)一つを持参して来た。酒を皆に振る舞った。

十六日、念仏などいつものとおり。門坊に返書を書き、奉加に鳥目《ちょうもく》百足を送った。

十七日、いろいろといつものとおり。野村大炊兵衛尉《のむらおおいひょうえのじょう》が茶の湯道具を求めていると聞いたので、彼の宿所に語りにいった。終日雑談でお茶。

十八日、観世音への祈念はいつものとおり。読経なども同様。この日、敷祢越中守殿のところで休世斎に茶の湯でおもてなし。衆中五、六人が同座した。終日いろいろな肴で酒。雑談。この日、木脇(23)から竹十束をいただいた。

十九日、念仏などいつものとおり。吉日だったので、毘沙門仮堂作りをはじめた。あわせて、茶の湯の座の普請準備も始めさせた。

この日、佐土原から使者高崎越前守がやってきた。内容は、「久しく無沙汰しております。七山左近将監《ななつやまさこんのしょうげん》(24)が昨年以来、とくに尽力してくれていますので、かの山（七ッ山）(25)続きに相応の地を一か所宛行うべきと思うのですが」とのこ

(20) **結夏**　夏安居《げあんご》の初日、すなわち陰暦四月十六日。夏安吾とは、僧が一定期間外出しないで、一室にこもって修行すること。普通、陰暦四月十六日に始まり七月十五日に終る。

(21) **彦山**　現在の英彦山神宮（福岡県田川郡添田町）。修験道場。

(22) **上樽**　上質な樽酒ヵ。

(23) **木脇**　宮崎県東諸県郡国富町。地頭平田宗応。

(24) **七山左近将監**　現在の宮崎県東臼杵郡諸塚村大字七ッ山在住の甲斐左近将監。この時、家久が左近将監に発給した安堵状が現存している（『宮崎県史　史料編　中世1』所収「甲斐文書」）。

(25) **七ッ山**　現在の宮崎県東臼杵郡諸塚村。

とであった。尤もに思ったので、「まずは一か所宛行っていいのではないか」と返事しておいた。　使者の高崎越前守殿が酒を持参したので、一緒に飲んだ。
福島(26)から指宿丹後守《いぶすきたんごのかみ》が使者として来た。これも酒持参だったので、すぐに一緒に飲んだ。

二十日、看経などいつものとおり。天川殿が子どもに名を付けて欲しいとのことなので、名付けた。酒・鹿皮・紙などを引物としていただいた。酒はすぐに飲んだ。

　この日も堂作を番匠《ばんしょう》(27)四、五人にさせて、見物。休世斎と会い、終日雑談などして酒や茶。

二十一日、念仏などいつものとおり。茶の湯座を作ろうと決めている場所に、樹など植えさせた。堂作の番匠は油断なく作業していた。

二十二日、読経などいつものとおり。茶の湯の座の普請をさせて見物。

　この日、本庄地頭川上翌久が酒を持参してきた。すぐに出て会った。ちょうど有馬（島原半島）の番から帰宅してきたということで来られたので、あちらの境目の状況について話をうかがった。

　上野弥左衛門尉が細工のために来た。『荷葉《かよう》に蟹の絵(28)』を拙者にくれた。終日そういったものや刀などをたくさん見て和んだ。

二十三日、今夜、月待ちの間に読経など特におこなった。この日も毘沙門堂地の普請をさせて見物。また、昌光寺《しょうこうじ》が登ってきたので、周易《しゅうえき》(29)の占いをさせた。

(26) **福島**　宮崎県串間市。地頭伊集院久治。

(27) **番匠**　大工。

(28) **荷葉に蟹の絵**　蓮の葉に蟹がのっている絵。

(29) **周易**　中国の古代王朝周代に行われたとされる占術。

その結果についていろいろと閑談。

この夜、御崎寺が無沙汰しているとしてやってきた。楊梅《やまもも》を肴に酒を持ってきた。月待ちをしたので、その座で賞翫した。休世斎なども同席。佐土原から〈織屋〉が来て、舞など二、三番やってくれた。それから月を待ち取った。祈念などして成仏を祈念した。

二十四日、地蔵に看経はいつものとおり。御崎寺が、「遅かれ早かれ二十八日に例講なのだが、雨の多い時期なので、ついでに講読していく」と申すので、「お考え通りにどうぞ」と言って、講読していただいた。

この日、和田刑部左衛門尉《わだぎょうぶざえもんのじょう》・山本備前守《やまもとびぜんのかみ》を曽井の比志島義基殿のところに使者として派遣した。内容は、去る二月、曽井の市に木花寺の小者が出かけていた。茶の子[30]など売る店に彼が立ち寄った。すると、茶の子を売る女亭主が銭三十枚前後なくなっていることに気付いた。小者が来ていたので、きっと彼が盗んだのであろうと市場で騒いだので、曽井衆[31]が彼を捕縛し、加江田に引き渡したという。間違いなく盗人であるのならば問題なく身柄を受け取り、盗人として処分するのであるが、盗人という証拠が不十分なままなので、落着したのちに身柄は受け取るということで、加江田の役人は身柄を曽井に戻した。その後、再三にわたり両者間で駆け引きがあったものの、決着を見ていない。特に、拙者が鹿児島に伺候していて留守の間に起きた一件のためこうした状況になってしまった。ちょうど曽井から使者が来て、「あまりに決着がつかないので、もう

(30) **茶の子** 茶菓子。朝飯。または農家などで朝飯前に仕事をする時などにとる簡単な食事。

(31) **曽井衆** 地頭比志島氏配下（宮崎市大字恒久）。

こうなっては盗人（木花寺の小者）をどちらかにでも追放します」とのことであった。これは拙者に直接相談するのがいいだろうと、加治木伊予介が伝えに来たので、右の両人（和田・山本）を比志島義基のところに派遣することになったのである。比志島義基は石塚(32)に行っているとのことで、石塚にて用件を伝え、比志島義基と面談したとのことである。しかし義基から、はっきりとした返事はなく、追って詳しく返答するとのことであった。

二十五日、看経はいつものとおり。円福寺が久しく無沙汰しているとのことでお越しになった。そこで、敷祢休世斎や衆中五、六人と一緒に円福寺をもてなした。終日、酒や茶で四方山の物語りとなった。

二十六日、念仏などいつものとおり。先日、法華嶽に参籠の際、代賢守仲和《だいけんしゅちゅう》尚から下された庵主号の証跡を円福寺に見せた。それから茶の湯でもてなした。敷祢休世斎も同席した。

この日、先日鹿児島に使いとして派遣していた泉鏡坊が帰ってきた。義久様のご気分は快気したとのことである。使者（奏者）は阿多忠辰《あたただとき》であったという。あわせて、「上野弥左衛門尉に対し、細工をさせたいので、来月十日に鹿児島に来るように伝えよ」と阿多忠辰から命じられたとのこと。また、寄合中（老中）から、先日我々が伺候した際に協議したご祈祷一万座については、来月中旬ごろに開始することになり、「日州両院で三十壇用意するよう命じるように」とのこと。早速盛《もり》(33)をして、順番に諸所に命じた。

(32) **石塚**　宮崎市大字浮田。

(33) **盛**　部隊編成、軍役・夫役など諸役の割当・配当・番組のこと。

この日、家久公からしばらく無沙汰しているとして、有川左近将監《ありかわさこんのしょうげん》を派遣してきた。拙者は療養中のため、鎌田兼政にもてなしをさせた。また返事も忝《かたじけな》いと申させた。

この日、曽井地頭比志島義基から使者が来た。北村武蔵介《きたむらむさしのすけ》ともうひとりであった。先日の盗人の件についてである。「なんとしてでも盗人とみなし、盗人を宮崎に召し寄せて詳しく審議し対処すべきではないか」とのことである。和田・山本が先日伝えた内容は聞いており、拙者の言い分も理解したとのこと。「ほかの地と曽井との相論であるならば、当所（宮崎）に召し寄せて審議して対処するべきだが、愚領（小者の所属が覚兼領加江田）と曽井との相論なので、当所に召し寄せて審議することは出来ない。曽井から盗人だと容疑をかけたのだから、そちらで審議すべきであろう。こちらとしては証拠不十分と考えているのに、それでも問答しろというのだろうか。それならなんとしてでも談合すべきであろう」と返事した。

二十七日、念仏はいつものとおり。この日、北郷《ほんごう》殿父子（時久・忠虎）から村田名字の使者が来た。内容は、先日我らが挨拶にいったことへの返礼であった。ついでに、先日、亀沢名字の人が赤坂にて山賊をしてこちら方面に逃走した。「この者をしっかりと成敗してほしい」とのことだったので、こちらで死罪に処した。そのお礼であった。

この日、金剛寺が来られたので、いろいろな肴で酒を出した。その座には、敷祢休世斎と伊勢の田中主水佑も同席した。

この日、竹篠衆徒が、拙者が体調不良と聞いて薬師法十二座十万返修行(34)をおこなったといって、配帙《はいちつ》をいただいた。この日も、諸所に祈祷の命令を下し、返事が到来した。

二十八日、看経・読経を特に勤行した。弓場に適した場所を衆中五、六人に命じて探させた。美々津(35)仮屋が樽を持参し、ご無沙汰しているといって来た。毘沙門堂作の番匠衆やそのほか諸細工の職人が多くいたので、酒を振る舞った。

二十九日、念誦《ねんじゅ》などいつものとおり。鹿児島に祈祷の状況をしらせるとともに、義久様のご気分伺いのため沙汰寺を使僧として派遣した。

この日も、ご祈念準備のため諸所に遣わしていた使者が帰ってきた。いずれも祈祷を実施するとのことである。都於郡の総昌院から使僧がきた。内容は、「最近、糸原名が倉岡(36)の附属となったのでしょうか。総昌院領が糸原名にあるのですが、それが倉岡の医王院《いおういん》に与えられたと聞きました。この所領は、先年訴えて総昌院に与えられたのであり、またこのようになってしまったのはどうしたことでしょうか」とのお尋ねであった。拙者はいままで聞いたことのない話だったので、書状を添えて倉岡に連絡した。

【解説】

鹿児島から宮崎に戻って日常に戻っている。帰る途上、加治木、大隅正

(34) **薬師法十二座十万返修行**　薬師如来を本尊として除病安楽を祈る修行。

(35) **美々津**　宮崎県日向市美々津町。

(36) **倉岡**　宮崎市大字糸原。地頭吉利久金。

八幡宮、敷祢、都城に立ち寄っており、肝付氏、社家桑幡氏、北郷氏の対応が興味深い。

十九日、島津家久から七山（甲斐）左近将監への給地《きゅうち》宛行《あてがい》を相談されているのが注目される。現在も左近将監のご子孫が諸塚村にご健在であり、この時、家久から発給された宛行状を所有している。なお、同家には前年四月十四日付の甲斐親英《かいちかひで》感状も現存する。甲斐親英は甲斐宗運の子であり、七山（宮崎県東臼杵郡諸塚村大字七ツ山）付近まで阿蘇大宮司家の影響下にあったことがうかがえる。家久は当時「山内」と呼ばれた山間地域における諸領主の調略を進め、来たるべき甲斐宗運との対決に備えていたことがうかがえる。

同日、宮崎城内に毘沙門堂と茶室の普請を始めている。覚兼が日常的に毘沙門天を信仰しているのは武将ならではである。ここのところ侘茶に入れ込んでいた覚兼が茶室まで作ってしまうのは、凝り性なのだろう。今後の発掘調査でこうした建物遺構が見つかるのか、注目される。

二十四日、曽井の市での窃盗事件が問題になっている。曽井城管轄地域のどこかに市が立っており、女主人が経営する茶の子屋があった。それなりに栄えた商業地があったことがうかがえるが、現在のどのあたりだったのかは不明である。

天正十一年（一五八三）

五月条

一日、早朝、風呂を焼かせて入った。それから、特に看経した。同じく法華経を読誦した。穆佐《むかさ》(1)から使者がきた。内容は、「ご祈祷について、一二〇町の公役《くやく》(2)と承った。今は一〇〇町の公役を負担することになっており、いかがなものか」とのことであった。拙者は、「公役の事は、鹿児島からの日記のとおりに命じている。ご意見があるならば、鹿児島に訴えるのがいいだろう」と返事しておいた。

この日も堂作の番匠、または金銀の細工、刀の鞘の細工、塗師の仕事を見て慰んだ。また、盤之上《ばんのうえ》(3)や茶の湯などで暮らした。

二日、いろいろといつものとおり。

三日、毘沙門堂の造営が完了した。毘沙門天像を安置するため、木花寺に来てもらった。酉刻（午後六時頃）がいい時間であるということで、勤行してもらい、堂遷《どうせん》(4)した。それから、本尊の法二十一座を依頼し、一夜で修行してもらった。壇・机・供物はいつものとおり。仏への布施は百疋であった。

この日、倉岡地頭吉利久金が来られた。

四日、午刻（午後十二時頃）、毘沙門法二十一座が成就したということで、御札

(1) **穆佐**　宮崎市高岡町。地頭樺山忠助。

(2) **公役**　役負担。田数に応じて反銭などが賦課された。具体例としては、五月二十七日条を参照。

(3) **盤之上**　将棋・囲碁・双六などのボードゲーム。

(4) **堂遷**　仏像を本堂へ移すこと。

など頂戴した。

五日、節句の祝礼は礼式のとおり。衆中がそれぞれやってきた。拙者はここ二日ほど霍乱《かくらん》(5)が出て、さんざんの状態なので、息子の犬徳丸《いぬとくまる》に命じてそれぞれに粽《ちまき》と酒を出させて帰した。

この日、敷祢休世斎が天気も良くなったので帰って行った。

六日、いろいろといつものとおり。毘沙門堂で茶の湯を催した。衆中などたくさん寄り合って、終日慰んだ。南蔵坊《なんぞうぼう》が上洛の暇乞いに来られた。木綿をひとつ贈った。

七日、いずれもいつものとおり。伊勢社の田中主水佑《もんどのすけ》が近日、上国すると聞いたので、風呂を焼いてもてなした。その衆は、本田治部少輔・猿渡大炊助《さるわたりおおいのすけ》・敷祢越中守・柏原左近将監・鎌田兼政・長野淡路守・関右京亮・野村大炊兵衛尉・上井兼成であった。終日風呂のあとは、めしを振る舞い、いろんな肴と酒で参会した。

八日、いつものとおり。弓場普請を各衆中に命じた。善哉坊（面高真連坊頼俊《おもだかしんれんぼうらいしゅん》）の弟子が入峯《にゅうぶ》のため上洛するということで、暇乞いに来られた。酒を持参しており、参会した。わずかではあるが、鹿皮二枚を贈った。また、中途まで送舟《おくりぶね》(6)が使えるよう、拙者の判断で命じておいた。

九日、いろいろといつものとおり。財部地頭の鎌田政心《まさむね》が挨拶に来られた。京樽一荷と折肴をいただいた。太平寺(7)やそのほか衆中十人ほども同心してきた。

(5) **霍乱** 夏にかかるコレラのような下痢の症状。

(6) **送舟** 客を乗せて送る舟。

(7) **太平寺** 現在の宮崎県児湯郡高鍋町南高鍋にあった曹洞宗寺院。

拙者は療養中だと説明し、本田治部少輔と敷祢越中守に頼んで相伴してもらい、めしを振る舞った。酒の時、拙者も面会し、鎌田と太平寺からいただいた酒を賞翫した。

この日、穂北から大迫《おおさこ》兵八左衛門尉《へいはちざえもんのじょう》と黒田《くろだ》万介《まんすけ》が、ご機嫌伺いに酒持参でこられた。財部衆中と同様、酒を振る舞った。

十日、いつものとおり。朝の普請で坪弓場を作らせた。谷山志摩介《たにやましまのすけ》を、田尻鑑種《あきたね》への兵船上乗りのため、二月末から八代に派遣していた。しかし、田尻への兵船派遣はしばらく実現しそうにないということで、八代城番の老中平田光宗の判断で帰ることになり、本日、夕方帰宅したということで、面会した。有馬表（島原半島）に宮崎衆二、三人が援軍として出陣し、安徳《あんとく》城(8)を簡単に奪取したとのことである。唐仁原秀元《とうじんばるひでもと》が島原口で手負いを受けたそうで、拙者の舟で帰ったとのことである。横山玄蕃助《よこやまげんばのすけ》も唐仁原とともに乗船し、谷山志摩介のみ陸路で帰ってきたそうである。肥後口の情勢は変化なしとのことであった。

この日、拙者の手の者が坪弓場にて弓の練習をおこない、それを見て慰んだ。

十一日、いつものとおり。弓場普請を先日欠席した衆にやらせて見物した。

この日、佐土原（島津家久）から坂本半介《さかもとはんすけ》を使者として、拙者の気分がよくないと聞いたということで、「油断なく祈祷をし、治療するように」との仰せを受けた。この日も手の者が弓の練習をおこなったので、それを見て慰んだ。

十二日、薬師に特に読経。弓場普請の状況をみるため、乗物で麓に下った。そ

（8）**安徳城**　長崎県島原市南崩山町に所在。有馬氏から龍造寺氏に寝返った安徳上野介純俊《あんとくこうずけのすけすみとし》の居城。

れから直接、鎌田兼政のところに、しばらく無沙汰しているということで伺い、めしを振る舞った。この日は、拙者が手の者たちに弓の手ほどきをした。終日酒をのんだ。

この日、縣《あがた》(9)から壁塗(10)の杉山新左衛門尉《すぎやましんざえもんのじょう》というものがやってきたので、〈抜合〉などを塗らせて見物した。

十三日、看経などいつものとおり。殿所《とんところ》(11)から宗琢《そうたく》・隼人佑《はやとのすけ》がやってきた。それぞれ上樽を持参してきた。殿所に現在滞在中の法華坊主経典《きょうてん》という若者が、字がうまいので右筆として契約し、見参した。この日から茶の湯の造作をはじめた。諸細工をさせて見物。加治木但馬丞《かじきたじまのじょう》・谷山志摩介・宗賢《そうけん》・蓮香讃岐守《はすかさぬきのかみ》など寄り合って、この日は弓の練習。

十四日、いつものとおり。御次才八《おつぎさいはち》殿に返書を書いた。経典に書かせてみた。銀子二両を贈った。田中主水佑が明日出発するとのことで、暇乞いに来られ、酒で寄り合った。

この日、殿所から神介《かんすけ》がやってきたので、終日囲碁をやって慰んだ。

この晩、才八殿への返事と田中主水佑への羚羊皮《かもしか》二枚を、蓮香弥介《はすかやすけ》に持たせて届けさせた。

十五日、いつものとおり。衆中がそれぞれ出仕してきた。拙者は虫気《むしけ》が散々だったので、説明して会わなかった。この日は終日苦しんだ。この晩、佐土原から四官《よんかん》という医者を呼び寄せた。

(9) **縣** 現在の宮崎県延岡市。
(10) **壁塗** 左官カ。
(11) **殿所（外所）** 現在の宮崎市熊野にあった村。寛文二年（一六六二）九月のいわゆる「外所地震」の津波により水没した。現在の宮崎県総合運動公園付近。

十六日、いつものとおり。四官に脈をとらせ、服薬した。終日養生した。この日、海蔵坊がしばらく無沙汰しているということで、酒・めしを持参して来た。

十七日、いつものとおり。この日の朝も四官に脈をとらせ、服薬した。

十八日、いつものとおり。弓場普請をさせ、見物のため乗り物で下った。観世音への読経を特におこなった。

　この日、二楪《にちょう》(12)が拙者の様子を見に紫波洲崎からやってきた。

　この日、馬嶋《まじま》宗寿軒《そうじゅけん》がしばらく無沙汰しており、その上、療養中と聞きつけ、ちょうど上国する予定なので暇乞いに来られた。酉刻（午後六時頃）に会った。こちらの座敷造作のため取り乱れているので、毘沙門御堂にて茶の湯でもてなした。鎌田兼政・柏原左近将監も相伴した。まず、めしを振る舞い、その後、茶の湯。拙者が茶を点てた。ここまでの作法を褒めてくれた。

十九日、いつものとおり。馬嶋宗寿軒が佐土原に帰っていった。拙者は気分がよくなかったので、暇乞いはせず、土持《つちもち》久綱《ひさつな》(13)などに送る曳付(14)の書状をしたためてやった。また、近日中に上国とのことなので、わずかではあるが鹿皮五枚を贈った。この日も服薬。また終日、造作を見物。

二十日、いつものとおり。穂北地頭平田《ひらた》宗張《むねはる》殿がしばらく無沙汰しており、様子を伺いに来られた。上樽一持参。拙者は気分がよくなく、会わなかった。柏原左近将監に頼んで、めしを振る舞い、相伴させた。その後、息子犬徳丸が面会した。

(12) **二楪**　覚兼の母・上井董兼《ただかね》（恭安斎）室とみられる。肝付兼固《きもつきかねかた》娘。

(13) **土持久綱**　初名綱実《つなさね》。日向国縣領主。居城は松尾城（延岡市松山町字松山）。

(14) **曳付**　通行手形。

この日、伊集院忠棟が現在、南郷⒂に逗留中とのことで、書状をいただいた。田尻鑑種からの書状もあわせて届き、去（四月）二十六日、龍造寺陣に対して合戦を挑み、柳川⒃衆を五十ほど討ち取ったとのことであった。こちらから派遣した番衆も皆、分捕りの高名を挙げ、奮闘したとのことである。また、有馬鎮貴からの書状も届いた。これも去六日、深江・安徳両所（安富・安徳両氏）が先非《せんぴ》を改め、島津氏に服従してきたので、こちらから番衆・地下衆を両所に入れたとのことである。また、遊行同念上人《ゆぎょうどうねんしょうにん》の準備について指令を承った。

二十一日、いつものとおり。遊行同念上人が来月初めに福島⒄に到着するとのことで、その準備を清武・田野・穆佐・倉岡で担当するよう、伊集院忠棟から命じられたので、これをそれぞれに伝達した。

この日、伊集院忠棟に対し勝目但馬拯を使者として派遣し、境目勝利の祝言と別条の御用が多々あったのでそれについて返事した。

この日、茶的⒅を射始めさせ、これをそっと下って見に行った。

二十二日、いつものとおり。入野地頭吉利忠澄殿から、拙者の気分はどうかと使者をいただいた。あわせて女中（忠澄妻、覚兼妹）から〈対之屋〉を使いにいただいた。食籠肴と上樽をいただいた。このついでに、吉利忠澄がこれまで稽古のため詠んだ連歌を書き抜き、見せてくれた。遠慮なく意見を聞きたいとのことだったので、愚存を細々と書き付けて返した。

この日、伊集院忠棟から書状で指示をうけた。内容は、「有馬表の深江・安

(15) **南郷** 宮崎県日南市南郷町ヵ。

(16) **柳川** 福岡県柳川市。

(17) **福島** 宮崎県串間市。

(18) **茶的** お茶を賭けた弓競技ヵ。

徳が帰順してきたので、まず安徳に軍衆を籠めたところ、深江（安富純泰《やすとみすみやす》）[19]が約束を破り、島津氏に帰順しないことに決した。そこで安徳の当番衆が孤立する事態となってしまい、義久様自ら来月二日にご出陣することとなったので、日州両院の衆に援軍派遣を命じる」とのことである。すぐに各地へ順番に伝達した。

二十三日、月待ちであった。特に読経などした。この日、桑幡左馬頭《くわはたさまのかみ》[20]殿父子が、拙者の気分がよくないと聞いてやってきたので、お会いした。肴・酒を持参して来た。八幡大宮司も酒持参で来られた。この夜は、いつものとおり月待ちをした。

二十四日、いつものとおり。地蔵に看経など特におこなった。曽井地頭比志島義基から、「無沙汰しているが気分はいかがか」と使者をいただいた。桑幡佐《さ》介《すけ》も酒を持参して来た。

この日、いま造作の最中と聞いたと、都於郡《とのこおり》（地頭鎌田政近）から番匠一人が派遣されてきた。曽井からも一人預かった。しかし、今は援軍派遣の直前であり、造作は差し止めるので、追って合力を頼む旨伝えて帰した。

二十五日、いつものとおり看経。桑幡殿とめし寄合。やがて未刻（午後二時頃）、紫波洲崎《しわすざき》に行くといって出発された。しかしながら、酩酊しており路次の歩行が困難な状態で、柏田別当[21]の処で休憩され、その夜はそこで宿泊された。しきりにまた宮崎城に登るよう再三申し入れたのだが、沈酔しており、そんな返事

(19) **安富純泰**　居城は深江城、長崎県南島原市深江町馬場名に所在。

(20) **桑幡左馬頭**　大隅正八幡宮社家、現在の鹿児島神宮。

(21) **柏田別当**　宮崎市瓜生野の町役人カ。

さえ出来ないような状態であった。この日も諸所に続(22)の件の伝達を済ませた。医者の許三官《きょさんかん》(23)が来た。

二十六日、拙者が気分を害していると、義久様の上聞に達したようで、許三官を治療のために派遣されたのであり、忝《かたじけな》いことである。そこで今朝、脈を診てもらった。「先日、鹿児島で養生していた頃と変わったことはない。しかし、〈三焦《さんしょう》之《の》脉《みゃく》〉(24)に少し変化がある。とにかく脾《ひ》・胃の悩みであろう」とのことであった。まずは今朝から三日分の服薬をいただいた。やがて朝食を拙者と共にして寄り合った。

二十七日、いろいろといつものとおり。木脇地頭平田宗応がちょうど鹿児島に参上されており、拙者に対し、家久公への使者を務めるよう義久様からご指示があった。その意趣は、「先日、有馬境（安徳・深江付近）が苦戦しているとの連絡があったので、来月二日に（義久自ら）出陣と決まったのだが、現時点であちら方面は島津氏が勝利したとのことなので、今回の出陣は延期とする。そこで、有馬境目に所々から十五町につき兵一人ずつ出陣を命じると、有馬渡海の談合が決定した。ついては、そのとおり日州両院（覚兼所管地域）に命じるように。覚兼は現在養生中なので諸方へ申し渡すことが難しいようならば、佐土原（島津家久）からも折々通達するのがいいだろう」との上意であった。すぐに諸所に申し渡した。「佐土原（家久）からも通達されることが大事です」と使者にて伝えた。家久公からも「そのつもりである」とのことであった。平田

(22) **続** 援軍。
(23) **許三官** 許儀後《きょぎご》。明出身の医師。元亀二年（一五七一）倭寇に捕えられたが、島津義久の侍医となりそのまま帰化したとされる。
(24) **三焦之脉** 六腑のひとつ。

宗応殿へは柏原左近将監に頼んでもてなしてもらった。拙者は見参しなかった。

この日、嶽米良《たけのめら》[25]殿がお越しになった。「鹿児島に無沙汰しているので、祗候するつもりである。しかし、こちらで続[26]があると聞きつけたので、どうしましょう」とのこと。「まずは鹿児島へは参上せず、出陣することが大事である」と答えた。

　この日、許三官から終日養生について説明を受けた。

二十八日、看経などいつものとおり。御崎寺がお越しになり、講読をいつものとおりされた。富田《とんだ》大宮司[27]が養生中でご無沙汰していたといって上樽一を持参してきた。野村安房介《のむらあわのすけ》からもご無沙汰しているといって使いが来た。酒を持参してきた。

　この日、清武[28]から使者が来た。「遊行同念上人の準備について、また、続について、両方とも実施できない」との詫であった。「どちらも鹿児島からの盛《もり》[29]として命じられている。拙者は養生中なので鹿児島に直接お伺いになるのがいいだろう」と、柏原左近将監を通じて返事した。

　去二十二日から鹿児島にて〈万座之御祈祷〉がおこなわれている。その調儀のため山本備前拯《やまもとひぜんのじょう》を奏者の鎌田政広殿まで派遣していた。彼が許三官と同じ日に帰ってきた。また、上野弥左衛門尉に対し、義久様から細工の依頼があったので、彼を山本備前拯と一緒に御側衆《おそばしゅう》[30]のもとに参上させていた。彼も細工について詳しく指示を受け、山本備前拯と一緒に帰ってきた。

(25) **嶽米良（重隆カ）** 米良山（宮崎県児湯郡西米良村）の領主。
(26) **続** 援軍派遣。
(27) **富田大宮司** 富田八幡神社の宮司カ、宮崎県児湯郡新富町上富田。
(28) **清武** 宮崎市清武。地頭伊集院久宣。
(29) **盛** 役配分・配当。
(30) **御側衆** 義久の側近カ。

今日は吉日だったので、ご依頼の細工を始めさせた。細工したのは、義久様のお腰物であるご秘蔵の〈千代鶴[31]〉であった。その鍔《つば》の細工を命じられたとのこと。この日は、諸細工などを見て暮らした。

二十九日、いつものとおり。掃地《そうち》・普請を皆にさせた。今朝、三官が拙者の脈《みゃく》をとってくれた。いい状態とのこと。それから十七日分の薬をくれたので、受け取った。

この日、茶湯的であった。的前は敷祢越中守。乗物で城から下り、見物した。


【解説】


六日、七日、八日と僧侶・神官・修験者の上洛挨拶が続いている。特に宗教関係者は修行のため意外と畿内に赴いており、彼らが畿内情勢を伝えているのであろう。

平時ではあるものの武芸の鍛錬を怠らないためであろうか、八日には弓場普請を、十日には坪弓場の普請をおこなっており、その後、弓の練習をさせている。この頃、覚兼は体調を崩しており、城から下る際は「乗り物」を使用している。これが駕籠なのか輿なのか気になるところである。

二十五日には、覚兼の体調不良を心配した主君義久が、自らの侍医である許三官をわざわざ宮崎に派遣している。義久と覚兼の関係を考える上で興味深い。

(31) **千代鶴** 刀の名前ヵ。

十三日、殿所《とんところ》に滞在中の旅の僧とみられる僧侶を右筆に抜擢している。老中の立場にある覚兼がこうした余所者を重要機密にも関わる右筆に抜擢するのが意外である。島津家中の流動性、多様な人材抜擢の一端が垣間見られる。

二十日から遊行同念上人の都於郡入りの準備が進められている。時宗《じしゅう》は遊行が基本であり、多くの弟子を引き連れて各地を行脚した。その対応はかなりの負担だったようである。

のんびりした日々であったが、二十二日、有馬情勢の緊迫化により、急な出陣命令がもたらされる。日州両院への軍事動員が老中である覚兼経由で伝達されている（出陣そのものは二十七日に中止が伝えられる）。

天正十一年（一五八三）

六月条

一日、看経・読経などいつものとおり。衆中が皆、出仕してきたので見参した。折生迫《おりゅうざこ》一帯が、今年魚が捕れず、海人《あま》など下々が迷惑しているらしい。そこで、折生迫に天神を建立し、そこに祈念すれば必ず魚が捕れるに違いないと、下々の者たちが言い立てていると聞いたので、読経などし、和歌二首を奉納することにした。

なべて世を救ハんとてハ魚にだに なれるを神のこゝろとぞ聞《きく》

〔すべて世を救おうとして魚にさえも姿を変えるのが神の心なのだと聞いているよ〕

天満《あまみつ》る神に任《まかせ》て曳《ひき》やせん 朝夕しほの網のうけ（浮）縄

〔天神に豊漁を委ねて曳くのだろうか。朝と夕に潮が満ちる海で、漁網と浮きをつないでいる綱を〕

などと詠んで、明後日三日、神楽を開催するよう祈念した。短冊の下絵は、前は松に帰帆の様子、これは折生迫の景色。後ろには波にうけ縄(1)の絵であった。それを題として歌を連ねた。まことに、神慮もきまりが悪いとお考えになるだろうと、大笑いした。

（1）**うけ縄**　浮きをつけた漁網。

この日、杉山新左衛門尉《すぎやましんざえもんのじょう》(2)の座敷の壁塗りが完成し、暇乞いして帰って行った。お骨折りいただいたということで、銭百疋を与えて帰した。

二日、いつものとおり。都於郡から来た番匠、柿置飛騨拯《かきおきひだのじょう》が暇乞いして帰って行った。

この日も、造作などを見物して暮らした。許三官から医方（医術）を少々習った。

三日、毘沙門の宝前にて法華経を読誦した。やがて、堂参衆を茶の湯でもてなし、雑談。

この晩、天気がいいので、江田(3)に網舟を出すという。「養生のため、じっとしていたので、そっと慰みに下るのもいいだろう」と許三官もいうので、新《しん》別府《びゅう》まで(4)下った。谷口和泉拯《たにぐちいずみのじょう》のところに留まった。鎌田兼政・上井兼成・上井《うわい》神九郎《じんくろう》が同心した。許三官も同心した。亭主がいろいろともてなしてくれ、夜更けまで雑談していた。谷口和泉拯の二男に名前を付けて欲しいといわれたので、「与一」と付けてやった。

また、この日は父上井恭安斎から安楽阿波介を使者として助言があった。内容は、二日ほど前、阿波介を使者として父に申し入れた条々を詳しく聞き、「病気ということで、世間体も考えると加判役（老中）を辞職するのがいいだろう」とのことであった。とにかく拙者の考え通りにやれとのことであった。

四日、江田・新別府の漁船が全部出漁した。我々も柏原左近将監・野村大炊助

(2) **杉山新左衛門尉**　五月十二日に縣（延岡）から来た職人。

(3) **江田**　宮崎市阿波岐原町・大字塩路付近。

(4) **新別府**　宮崎市新別府町。

などが来て、そのほか多くの衆中も同心して浜辺に出て、渚に魚を引き寄せるのを見て慰んだ。それからまた、谷口和泉拯のところに戻り、服薬した。また亭主がいろいろと振る舞ってくれた。

この日、鹿児島に老中辞任を申し出る件の談合のため、弟上井秀秋のもとに山本備前拯を派遣していたのだが、彼が帰ってきたので意見を聞いた。弟も「病気ならば辞任はもっともである」とのことであった。

この晩、江田大宮司(5)からよばれたので、彼のところでいろいろともてなしを受けた。夜になって皆同道して帰宅した。

五日、いつものとおり。許三官が、今年飲む分の拙者の薬を調合するといって、二十人ほどで薬種を茶臼で挽かせていたので、これを見物した。

この日、許三官は内山(6)地頭の野村文綱殿からよばれて、一泊してくると出て行った。

この晩、坪弓場で暮的をやった。平田増宗《ますむね》が、拙者のご機嫌伺いに来られた。直接拙者のところに来るよう申したのだが、炎天のため気分が悪いとのことで小宿に入られた。加治木但馬拯を使者として到着のお祝いを伝えた。平田からも隈本主馬允《くまもとしゅめのじょう》を使いとしていただいたので、酒を振る舞った。平田光宗・歳宗《としむね》父子からの伝言を承った。

六日、いつものとおり。平田増宗《ますむね》殿がお出でになった。まず、拙者夫婦が対応して三献で参会。その後、衆中など大勢も出てきて雑談など。やがて、食《めし》が出

(5) **江田大宮司**　江田神社（宮崎市阿波岐原町）の宮司。

(6) **内山**　宮崎市高岡町内山。

てきたので一緒に食べた。席次は、客居に平田増宗・敷祢越中守・長野淡路守・隈本主馬允、主居に拙者・柏原左近将監・鎌田兼政であった。平田増宗殿から樽一つと肴をいろいろ頂いた。三返目にそれをお出しした。平田殿が酌をした。それから拙者もすぐに酌をした。いろいろな肴で数返酒をいただいた。その後、皆遠亭で休憩。

この日、金剛寺と鎌田兼政を両使として、拙者の加判役（老中）辞職願について鹿児島に派遣した。条々の存分を申し上げることにした。追ってこの件が落着したならば、日記に書くつもりである。

この日、未刻（午後二時頃）、風呂を焼かせ、平田増宗殿を入れた。同席した人衆は今朝と同じ。皆々そのまま滞在していた。風呂が済んだ後、点心。いろんな肴で終日酒・茶などであった。

この日、二堞（覚兼の母）は紫波洲崎からお迎えが来たので、平田増宗と面会した後、紫波洲崎に帰っていった。

平田増宗の伝言により、義久様の上意が伝えられた。その内容は、「長々の病気、気の毒である。そこで、養生のため許三官に命じて（覚兼のもとに）遣わした。現在の体調はいかがであろうか。自分の気分も、昨年の冬以来、薬などたくさん飲んだのだが、その効果はなく、さまざまな祈祷・立願によってようやく今は平癒した。覚兼もなにか祈祷・立願などするのがいいだろう」とのことであった。まことに身に余る上意であり、言い表せないほど感激した。

この日の夕飯も一緒に食べ、拙宿に今夜は泊まった。夜更けまで雑談。

七日、いつものとおり。衆中らが、平田増宗殿が来たというので、会いに来た。本庄八幡(7)の財林坊《ざいりんぼう》が、平田増宗と拙者に酒を持ってきた。

この日、平田殿と同心して川遊びに下った。川縁のそこかしこで酒・茶の湯で慰んだ。

この晩、名手八幡《みょうではちまん》(8)の下に桟敷《さじき》を構え、衆中で坂迎え(9)をした。めしが済んだ後、いろんな肴をいただき、数返酒を飲んだ。その後、夜になって皆帰った。

八日、薬師如来に看経・堂参などいつものとおり。平田増宗殿へのもてなしに的、弓数三十張ほどであった。終日、酒と茶の湯で的。

九日、いつものとおり。この日、恒例の茶的。和田江左衛門尉が的前《まとまえ》(10)であった。平田増宗殿も射た。ここかしこから酒など持参してきて、いろいろと慰んだ。

十日、いつものとおり。先日、金剛寺と鎌田兼政を鹿児島に行かせた。おそらく本日、訴えを披露しているだろうと思い、心易《しんえき》(11)により占ってみた。本卦は地雷(12)。復卦であった。変卦は震卦(13)。互卦重坤《ごかじゅうこん》であった。いい占いとなったので、頼もしく感じた。

この日、平田増宗殿がお帰りになった。許三官も帰った。遠方まで来ていただいたお礼に、脇刀一つを与えた。「鎌倉」であった。薬調合の礼物は、銀子を与えた。

この日は終日、細工など見物。この日、吉利忠澄《よしとしただずみ》殿から、「その後、気分は

(7) **本庄八幡** 現在の宮崎県東諸県郡国富町大字本庄にある八幡宮のことか。
(8) **名手八幡** 現在、宮崎市下北方町にある名田神社のことか。
(9) **坂迎え** 遠い旅から帰る者を村境に出迎えて酒宴をすること。
(10) **的前** 的の準備担当カ。
(11) **心易** 筮竹《ぜいちく》を用いず、見聞する事象によって象《かたち》あるいは数を取って卦《け》を起し、殊に年月日時の数をもって卦を立てる。卦とは、易で算木に現れる形象。これによって天地間の変化を表し、吉凶の判断をする。
(12) **地雷** 地雷復《ちらいふく》「どのように動いても障害はない。仲間が集まってきて問題はない」という運勢（「易経ネット」）。
(13) **震卦** 震為雷《しんいらい》「願い事はかなう。雷は鳴り響くとびくびくと恐れ驚くが、治まると安心して笑い声が起こる」という運勢（「易経ネット」）。

いかがですか」と使者をいただいた。瓜をたくさんいただいた。また、連歌百韻(14)と抜句を少々見て欲しいとのことで、持参して来ていた。抜句はすぐに見て、自分の意見を細々と書き付けて送った。「百韻は追って意見を返す」と申しておいた。

十一日、いつものとおり。柏田八龍《かしわだはちりゅう》(15)にて、竹篠山衆が雨乞いをしたところ、終日大雨となった。みな大喜びであった。五月一日頃から今日まで、一日も雨が降らなかったのである。

十二日、いつものとおり。薬師への読経を特におこなった。あわせて竹篠の薬師(16)に参った。それから大門坊《だいもんぼう》(17)にて終日、雑談。いろいろともてなしをうけた。将棋などした。また、高野山の釈門院が、宇治茶・竹田の牛黄円二貝を持参して来た。いろいろと京あたり、高野山あたりのことを話してくれた。西方院も酒持参でやってきて、雑談。申刻（午後四時頃）に帰ってきた。坪弓場で若衆たちが的を射るのを見物。この日から服薬。

十三日、いつものとおり。鹿児島に奥右京亮《おくうきょうのすけ》を使者として遣わした。内容は、「大中《だいちゅう》様（島津貴久）の法事で取り乱れている事と推量いたします。伺候すべきところですが、養生中なのでやむを得ません。先日、伊集院忠棟から書状にて、『鹿児島の酒が在庫切れになっているので、樽五十程こちらで準備して送るように』と承りました。いろんな所に尋ねましたが、日向国も在庫切れであり、ようやく樽二十を私的にお送り申し上げます」と。

(14) **連歌百韻**　一巻が百句からなる詩歌。
(15) **柏田八龍**　宮崎市大字瓜生野に現存する八龍神社（八坂神社）。
(16) **竹篠の薬師**　現在の王楽寺本尊である薬師如来像。
(17) **大門坊**　竹篠山の塔頭のひとつ。

この晩も、細工や暮的など射させて見物して慰んだ。茶の湯や将棋・囲碁などでいたずらに一日を過ごした。

十四日、いつものとおり。この日も番匠・金細工・刀鞘《かたなさや》細工・塗物師など、いろいろとさせて見物。鉄砲台については、とくに拙者自ら意見を述べた。

一昨日、江田に盗人がでた。すぐ犯人が発覚したので、沙汰人《さたにん》(18)らの判断で押しかけて成敗しようとしたところ、逃げてしまったと、昨日報告があった。そこで、寺田壱岐守・谷山仲左衛門尉《たにやまちゅうざえもんのじょう》・山本備前守を派遣して、日記(19)など付けさせた。盗人は、村尾越後の百姓と、東木隼人佑《ひがしきはやとのすけ》家中の者であった。両盗人には妻子と馬があった。「今年の年貢も、領主の取り分はやむを得ないが、盗人の取り分や売地などがあれば役所で没収するので、厳しく糾明するように」と、東木隼人佑に命じて帰した。

この日の朝、今晩、相手振る舞いの暮的をやるということで、若衆中がこちらを証人に鬮《くじ》をおこなった。その際、報恩寺が酒を持参して来たので、皆で賞翫した。

この日、目曳口《めひきぐち》(20)の弓場にて、終日、的。相手振る舞いだったので、皆思い思いの珍しい肴や珍しい酒を持参して慰んだ。

この晩、金剛寺・鎌田兼政が帰ってきた。拙者の桟敷にて義久様のご返答を承った。「長々療養中とのことなので許三官を派遣した。そうした養生もあって最近は少し良くなったであろうか、心配していた。すると、『加判役（老中）

(18) **沙汰人**　追捕の役人。

(19) **日記**　調書、報告書カ。

(20) **目曳口**　宮崎城の登城口のひとつ。城の西側、現在の宮崎市上北方町字目引。

を辞職したい』とのこと。病気であること、また、伊勢・熊野などへの参詣・立願成就のため、さらには、『今は御恩（義久から受けた恩恵）により十分な身分・地位を得ているにも関わらず病気になったので、役を召し上げられ、欠ける部分[21]があれば、自分の身の上も安全になるのではないか』との辞職理由をつぶさに聞いた。病気を理由とする辞職願なので、おまえの気持ち次第なのだが、自分（義久）の考えを聞かないわけにはいかないとのことなので、詳しく申し述べる。病気だから加判役をやめたいというのはもっともである。しかしながら〈役人にて何と様に罷成候共〉（意味不明）、これもやむを得ない。ただ、立願成就については、加判役のまま上洛している衆はたくさんおり、いま辞職しないと上洛できないというのは、私的な理由である。また、加判役をやめることで、〈天道十分之儀〉を欠けるようにしたいと考えているようであるが、これは自分（義久）の考えによれば、今以上にひたすら奉公に精を出すよう心掛ければ、天道に叶うのではないか。かえって、役（老中）を免じられて悠々と暮らすことのほうが、天道に背くことになるのではないか。特に日向国のことは、格別におまえを頼りに思い、宮崎に召し移したのだから、今になって加判役を辞職したいからといって、これを解くことはまったく承認できない」とのご返事であった。

また、両使（金剛寺と鎌田兼政）から、拙者が先日、申し含めた寄合中（老中）への申し入れへの返事もあった。老中からは、「条々もっともだと思う。しかし、

（21）**欠ける**　老中という高位の役職を失うという意味。原文は「闕」と表記。

覚兼が加判役をやめることで、十分を欠けさせたいとの考えは、義久様がひたすらご奉公するようにと仰られているからには、やむを得ない」とのこと。こちらからは、「今は鹿児島から遠方に罷り移り、寄合中の朝夕のご奉公も同じようにはできない。そして、さまざまな判断（政策決定）についても、納得できることも、納得できないことも、一言申し上げることも出来ない状況で、〝役人（老中）〟といっても名ばかりであると、世上の人々からは評価されているだろう。義久様からの深いお情けをいただきながら、さらに天道に背くことを恐れています。そこで、役を欠けるようにしたく、もう一度この一ヶ条、なにとぞよろしくお願いします」と寄合中に両氏から申し上げた。これに対し寄合中は、「覚兼の道理は詳しく聞いたが、直接、義久様のご返事があったからには、本人ではなく両使から覚兼の考えを申し上げるのは、出過ぎたことであろう。まずは宮崎に帰って、覚兼に義久様からのご返事を伝え、さらに言いたいことがあるのならば、病が回復次第、覚兼自身が参上して辞職願をするのがいいのではないか」と返答し、両使は力及ばず、帰ってきたとのことであった。鹿児島での取次は、奏者の税所篤和と伊地知《いじち》重秀《しげひで》[22]の担当だった。

　ご趣旨を承ったのち、金剛寺と桟敷にて酒を数返飲んだ。日が暮れてから弓場から帰った。

十五日、看経・読経などいつものとおり。衆中各々を呼んで見参した。老者には茶を出して参会。

(22) **伊地知伯耆守重秀**　?〜一五九四。伊地知又八の子息。奏者。

十六日、いつものとおり。この日、相手振る舞いの暮的であった。いろいろと酒・肴で慰んだ。佐土原の島津家久から、来る二十三日、能をやるとのことで、道具を借りに来た。

十七日、いつものとおり。金剛寺には鹿児島への使者としてご苦労をおかけしたので、鎌田兼政に頼んでお礼に行ってもらった。

この日、上野弥左衛門尉から「細工をどんな感じにしましょうか」と言って来たので、持ってこいといったら、鍔《つば》（義久から依頼された鍔）を持参してきた。いい感じに見えた。やがて完成するとのことであった。あまりに毎日、炎天が続いてつらいので、少し休んでいけといって、終日茶の湯・酒、また碁で遊んだ。

十八日、観世音に特に読経。その後、堂参した。それから鎌田兼政を坂迎え。そちらで野村大炊兵衛尉などとしばらく雑談などした。

この日、佐土原の島津家久に、加治木雅楽助《かじきうたのすけ》を使者として申し入れた。「二日前にご使者をいただきありがとうございます。来る二十三日は大中様（貴久）の法事のため、能をされるとのこと。それについて、新納武久《にいろたけひさ》殿[23]をはじめとして各所の地頭など、能に参加するようご命じになったとのこと。早めに仰っていただければ、こちらの若衆などに命じて伺候させましたのに。つきましては、家久公の御曹子（島津豊久《しまづとよひさ》[24]）が鼓《つづみ》を担当されるとのことで、鼓を借りたいとのこと。拙者は鼓を持ち合わせておりませんが、鼓によい皮を一丁持っているので、お贈りします。お気に召しましたら幸いです。あわせて、刀もご所望との

(23) **新納四郎武久**　一五三〇～？。新納本家第九代忠茂子息。母は島津薩州家忠興三女ヵ。日向国富田地頭（宮崎県児湯郡新富町）。

(24) **島津豊久**　一五七〇～一六〇〇。この年、十四歳。この時は豊寿丸。元服後は又七郎忠豊と名乗る。

こと、見苦しい品ですが、太刀・脇刀に十柄をお貸しします」と伝えた。

この日、新納武久が、久しく無沙汰しているとのことで、体調をうかがいに来られた。やがて、素麺《そうめん》で参会。席次は、客居に新納殿・敷祢越中守・お供衆・同名衆、主居には拙者・鎌田兼政であった。いろいろな肴で酒をいただいた。三献目でご持参の酒を出した。やがてお酌をしていただいたので、こちらもお酌をした。長々と雑談をしてお帰りになった。

この晩、鹿児島に派遣していた奥右京亮が帰ってきた。「法事にあたり酒が在庫切れのところ、樽十を送ってきたこと祝着である」とのことであった。伊集院忠棟からも特に御礼状をいただいた。

加治木雅楽助が佐土原から帰ってきた。家久公からは「御用などお願いしたところ、早速お贈りいただき、祝着である」とのことであった。先刻のご使者は、矢上弾正忠《やがみだんじょうのちゅう》であり、趣旨を聞いてくれたとのことである。

十九日、念仏などいつものとおり。恒例の掃地・普請などさせた。

この日、茶の湯的であった。弓数五十張ほどであった。終日慰んだ。弓に参加できなかった衆は、碁・将棋を楽しんだ。伊集院忠棟からの書状を、曽井（地頭比志島義基）に持たせた。

二十日、いつものとおり。終日、細工など見物。また、碁・将棋など。

二十一日、念仏などいつものとおり。夕方、北の方からこちらの役所にむけて、火玉《ひだま》などと世間がよんでいる物が飛来してきたと下々の者が申しているので、占ってみた。本卦は火山旅《かざんりょ》(25)、変卦は火地晋《かちしん》(26)であった。卯刻（午前六時頃）に占った。火の占いが見えたので、すぐに西方院に〈違《たがえ》〉(27)を頼んだ。未刻（午後二時頃）、西方院から〈恠違《けたがえ》〉(28)の札をいただいた。

二十二日、祈念などいつものとおり。馬の湯洗いをさせて見物するため、瓜生野に下った。八郎左衛門尉《はちろうさえもんのじょう》がいろいろともてなしてくれた。その後、金剛寺に、先日鹿児島に使者として尽力していただいたお礼に参った。風呂を焼いてくれて、その後、茶の湯などでいろいろともてなしを受けた。夜更けになって帰った。

二十三日、佐土原の大中寺《だいちゅうじ》(29)にて、十三回忌の法事のため能を興行するとのことなので、早朝に出発し見物に出かけた。弓削太郎左衛門尉のところに宿をとった。朝食を振る舞われた。その後、茶の湯でいろいろともてなされた。未刻（午後二時頃）から能が始まった。家久公がいらっしゃる席に参るべきであったが、体調がいまだ優れないので、理由を申して私の桟敷で見物。すると、家久公から長野下総守を使いとして、到着を伝えてきた。その上、食籠肴と樽一荷をいただいた。家久公が見物する場所から拙者も見るよう頻《しき》りに誘われたが、療養中だといってお断りした。しかし、それでも来るようにと誘われ、ここまで言われて自分の桟敷で見物するのはあまりに失礼になるので、長野下総守に連れられて、家久公の桟敷に行った。食籠肴で樽一荷を差し上げた。家久御座所からの見物衆は、大中寺の東堂・そのほか諸出家衆・吉利忠澄（入野地頭）・比志《ひし》島義基《じまよしもと》（曽井地頭）・鎌田政心《かまたまさむね》（財部地頭）・山田有信《やまだありのぶ》（高城地頭）これらの衆であっ

(25) **火山旅**　「旅に出る。小さなことなら願いはかなう。旅の正しい道を守れば吉」（「易経ネット」）。

(26) **火地晋**　「康侯《こうこう》がその功績により多くの馬を賜り、一日に三回も接見を許されている」（「易経ネット」）。

(27) **違**　凶事を避ける祈祷ヵ。

(28) **恠違**　怪異避けヵ。

(29) **大中寺**　大中は島津貴久の戒名であり、貴久の菩提を弔うため家久が建立したとみられる。近世都於郡城下に同名の寺院が存在したが、ここにみえる寺は佐土原城下にあったようである。

た。皆、酒を進上していた。狂言の際、銘々に持参した。

能の番組は、葛城《かつらぎ》・通盛《みちもり》・井筒《いづつ》・西王母《せいおうぼ》・五条《ごじょう》・夕顔《ゆうがお》・当麻寺《たいまでら》・朝皃《あさがお》・自然《じねん》居士《こじ》・百万《ひゃくまん》・田村《たむら》であった。

家久子息ご兄弟（豊久・忠直《ただなお》(30)）が能をされた。鼓・大鼓などを担当された。新納武久（富田地頭）も鼓・大鼓を打たれた。吉利久金《よしとしひさかね》（倉岡地頭）・平田宗張《ひらたむねはる》（穂北地頭）などは、〈大夫かた〉など一番なされた。能はようやく薄暮に終了した。その後、宿に帰って調えていたところ、家久公から御使が来た。「見物にきてくれ、炎天下でとくに大儀であった。明朝、御城（佐土原城）に来るように」とのことであった。御使に対し、「仰せがなくとも明朝参上すべきところですが、療養中で差し障りがある」と説明し、今夜のうちに帰宅することにした。本田治部少輔・柏原左近将監が同道した。輿の上で読経などして、新名爪《にいなづめ》で月を待ち取り、帰宅した。

この日から、和田口(31)を修理する普請を始めた。

二十四日、地蔵菩薩に特に看経などした。この日、瓜生野《うりゅうの》天神(32)の弓場にて振る舞い的であった。夜に入って帰った。いろいろと酒と肴が出た。

二十五日、天神に特に看経などした。この日の朝、宇治から藤村勘丞《ふじむらかんのじょう》(33)が、義久様にお茶を進上に来られた。その路次なので、拙者に挨拶に来られたとのこと。別途、お茶を五袋持参いただいた。すぐにお会い、酒で寄り合った。拙者の道具を見たいと懇望されたので、数種類お見せした。その後、ご持参いただ

(30) **島津忠直** 一五七四～一六二一。この年十歳。島津家久二男。幼名鎌徳丸。天正五年（一五七七）十一月十日、嗣子のいない東郷重尚（薩摩国東郷領主）の猶子となる。初名重虎、後年忠直・忠仍《ただなお》と名乗る。

(31) **和田口** 宮崎城の南側、現在の宮崎市池内町字後吾田《わだ》の登城口。

(32) **瓜生野天神** 宮崎市大字瓜生野にある上野天満宮のことか。

(33) **藤村勘丞** 京都で活動していた茶師。

いたお茶を賞翫した。

やがて、藤村勘丞が茶の湯を一席設けてくれて、持参のお茶で点ててくれた。大乗坊（住吉社大宮司）・鎌田兼政・拙者が座について飲んだ。もちろんながら、すばらしかった。金細工師も同道しており、面会した。扇子・帯一筋をいただいた。

この晩、目曳口の弓場にて、昨日、瓜生野であった的の返報があった。

二十六日、いつものとおり。藤村勘丞がまたやってきた。無上《むじょう》[34]二袋を持参して来た。終日茶の湯で雑談などした。今夜、拙宿に藤村勘丞は泊まってもらい、またまた茶の湯など。

二十七日、いつものとおり。この日の朝、また藤村勘丞を茶の湯でもてなした。

この日、恒例の茶的。藤村勘丞の路次の曳付状[35]、また鹿児島へも寄合中への引付の一通をしたためた。泉長坊（鏡）へみんなで赴いた。

この日、前日、大口[36]の新納忠元に対し、忠元子息忠堯《ただたか》[37]が有馬にて思いもかけず戦死したとの情報を受け、同情する旨伝えた使者の寺田壱岐守が帰ってきた。

この日、和田口普請が完了した。

二十八日、看経など特におこなった。藤村勘丞を田野まで送った。この日も的。

二十九日、いつものとおり。奈古神社の〈おはらい田〉[38]は、ここ二、三年、我々がしっかりと把握しておらず、〈門廻《かどめぐり》〉[39]のように定めていたところ、相論がおきてしまった。この件について詳しく調べてみると、百年前から地頭が支配し

（34）**無上**　宇治茶の品種。

（35）**曳付状**　通行手形。もしくは身分を保証した文書。

（36）**大口**　鹿児島県伊佐市。

（37）**新納刑部大輔忠堯**　一五五四〜八三。大口地頭新納忠元嫡男。この年六月二十三日、龍造寺氏に寝返った深江城の安富純泰を攻撃中に討死。享年三十。

（38）**おはらい田**　なんらかの神事用途の田ヵ。

（39）**門廻**　門（島津家特有の生産単位）ごとに毎年交替で務めるという意味ヵ。

ているところのようなので、今後は地頭が支配することに決まった。

晦日（三十日）、いつものとおり。奈古八幡・瓜生野八幡の夏越《なごし》(40)の祭礼があった。名代を命じて社参させた。穂村の住吉(41)も祭礼があり、あわせて遷宮の槌打《つちう》ち(42)があった。大工は安藤土佐守《あんどうとさのかみ》。いろいろと遷宮の規式があり、日記で申してきたが、これらの脇の遷宮をそのようにはできないと、堅く命じた結果、このような形式となった。鳥目三百疋(43)ほどの予算でだいたい出来そうである。

この日、紫波洲崎城の父恭安斎のところに、ご無沙汰なので挨拶にいった。同心衆は、鎌田兼政・敷祢越中守・柏原左近将監・長野淡路守・関右京亮・弓削甲斐介《ゆげかいのすけ》・堀四郎左衛門尉・野村大炊兵衛尉であった。

この晩、紫波洲崎城の内城にて皆へ、もてなしがあり、いろいろと酒・肴が出た。拙者も酒を持参した。

(40) **夏越**　六月晦日に行う大祓の行事。

(41) **穂村の住吉**　住吉神社、宮崎市塩路に所在。この付近を当時、穂村と称していた。

(42) **槌打ち**　木槌で棟に棟木を打つ儀式。

(43) **鳥目三百疋**　十文で一疋なので、三〇〇〇文。一文一〇〇円で換算すると、約三〇万円。

【解説】

一日、覚兼領の折生迫が不漁続きで漁民が困っていたようであり、天神に奉納する和歌を二首詠んでいる。こういった撫民《ぶみん》も領主の大事な仕事だったことが分かる。

三日、地引き網に誘われ、新別府の谷口和泉拯宅でもてなされている。この時、覚兼は谷口の息子の名付け親になるなど二人は親しくなっており、この後、谷口は覚兼のまちづくりに貢献していくことになる。なお、現在

恐れ入ります
切手をお貼り
ください

880-0954

宮崎県 宮崎市
小松台西 1-3-5
ヒムカ出版
編集部 行

フリガナ　　　　　　　　男・女

お名前　　　　　　　　年齢　　歳

〒

ご住所

☎

E-mail（新刊のご案内などをご希望の方はお書き下さい）

ご職業・学年

※ご記入いただいた個人情報は、今後の企画の参考として以外は利用いたしません。

このたびは、ご購入誠にありがとうございます。
よろしければ、ご感想、ご意見お聞かせ下さい。

この本の
タイトル

1. お求めになった書店

2. この本を何でお知りになりましたか？

3. この本についてのご意見、ご感想 または、
今後、読んでみたい本などありましたら
お聞かせください。

※ご感想を匿名で小社のHPやチラシなどに
掲載させていただくことがございます。ご了承ください。

イオンモール宮崎が立地する新別府町字池開《いけびらき》・江口遺跡では、十五～十六世紀の漁村が見つかっており、土錘《どすい》（漁網のおもり）など多くの漁具が出土している（『宮崎市文化財調査報告書第五九集 池開・江口遺跡』宮崎市教育委員会、二〇〇四年）。谷口和泉拯はこうした漁村のリーダー＝網元的存在だったとみられる。

覚兼は事前に弟上井秀秋に相談した上で、六日、主君義久に対し、老中（加判役）辞任願いの使者（金剛寺と実弟鎌田兼政）を派遣している。この結果が気になる覚兼は、十日に心易で占っている。覚兼は易の心得もあったようである。

十四日、使者が戻り、結局義久は辞任を許可しなかったことがうかがえるが、覚兼の辞任理由と義久の反論が興味深い。覚兼は自分の体調不良が老中という分不相応な役職についていることが原因であり、辞任して伊勢・熊野への参詣を希望したようである。その背景に「『天道十分之儀』を欠けるようにしたい」という独特な宗教観があることが興味深い。義久はこれを捉えて、奉公に専念することこそが天道に叶うと反論し、特に覚兼を信頼しているからこそ日州両院の担当老中として宮崎に派遣したと説得している。確かに信頼しているからこそ、自分の侍医を宮崎まで派遣したのだろう。

その後の老中（寄合中）との交渉からは、宮崎から鹿児島への参勤が難しいため施策決定に迅速に参加できない事への懸念が示されており、こちらが本音であろうか。なお、戦国期特有の「天道」の観念については、神田千里『戦国と宗教』（岩波新書、二〇一六年）に詳しい。

十一日、柏田八龍で竹篠山（現在の王楽寺）衆が雨乞いをしている。この神社は現存しており、戦国期から雨乞いで知られていたようである。

十二日、高野聖が宮崎に来て、「竹田の牛黄円二貝」などを購入し、京都情勢を聞き出している。貴重な薬や情報がこうした廻国僧によってもたらされている実態がうかがえる。

二十一日には火の玉が飛んでいる。魚の不漁、日照りなど天変地異が続いていたようである。

二十三日、佐土原の大中寺にて、島津家久主催の大中公（家久の父貴久）十三回忌の奉納能が行われ、覚兼も見物している。家久子息ご兄弟（のちの豊久十四歳・のちの忠直十歳）が鼓・大鼓を担当している。

天正十一年（一五八三）

七月条

一日、看経など特におこなった。紫波洲崎《しわすざき》城の弓場にて弓のこと。宮崎から同心した衆が談合して、地下衆への振る舞い的。酒と飯にて終日慰《なぐさ》んだ。弓数は六十張ほど。

二日、いつものとおり。昨日の的の返報。この日の朝、まず中城にて振る舞いがあった。同心衆も皆呼び寄せた。それから弓場に皆出て、二立、三立したところで雨が降ってきた。それから弓場近くに風呂があったので焼かせて、皆入った。兒玉隠岐掾《こだまおきのじょう》のところで、各々の支出で終日もてなされた。衆中たちも同前であった。

三日、毘沙門に読経など特におこなった。この日、加江田の伊勢の弓場にて、加江田衆が弓のことをおこなった。衆中同心にて、そちらに赴き、終日的。酒や飯がいろいろでてもてなされた。円福寺・木花寺などから酒をいただいた。弓数は八十張ほどであった。

四日、いつものとおり。同じく弓場にて、紫波洲崎衆が弓のことをおこなった。恭安斎も下って来られた。ここでも酒・飯にて終日もてなされた。

五日、いつものとおり。肝付兼寛から久しく無沙汰しているといって使者が来た。酒と肴を送っていただいた。使者には、遠方までご苦労ということで、肩衣《かたぎぬ》(1)を与えた。

　この日、鹿児島に人を遣わし、伊地知重秀《いじちしげひで》・税所篤和《さいしょあつかず》・阿多忠辰《あたただとき》らが、今年の諏訪社頭前《とうぜん》(2)なので、鮑《あわび》五十ずつを贈った。藤村勘丞・許三官などへも鮑を挨拶に届けさせた。この日、番的をおこなった。上井神次《うわいしんじ》が茶の湯でいろいろともてなしてくれた。

六日、いつものとおり。この日の朝、木花寺から招かれた。柏原左近将監《かしわばるさこんのしょうげん》・長野淡路守・野村大炊兵衛尉《のむらおおいひょうえのじょう》・堀四郎左衛門尉・弓削甲斐介も同心した。いろいろともてなしを受けた。点心のあと、宮崎に同心衆は帰した。敷祢越中守はこの日の早朝に帰った。鎌田兼政は昨日帰った。この晩も的。寺田淡路守《てらだあわじのかみ》が酒・肴を持参して来た。

七日、いつものとおり。吉日だったので、加江田の古城(3)は重要な場所なので、こちらで城を構築し、人数を配置しようと思い、登って詳しく見分した。安楽阿波介のところでまず三献。その後、飯をいただき、いろいろともてなしを受けた。帰って、伊勢祭礼に参拝。その後、番的。上井玄蕃助《うわいげんばのすけ》が茶の湯を点ててくれて、いろいろともてなされた。この夜、円福寺に参った。物語など聞いて、この夜は泊まった。

　この夜、清武（地頭伊集院久宣）から佐多紀伊介《さたきいのすけ》・有田大炊左衛門尉《ありたおおいざえもんのじょう》がこちらに逗留していると聞いてやってきた。

(1) **肩衣**　袖のない上衣。武士の礼服。

(2) **頭前**　頭役《とうやく》（祭礼・神事に関する任務）。

(3) **加江田の古城**　加江田車坂《くるまざか》城《じょう》。宮崎市学園木花台南二丁目付近にあった山城。現在の学園木花台小学校付近であり、同校校門に案内板が建立されている。

この日の歌。市来野川原毛に乗馬しながら、

旅ながら休むけふ《（今日）》のミ七夕に かさなん天の川原毛の駒

〔旅の途中ではあるが休んでいる今日だけは、七夕のために貸して欲しい。天の川の河原に川原毛の色の馬を〕

また俳諧に、

かさばやもかひこそなけれ七夕に 旅の衣の着替あらねバ

〔貸したいものであるが、それができないのである。七夕の今日、旅の服の着替えがないので〕

と詠んで戯れた。

八日、早朝から朝狩に出た。猪は見えたのだけれども、めぐりあわせが悪くて、みな射撃を外した。帰る途中、円福寺から誘われたので参って、斎を振る舞われた。それから閑談。

鹿児島から書状が到来した。「寄合中（老中）から誰か一人、八代表に二十日間在番するよう、義久様から命令が出た。おそらく覚兼が順番のようなので、回復しているようならば出発するように」とのことであった。これに対しては、「義久様のお考えに従って出発すべきですが、長々と患っており、遠路でもあるので、今月中の出発は出来ません。八、九月の在番ならお引き受けいたします」と返事しておいた。また、御会所《ごかいしょ》(4)造作用の材木は、すべて槙《まき》(5)がよいとのことなので、こちら（日州両院）に命じるとのことで、切符(6)を持ってきた。さらに、

（4）**御会所**　御内の建物ヵ。
（5）**槙**　ヒノキまたは杉。
（6）**切符**　材木の割り当て表。

拙者の鹿児島仮屋に、飛脚使を置いておくようにと先日命じられたので、現在用意してあるのだが、「覚兼の親類中か、ある程度の身分の者をちゃんと置いているのか、不審であり、どうなっているのか」と問い合わせがあった。これに対し、「拙者が一人で御用を受けて書状をいただくことは稀であり、だいたいは日州中（日向国全体）に対し命じられることのみである。にもかかわらず、拙者の仮屋一人だけで書状を持参することは出来ない。誰かほかにも命じられるのならば、同じように飛脚使を負担すべきである。ただ、この件は鹿児島に参上した際、詳しく申し上げるつもりだ」と返事しておいた。曽井・穆佐への書状も持参してきていた。

　この晩、宇治茶を皆へ振る舞った。その際、田秀庵《でんしゅうあん》・神護寺《じんごじ》から食籠を肴に酒をいただいた。また、渡川殿がしばらく無沙汰しているということで、鹿皮を持参して来た。

九日、いつものとおり。若衆たちが朝的《あさまと》をやっていたので、見物。この日、安楽長門守《あんらくながとのかみ》が番的の担当だったので、いろいろと振る舞ってくれた。ここかしこから酒など届いて、終日慰んだ。

　この夜、祖山寺《そさんじ》（7）に参った。いろいろともてなしをうけて閑談した。この夜は、祖三（山）寺に泊まった。

十日、いつものとおり。祖三（山）寺が朝食を振る舞ってくれた。いろいろともてなしをうけて雑談。

（7）**祖山寺**　曽山寺。宮崎市大字加江田にあった寺院。現在のＪＲ日南線曽山寺駅の南側付近にあったとみられる。

この日、隈江右京亮《くまえうきょうのすけ》が的の担当であった。いろいろと振る舞ってくれた。猿渡信孝《さるわたりのぶたか》・柏原左近将監・関右京亮が拙者に用事があるとのことで、宮崎からやってきた。桟敷《さじき》で会った。終日酒など。

この日、加治木雅楽助が鹿児島から帰ってきた。先刻、それぞれへ肴（鮑）を贈ったことへの返信などを持参して来た。

伊集院忠棟から書状をいただいた。「八代主取《しゅどり》(8)のことは、平田光宗に決まった。しかし、今月中は伊集院の御頭前（諏訪社祭礼の担当）であり、そちらで手一杯である。来月早々に到着するように。その際は、彼表（八代）の見回りのため、覚兼が出発するように」とのことであった。また、「鹿児島諏訪社の祭礼に、二町衆(9)は皆、烏帽子《えぼし》上下で伺候するよう、日州両院に命じるように」とのことであった。また、「宮崎にある伊勢社領は、今年の収穫見舞(廻)(10)に、西俣七郎左衛門尉と、覚兼 曖《あつかい》(11)の衆中一人に命じる」とのことであった。

十一日、いつものとおり。上原尚近《うえはらなおちか》（飫肥地頭）から、飫肥衆中の上野壱岐守《うえのいきのかみ》を使者として連絡があった。今回の鹿児島での談合に、拙者が療養中のため招集されなかったので、談合の内容を細かく寄合中からこの使者を通じて伝えよとのことである。

談合の内容は、

一、八月になったら、必ず肥後表にご出陣となるであろう。そこで、日州衆は家久公の指揮下とする。

(8) **主取**　在番。
(9) **二町衆**　所領を二町宛行われている者。
(10) **収穫見舞**　検見《けみ》（米の収穫前に役人が稲の出来を調べ、その年の年貢を決めること）。
(11) **曖**　配下。

一、兵船・無足衆は、可能な限り精一杯動員すること。二町衆は自分ひとりの負担で、一町衆は二人一組で負担して出陣するように。弓・手火矢の用意、そのほか諸々はいつものとおりである。合戦の日程や作戦については、追って命じる。

一、おおまかな作戦は、肥後表で当作(12)をやる予定である。また、有馬口に出陣すべしと主張する者もいる、とのことである。

以上の内容を詳しく聞いた後に、酒で寄り合い、使者を帰した。

この日、紫波洲崎城に衆中同道で登城した。すると、幸若弥左衛門尉《こうわかよざえもんのじょう》父子が来たので、仮屋を宿所とするよう命じた。この晩、拙者の宿に幸若弥左衛門尉父子を呼び寄せ、振る舞いをした。酒を飲む時に、一曲やってもらった。酒を数返が過ぎて、宇治茶などで寄り合い、夜更けまで雑談。

十二日、薬師に読経など特におこなった。この日、御崎寺から、幸若弥左衛門尉父子を連れて来いと誘われたので、参った。朝食を振る舞われた。その後、一曲やってもらった。演目は、先笛之巻《さきふえのまき》・鎌足大織官《かまたりたいしょくかん》などであった。舞が済んで、点心にて酒を数返いただいた。いろいろと乱酒となった。拙者からは太夫《たゆう》(13)に銭三百疋を与えた。

十三日、いつものとおり。幸若弥左衛門尉父子が清武にいくとのこと。出発の際、拙者も紫波洲崎城の麓まで一緒に下り、青島に連れて行った。鮑を採らせてみせ、その場で食べさせた。それぞれ鮑を賞翫しながら、酒を数返いただい

(12) **当作** 敵方が栽培中の収穫間近の米・麦を刈り取ること。

(13) **太夫** 能や歌舞伎などの格式が高い芸人。

た。その後、茶の湯で閑談。

その後、暇乞いして、幸若弥左衛門尉父子は清武に向かった。宮崎衆中も直接帰って行った。拙者は加江田で番的があるということなので、直接向かった。安楽阿波介が的担当で、いろいろと振る舞われた。殊の外、慰んだ。

十四日、いつものとおり。父恭安斎から加治木伊予介を使者として、「今日も加江田の的で逗留しているのだろうか。天気が悪くなるので、城に登るように」とのことであった。父の意見に従う旨返答した。円福寺から施餓鬼《せがき》[14]の酒だといって頂いた。終日、皆が酒など持参して来て雑談。

この日、清武（地頭伊集院久宣）・田野（地頭大寺安辰）に安田主馬允《やすだしゅめのじょう》を使者として、来月の出陣のこと、また諏訪社祭礼お供のことを伝えた。両所ともに了承したとのことである。

十五日、看経などいつものとおり。皆酒など持参した。いずれも伺候してきたものたちである。

この日、城に登るべく出発した。途中まで行ったものの、雨が絶えず降ってきたので、使者を城に登らせて留まった。この夜は、折生迫衆がみんなで踊りに来た。

十六日、いつものとおり。拙者が加江田にいるということで、市成掃部兵衛尉《いちなりかもんひょうえのじょう》殿が宮崎からやってきた。伊集院忠棟からの伝言を伝えにきた。

この日、宮崎に帰るつもりでいたのだが、恭安斎から「今日は出発するな」

（14）**施餓鬼**　餓鬼供養。先祖への追善として、盂蘭盆会に行われることが多い。

と言われたので、加江田に留まった。すると、円福寺・木花寺・祖三寺(11)そのほか諸出家衆が、拙者が逗留中ときいて弓を興行してくれて、的となった。酉刻(午後六時頃)から大雨・大風《おおかぜ》(15)となった。そこで、伊勢社の拝殿にて酒と飯で終日酒宴となった。この夜、ことのほか大風となった。

この日の朝、清武衆中の佐多紀州《さたきしゅう》・松下越州《まつしたえつしゅう》・堀泉州《ほりせんしゅう》がやってきた。

十七日、いつものとおり。大潮が満ちて洪水となり、伊勢社の前の橋が浮くほどであった。弓場で浪打ち、そうした洪水の様子など見て終日暮らした。

十八日、この日の朝も洪水の様子を見ていた。川魚が多く伊勢の前の田に揚がっているのを人々が捕っていた。まことに異常な光景であり、これらを見て慰んだ。未刻(午後二時頃)、紫波洲崎城に登って、大風・洪水の様子を父恭安斎に報告した。ことのほか豪華なもてなしを受けた。

この晩、加江田に帰った。暮れに雨が強く降ってきたので、内山の庵(16)に留まった。いろいろともてなしてくれた。

十九日、亭主が振る舞ってくれた。祖三寺(11)も相伴に来られた。いろいろともてなされた。この日、宮崎に市成殿を同道して帰った。途中、川(大淀川ヵ)が深くて苦労しつつも、帰着した。

二十日、帰ったということで、衆中がそれぞれ来られた。酒・肴など持参する人もいた。穂北(地頭平田宗張)・本庄(地頭川上翌久)などから風問《かぜとい》(17)をいただいた。曽井(地頭比志島義基)からも同様。

(15) **大雨・大風** 旧暦七月であり、台風とみられる。

(16) **内山の庵** 内山寺。宮崎市大字加江田字内山にあった寺院。しばしば覚兼が滞在している。

(17) **風問** 台風お見舞い。

この晩、若衆中が踊りに来たので見物。その後、酒を振る舞った。

二十一日、いつものとおり。

二十二日、いつものとおり。この日、瓜生野の天神の弓場(18)にて的があった。柏原左近将監・敷祢《しきね》又十郎《またじゅうろう》・長野淡路守・野村大炊兵衛尉が同心した。この夜、瓜生野に泊まった。瓜生野の衆と寄り合って、いろいろともてなされた。

この日、綾（地頭新納久時）から高崎名字の使者が来た。弓場にて面会し、酒で寄り合った。

二十三日、皆で朝的をした。それから宮の前(19)の弓場にて、「的をやりましょう」と皆が言い出した。八郎左衛門尉のところで、まずはもてなしを受けた。その後、弓場に行き、終日、的。そこらあたりの衆がことのほか豪華なもてなしをしてくれた。竹篠衆なども見物に来た。的が済んだ後、西方院が来て、「西方院で月待ちをしないか」と誘われたので、参った。いろいろともてなされた。終夜、盤の上などで月を待ち取り、帰宅した。

この日、都於郡（地頭鎌田政近）から二人の使者が来た。

二十四日、地蔵菩薩に特に読経などした。この日、八木《やぎ》昌信《まさのぶ》(20)が今月中、縣(21)に逗留しており、その帰る途中にこちらに立ち寄られた。ちょうどその時、「遊行同念上人が今、福島に逗留中であり、今月末には飫肥に移り、それから当国（日州両院）に移られるだろうから、案内するように」と、〈二之寮〉の使僧が伝えてきた。やがて、使僧とお会いし、上人から緞子一端・扇一本をいただいた。

(18) **天神の弓場** 上野天満宮（宮崎市瓜生野）にあった弓場。

(19) **宮の前** 上野天満宮前の弓場。

(20) **八木越後守昌信** 島津義久右筆。

(21) **縣** 延岡市、土持久綱領。

使僧からも小刀一に扇を添えていただいた。すぐにおもてなしした。席次は、客居に使僧、次にお伴の両人、その次に当所の師阿、主居に拙者、次に八木昌信、次に柏原左近将監であった。肴に冷麺をお出しした。いろいろな肴で酒を出し、八木昌信が持参した酒で酌をしてくれた。閑談して酒宴。使僧の宿に柏原左近将監を使いに出して挨拶した。

この晩、市成殿と茶の湯で寄り合った。野村大炊兵衛尉も同前。

二十五日、いつものとおり。鹿児島の祭礼のお供に衆中を派遣させるので、暇乞いをした。また、伝達してもらう御用の内容を伝えた。

この日、去る十五日に加江田から鹿児島に出した書状の返書が届いた。洪水のため往来に時間がかかったようである。去る十七日、鹿児島は大風が吹いたとのこと。そのため、殿中（鹿児島御内）の御亭（義久の住居ヵ）を始め、ことごとく吹き損じたようである。下々の家屋などはいうまでもないとのこと。よってご祭礼・ご社参の騎馬など今年は出来ないとのことで、こちらからのお供衆も不要であるとのことであった。それから、今朝出発した衆中は皆、田野から引き返してきた。

二十六日、朝、弓場の普請をさせた。すると、大乗坊（住吉社大宮司）がやってきて、住吉社の遷宮以降、まだ拙者が参宮していないので、見に来て欲しいとのこと。また、住吉社に弓場を普請したので的をやらないかとのことであった。「もっとも行くべきだ」と返事した。

この晩、穂村に下った。衆中十人ほどが同心した。穂村の衆中、また拙者悴者合わせて弓数五十張程であった。大乗坊がいろいろともてなしてくれた。今夜は大乗坊の宿所に泊まった。終夜もてなされた。
二十七日、大乗坊が粥を振る舞ってくれた。その後、瀬戸《せと》山大蔵兵衛尉《やまおおくらひょうえのじょう》のところに行き、いろいろもてなしを受けた。それから、沙汰寺(22)の弓場にて的をやった。坊主が出てきて、終日もてなされた。いろいろあった。この夜は、瀬戸山のところに泊まった。夜通し酒宴。
　この日、八朔《はっさく》(23)の祝言のため、使節を鹿児島に派遣した。
二十八日、池田志摩拯がもてなしてくれた。それから城に帰った。この日、衆中が銘々の人数をそろえて普請。和田口の〈道留〉(24)の普請であった。
　この日、吉利久金が鹿児島に参上し、寄合中からの伝言を伝えに来た。内容は、「義久様ご出陣の鬮が下りた。きっと来月中旬ごろのご進発《しんぱつ》となるであろう。次に、こんどの大風により殿中のご主殿がことごとく破損した。遠殿の上葺きを当国（日州両院）で負担せよ」とのことであった。酒で参会した。
二十九日、いつものとおり。茶的があった。城を下ってやった。長野淡路守が茶の湯を点ててくれた。

【解説】
七日、加江田古城（車坂城）の再整備の下見に赴いている。十五世紀に

(22) **沙汰寺**　宮崎市下北方町。
(23) **八朔**　旧暦八月一日（朔日）のこと。重要な節日で、八朔節供、田実《たのみ》の節供などといわれ、稲の収穫を目前にしての豊作祈願や予祝に関したこと、および各種の贈答（贈物）が行われる。
(24) **道留**　通行止めにしての普請の意カ。

島津氏と伊東氏が攻防戦を繰り広げた城である。なぜ再整備を検討したのか気になるが、結局実現したかは不明である。

八日、鹿児島から覚兼の鹿児島仮屋（鹿児島出府時の屋敷）の人員配置についてクレームが来て、覚兼が、負担が大きすぎると反論している。鹿児島の老中からの命令が覚兼仮屋から飛脚により宮崎に伝達されることになっていたようである。こうした負担が大きいことが前月の老中辞任願いの背景にあるのだろう。

十一日、覚兼が病気のため出頭しなかった鹿児島での談合結果が伝わっている。八月の肥後出陣が決まったようであり、その際の細かな軍役規定と作戦内容が命じられている。軍役とは合戦時の負担のことであり、島津家では知行地の田数が基準となっていた。この時は二町の知行地を持つ者が基準となっており、単独で騎馬武者と従者を連れて行くのだろう。一町衆は二人一組となっている。また、事前に弓・鉄砲など持参物の取り決めがあった。天正四年（一五七六）八月の高原城攻めの際の軍役賦（『旧記雑録後編』一―八七〇・八七一号）、天正六年の高城・耳川合戦時の軍役賦（『同上』一―一〇〇二号）が残っている。なお、二十八日の知らせによると、鬮の結果、義久自身の出陣が決まったようである。

十三日、京下りの旅芸人を見送る際、青島で鮑を捕って振る舞っている。この頃、青島では鮑が豊富に採取できたようであるが、現在は数が少なく禁漁となっている。

十五日〜十七日、風雨が激しくなって宮崎に戻れなくなった覚兼一行は、加江田に滞在している。当時加江田川下流域右岸にあった伊勢社（加江田神社）は、大潮により浸水し、翌日打ち上げられた魚を地元民が捕っている。七月十五日はグレゴリオ暦では九月一日にあたり、この風は台風である。河川改修が行われていないこの時代、河川近くでは高潮被害が大きかったことを物語る。二十五日の情報によると、台風は鹿児島にも被害をもたらし、義久の邸宅などが吹き損じたという。

天正十一年（一五八三）

八月条

一日、いつものとおり。衆中がそれぞれ来られた。酒などいただいた者もいた。皆と酒で参会。寺社家衆も挨拶に来られた。箒《ほうき》・茶などいただいた。銘々、酒で参会。衆中が征矢《そや》の竹尻を田数に応じて進上した。

　この日、柏田町(1)から踊りに来た。風流踊り(2)やいろいろであった。

二日、いつものとおり。続衆(3)など書き立て、兒玉隠岐拯《こだまおきのしょう》がやってきたので加江田衆に伝えさせた。

　この晩、伊集院忠棟・本田親貞からの書状が、野尻から到来した。来る十日ごろ、佐敷(4)に兵船を揃えることに決まった。そこで、拙者は佐敷に今月十日までに着陣しておくように。今度の作戦は、肥後境目の稲をなぎ払う予定であり、また、筑後田尻の番替えをおこなうとのことであった。これらについて拙者が佐敷に出陣して、全体に下知してほしいとのことであった。

三日、いつものとおり。腫れ物が出て散々だったので、看経などは行わなかった。衆中皆と番立ての談合をおこなった。

　この日、茶的があった。関治部少輔《せきじぶのしょう》が担当。下りてきて欲しいとのことだったので、これに従い終日慰《なぐさ》んだ。

（1）**柏田町**　現在の宮崎市瓜生野、相生橋北詰付近の町場。
（2）**風流踊り**　鉦・太鼓・笛などの演奏と小唄に合わせて踊る中世芸能のひとつ。
（3）**続衆**　援軍衆。
（4）**佐敷**　熊本県葦北郡芦北町佐敷。

この日、拙者の船を作らせた。筒立《つつだて》(5)の祝いとして、加治木但馬拯を紫波洲崎に行かせた。

この日、金剛寺が登城してきた。八朔の挨拶として酒を持参して来た。

四日、いつものとおり。茶の湯で若衆達と寄り合い、閑談。それから城の麓に下り、暮的を射て慰んだ。

五日、いつものとおり。茶の湯的があった。弓削甲斐介の担当だった。城を下って終日慰んだ。

六日、いつものとおり。鹿児島御内の御会所の材木は、皆、同じ槙《まき》にするようにとのことなので、三城(6)・高城・財部・穂北・都於郡この五か所に盛《もり》(7)をした。

この日、八朔の祝言進上のため、派遣していた谷山志摩介が帰ってきた。鹿児島の大風被害は甚大だったようであり、殿中はことごとく破損しており、御主殿《ごしゅでん》の葺き板・釘を当国にも命じられたとのこと。田数一町に板十二枚・釘十二ずつとのこと。すぐに所々に命じた。こんどの大風により、鹿児島で死者が七、八人も出たとのことである。そのほか、障害を負ったものも多いとのこと。これほどの風を経験した者はいないとのことであった。寄合中からも伝言があり、有馬方面に、家久公の渡海が命じられた。そこで、拙者も同行させよとの意向らしい。「家久公は今、串木野に滞在中であり、そちらにまず連絡し、覚兼が了承ならば、追っていつ出陣するのか鹿児島に連絡して欲しい」とのことである。鹿児島仮屋（覚兼の宿所）も建物に多く破損が出たとの情報があった。

(5) **筒立**　船を守護する船魂《ふなだま》を帆柱の下に祀る造船儀礼。

(6) **三城**　島津直轄領北端の塩見（宮崎県日向市大字塩見）・日智屋（同県日向市伊勢ケ浜）・門川（同県東臼杵郡門川町大字門川尾末）の三城。

(7) **盛**　割り付け。

七日、いつものとおり。柏原左近将監・長野淡路守・野村大炊兵衛尉と終日雑談。今日、拙者が皆へ振るまい的を射させるつもりでいたのだが、天気が悪くて中止となった。まず、その酒を右の衆に試飲させて参会。その後、閑談。

この日、諸所に鹿児島御内の御主殿上葺き板の切符(8)を送った。

八日、いつものとおり。この日も天気が悪く、的が出来なかった。

この日、佐土原（島津家久）に岩崎刑部少輔《いわさきぎょうぶしょうゆ》を使者として派遣し、「家久公は有馬に渡海されるのでしょうか。そこで拙者もお供するようにと、鹿児島から連絡がありました。きっとそちらもご存じなのではないでしょうか」と、有川《ありかわ》一閑斎《いっかんさい》に尋ねさせた。

この晩、岩崎刑部少輔が戻ってきた。長野下総介《ながのしもうさのすけ》が八朔の挨拶に鹿児島に参上し、それから串木野の家久公のもとに参ったので、「去四日までは有馬渡海の情報は、串木野の家久もご存じではないでしょう」とのことであった。

九日、いつものとおり。拙者の振る舞いで衆中に的を射させた。加江田からも二十人ほど呼び寄せた。あわせて弓数百張ほど。酒・飯で終日慰んだ。夜に入ってから桟敷で乱舞。盛大な酒宴となった。

この日、四半《しはん》(9)を加治木宮内少輔《かじきくないしょう》がやった。

十日、彼岸の入りだったので、読経など特におこなった。この日、関右京亮が的の担当であった。城を下り、終日酒・肴にていろいろともてなされた。この日、泉鏡坊が四半的を射た。

(8) **切符** 割り当て表。

(9) **四半** 四半的。射術で、二寸四方の板の的（『広辞苑』）。もしくは、現在宮崎県日南市に伝わる弓術。的までの距離が四間半（約八、二m）、矢の長さが四尺半（約一、三六m）、的の大きさが四寸半（約一三、六㎝）ある。

十一日、読経など前日と同じ。長友杢左衛門尉《ながともくざえもんのじょう》が的を張行《ちょうぎょう》するというので、瓜生野に下った。宮本弓場(10)にて終日慰んだ。酒・飯で盛大なもてなしを受けた。金剛寺や瓜生野八幡大宮司などが酒を持参して来て見物。この日の四半的は、また加治木宮内少輔がおこなった。夜的《よるまと》でいろいろと戯れた。

鹿児島からの書状が入野まで届いたということで、吉利忠澄殿から届けてくれたので、早速読んだ。内容は、「以前から命じているように、肥後への出陣については、日向衆が同心して出発するように。来る二十日には八代に到着することが肝心である」とのこと。それから夜的は取りやめて、皆帰宿した。

十二日、諸所に使書を送り、出陣に関して申し渡した。もちろん地下衆中にも申しつけた。

この日、奈古大宮司が的興行をするとのことであったが、出陣準備があるので参加は見合わせた。ただ、加江田に行って出陣について指示を与えるつもりだというと、「そういうことならそっと城を下って、お酒をいただいてから紫波洲崎に行かれてはいかがですか」とのことだったので、奈古八幡に立ち寄って、いろいろともてなしを受けた。それが済んで、紫波洲崎に向かった。本郷(11)で日が暮れて、ようやく内山(12)に到着した。

十三日、内山から紫波洲崎城に参った。折生迫仮屋に迎えが来ていて、地福の浜(13)に二日ほど前、海鹿《うみしか》(14)が打ち上げられていたということで、それを肴に中途で持参の酒を飲んだ。それから城へ参った。父恭安斎がいろいろともてなしてく

(10) **宮本弓場**　上野天満宮前の弓場カ。

(11) **本郷**　宮崎市本郷北方・本郷南方付近。

(12) **内山**　宮崎市大字加江田字内山、内山寺カ。

(13) **地福の浜**　現在の「こどものくに」から青島海水浴場付近。

(14) **海鹿**　ウミウシもしくはアメフラシのこと。有毒な付着生物を食べることで、体内に毒を蓄積している種も多く、多くは食用には適さないが、一部の地域では現在でも食用としている。身自体は無味に近く、酒のツマミなどとして食感を楽しむ。

れた。

この晩、折生迫の鹿倉《かくら》に狩に登った。鹿に出会わず、むなしく帰った。内城に泊まって、心静かに恭安斎の物語りを聞いた。

十四日、九平《ここのひら》に登って、そのまま宮崎に帰ると言って出発しようとしたところ、内城（覚兼母カ）・中城（祖母）が祝言の酒などいろいろと下された。その上、円福寺や御崎寺が酒・肴を持ってきて、皆自ら酌をしていろいろともてなしてくれたので、沈酔してしまった。潮時も悪くなってしまい、今夜は内山に留まった。すると、宮崎から奥右京亮がやってきた。趣旨は、「善哉坊《ぜんさいぼう》（面高真連坊頼俊）が鹿児島から帰ってきた。出陣については変更なし。しかし、筑後国の田尻への援軍については、矢野出雲守が帰ってきてもたらした情報によると、龍造寺隆信が田尻鑑種に和睦を提案し、それを受け入れようとしたところ、龍造寺が江之浦栫《えのうらかこい》(15)に軍勢を入れて依然として敵対する様子を見せているとのことであった。それについて談合があったようで、寄合中が一日、二日中には出陣せず、五日は延期するような様子であった」とのこと。明後日、十六日には出陣しようと覚悟しており、そのため明朝、宮崎に帰るつもりだったのだが、今少し出陣が延びるのならば、九平に登ることにしようと申して、奥右京亮は宮崎に帰した。十八日には必ず出陣する旨、衆中に伝えさせた。

十五日、内山野に登った。ここでも鹿には出会えず、九平に登った。この晩も鹿には出会えなかった。野で思い出し、

(15) **江之浦栫** 江之浦城。福岡県みやま市高田町江浦町に所在。

野辺の露に月分《わけ》かへる袂《たもと》哉
〔野原の露に映った月をかき分けて帰る袂であるよ〕
と詠んだ。

十六日、この朝も野に登ったのだが、鹿には会わなかった。この日、加江田に帰った。道すがら、ここかしこで酒・肴がもたらされ、祖三(山)寺によばれていろいろともてなされた。この夜も内山に泊まった。

十七日、紫波洲崎に参り、内城にていろいろともてなされた。それから船で野島[16]に向かった。この晩も鹿には会わなかった。野島に泊まった。

十八日、天気が悪く、狩には登らなかった。〈見籠〉をさせて狩をした。鹿一を捕った。この夜、宮崎に帰った。鳥の鳴くころに帰り着いた。

十九日、衆中から拙者に振る舞い的があった。終日慰んだ。

二十日、遊行同念上人が飫肥から都於郡に移られることになった。それについて、安楽阿波介を飫肥に派遣した。帰ってきてから上人の〈送〉について談合し、諸所に申し渡した。乗馬八十疋・夫駄《ぶだ》[17]三百が必要とのことであった。来る二十三日、上人は飫肥から常瑠璃(浄)寺までお越しになるとのことである。

二十一日、肥後出陣のため出発した。しばらく鹿児島に伺候しておらず、その上、今回の出陣についての談合に療養中のため出ていないので、まず鹿児島に参上することにした。

この晩、田野に泊まった。宿元に地頭大寺安辰から酒・肴が届いた。

（16）**野島**　宮崎市大字内海、巾着島《きんちゃくじま》。

（17）**夫駄**　人夫と荷物用の馬。

二十二日、田野から高之牟礼に到着。

二十三日、高之牟礼から敷祢に午刻（午後十二時頃）到着。敷祢休世斎がいろいろともてなしてくれた。それから敷祢休世斎に船を頼み、向島白浜に到着。そこで月を待ち取った。この夜、

月に雲風の上なる心かな

〔月に雲がかかってしまい、月を待っていた心は風に吹かれたように落ち着かない〕

と詠んだ。

二十四日、殿中に伺候した。白浜重治を通じて申し上げた。内容は、「このたび有馬に渡海するよう命じられましたので、出陣いたしました。春以来、病を得て忝くも上意を得ましたが、その後、御礼申し上げておりませんでしたので、参上いたしました」と。すぐに義久様の御前によばれ、「体調が悪化していると聞いたのだが、早々に回復したこと喜ばしい」との上意であった。

この日、伊集院忠棟が八代に出発し、当所（鹿児島）衆も少々出発していった。義久様の上意で、家久公を有馬に渡海させるので、拙者も渡海するようにとのことであった。これに対し、「敵方龍造寺氏との境目であるので、異論なく渡海いたします。しかし、有馬での軍事行動について未だ決まっておりませんので、私が渡海してもあちらで御用に立つことは難しいかと思います。誰か寄合中をもう一人渡海させていただけないようなら、辞退させていただきます」と、

吉田清孝を取次としてご返事申し上げた。

二十五日、出仕はいつものとおり。月次《つきなみ》の連歌であった。進藤長治殿（近衛家からの使者）も参加された。

この日、出発するつもりであったが、御家門様（近衛信輔《このえのぶすけ》）への請文《うけぶみ》(18)を渡そうとしたところ、進藤殿がお忙しいため明日受け取ると仰るので、逗留することとなった。

この日、醍醐寺《だいごじ》(19)からの使僧が、「先日、日向を通過した際、親切にしていただいた」とお礼に来られた。酒で参会。五大力《ごだいりき》(20)と准胝《じゅんでい》観音像をいただいた。あわせて、宇治茶の無上を十袋、扇子・金をいただいた。

この日、当所衆がやってきた。酒・肴を持参する衆もいた。

二十六日、御家門様への請文を進藤長治殿の宿舎に持参した。請文は、義久様右筆の八木昌信に頼んで書いてもらった。沈香《じんこう》六十両を進上した。進藤殿へは緞子一端を贈った。請文をお渡しし、進藤殿が受け取った。進物は加治木雅楽助から渡させ、進藤殿の内衆が受け取った。それから押物肴で酒を頂戴した。しきりにお礼を受け、進藤殿の盃を拙者が頂戴した。肴をいただき、一、二返廻した。その後、進藤殿が盃を持ち、拙者悴者にも酒を勧めた。何度も辞退したのだが、再三勧められたので、同名の玄蕃助が出て盃を頂戴し、肴も自ら下された。忝いことである。その後、殿中に出仕し、伊地知重次《しげつぐ》子息の元服に立ち会った。酒二返目に、持参の酒を重次子息がお酌してくれた。義久様の盃を、

(18) **請文**　返事。

(19) **醍醐寺**　京都市伏見区にある真言宗醍醐寺派の寺院。

(20) **五大力**　三宝と国土を守護する大力のある五人の菩薩。

出陣の首途《かどで》として拙者に下されたので、頂戴した。その後、お暇申し上げて退出した。未刻（午後二時頃）、出船した。その際、長谷場純辰《はせばすみとき》から酒をいただいた。各々暇乞いにきた衆と会った。船元まで見送りにきてくれた。

この晩、加治木に到着。別当のところに宿をとった。やがて、酒を振る舞われた。肝付蔵人《きもつきくろうど》殿が、拙者が着船したときいて城（加治木城）から下ってきた。また、肝付兼寛殿から使者がきて、早々に城に登ってきて欲しいと誘われた。「城に参るべきですが、船に揺られたせいなのか、気分が良くないので、明朝参ります」と返事をして使者を帰した。

また今朝、有馬渡海の件、拙者一人では難しい旨が義久様の上聞に達し、返事があった。「一人で渡海しても、下知《げち》[21]がうまくいかないというのはもっともに思う。今、八代見回りは平田光宗に命じてあるので、八代の人衆を率いて平田光宗も渡海するよう命じる。そこで二人で談合し、有馬表がうまくいくようによろしく頼む」とのことであった。こう言われると辞退するわけにはいかず、「もちろん上意に従います」と申し上げた。

二十七日、早朝、肝付兼寛から使者が来て、早々に登城してほしいと要請があった。そこで、使者を連れて登城した。すぐに飯を振る舞われた。席次は、客居に拙者、次に肝付雅楽助、次に拙者悴者、主居は肝付兼寛、次に柏原左近将監、次に肝付蔵人、いろいろ肴にて酒。三返目に持参の酒をいただいた。肝付兼篤そのほか一家衆など各々座に来られて酒。拙者が連れてきた者たちにも、座で

(21) **下知** 指揮。

酒を出していただいた。その後、出発した。板井手川[22]のあたりまで、兼寛が見送りに来てくれた。酒を持ってきて、川の頭でしばらく酒宴。その時、川のほとりの木の上に、鳥の果報〳〵と鳴いているのが聞こえた。門出にめでたいと互いに戯れて、かなりの大酒となった。それから、〈とうの木地蔵堂〉で休憩し、茶の湯をしてしばらく沈酔を冷ました。このようなことだったので、ようやく横川の町別当のところに到着し、この夜は泊まった。別当が酒を振る舞ってくれた。

この晩、横川地頭伊集院久春《ひさはる》が[23]、子息を使者として城（横川城[24]）に登るよう誘ってくれた。「参るべきではあるが、伊集院忠棟が先に出陣しており、なんとしてでも追いつく必要があるので、今回はご無礼して通過いたします」と伝えた。するど、夜に入って、伊集院久春が酒持参で拙宿に来てくれて、閑談。

二十八日、早朝出発。柏原左近将監を使者として、横川地頭の伊集院久春に、「登城すべきですが、昨夜申しましたように急いでおりますので、ご無礼いたします」と伝えた。

柏原左近将監は、大口[25]で破籠《わりご》の酒を呑んでいるところで追いついた。それから柏原左近将監を、新納忠元（大口地頭）に遣わした。「通過いたします。そちらに参って、子息忠堯《ただたか》殿の戦死後、無沙汰している旨申し上げるべきですが、伊集院忠棟が先に八代に向かったので、拙者も急いでおり、参上できません」と伝えさせた。

(22) **板井手川**　現在、鹿児島県姶良市を流れる網掛川。

(23) **伊集院肥前守久春**　一五四五～一六一六。伊集院久次子息。大隅国横川地頭。

(24) **横川城**　鹿児島県霧島市横川町中ノ。

(25) **大口**　鹿児島県伊佐市大口。

この日、山野(26)に到着。夜前に夢想で
とにかくに頼む心に任す也　行衛《ゆくえ》もしらぬ浪の梅が香
〔とにもかくにも、頼む心に任せることにする。行く先も分からないまま
波に漂っていると梅の香りがしてきた〕
と詠んだ。有馬に渡海するので、あちらの天神なども「きりしたん宗」とやらにことごとく破壊されてしまったので、こちらからの衆を守護してくれる瑞相《ずいそう》(27)ではないかと、頼もしく思った。
この晩、新納忠元から書状と酒・肴をいただいた。内容は、「今日、大口城(28)麓を通過したこと、知らされないまま無沙汰しました」とのこと。使者と会い、酒をいただき、捻り封の返事を渡した。
二十九日、柏原左近将監が、新納忠元の返事を伝えてきた。「こちらまで使いを送ってくれたこと、ありがとう。有馬に渡海されるのでしょうか。我々も同心したいのですが、みなさまのお蔭で、息子の追善供養をしたいと思います」とのことであった。
この日の朝、巳刻（午前十時頃）出発した。この日、久木野《くぎの》(29)に到着。地下《じげ》に案内者を頼み、狩に登った。この夜は山に泊まった。
晦日（三十日）、早朝に狩に出たが、鹿に会わず帰ってきた。この日、後からくる衆を待つため、久木野に泊まった。この晩も狩に登った。鹿を呼びつけたが、運悪く射外した。宿本に帰った。

(26) **山野**　鹿児島県伊佐市大口山野。
(27) **瑞相**　めでたいことの起こるきざし。
(28) **大口城**　鹿児島県伊佐市大口里に所在。
(29) **久木野**　熊本県水俣市大字久木野。

【解説】

三日、今後、肥後や肥前有馬への出陣が多くなることを見越してか、造船を命じている。紫波洲崎に使者を派遣したということは折生迫湊で造船するのであろう。当時、船大工がいたことがうかがえる。

六日、鹿児島の台風被災に伴い、義久の居城御内の「御主殿」用の葺き板・釘の進上が日向国に割り当てられた。島津領国内の臨時賦課のやり方がうかがえるとともに、義久の主殿でも瓦葺きでは無く、板葺きであったことがうかがえる。なお、今回の出陣では最初から有馬出陣が想定されており、島津家久・老中上井覚兼の渡海が決まっていたようである。覚兼は二十一日に出陣し、まず鹿児島に立ち寄っている。

十三日、知福浜に「海鹿《ウミシカ》」が打ち上げられ、それを肴に呑んでいる。わざわざ記しているということは、当時としても珍味だったのだろう。味が気になる。

二十日、いよいよ遊行同念上人一行が宮崎に近づいてきた。「乗馬八十疋・夫駄三百」が必要ということはかなりの大所帯であったことが分かる。

天正十一年（一五八三）

九月条

一日、いつものとおり。この日も日州衆を待つため、久木野に留まった。この晩、狩に登って山に留まった。

二日、山から帰ってやがて出発し、佐敷に到着した。亭主が酒を振る舞った。奏者の税所篤和が来られたので、参会した。伊集院忠棟からの書状を税所篤和が持ってきたので、披見した。内容は、「佐敷にてあなたを待っていたが、順風が吹いてきたので八代に向けて出船しました。ついては、あなた方は今少し佐敷に逗留して、西目《にしめ》(1)の船が来るのを待ち、軍衆の渡海を差配するのがいいでしょう」とのことであった。この書状を読んでいたところ、佐敷地頭の宮原《みやはら》景種《かげたね》がやってきた。隈之城衆(2)率いる新納忠包《ただかね》(3)、高江《たかえ》衆率いる川上経久《かわかみつねひさ》(4)、宮里衆率いる米良殿（重親カ）、松山衆(5)率いる市来家親《いちきいえちか》が、拙者が到着したということで会いに来た。ちょうど別当が酒を持参して来たので、皆と飲んだ。この晩、宮原紀伊守《みやはらきいのかみ》が酒持参でやってきた。

三日、特に毘沙門に読経などした。宮原景種から使いが来た。内容は、今晩、酒を振る舞いたいとのことであった。これに対し、「こちらにやってきていながら無沙汰しているので挨拶に伺おうと思っていたところ、結局、宮原から来

(1) **西目** 薩摩国西海岸。

(2) **隈之城衆** 鹿児島県薩摩川内市（高江衆・宮里衆も同じ）。

(3) **新納越後守忠包** ?～一五九二。新納忠誠子息。薩摩国隈之城地頭。

(4) **川上十郎左衛門尉経久** 一五六三～九二。義久・義弘兄弟、義弘長男久保の弓馬の師。薩摩国高江地頭。

(5) **松山衆** 鹿児島県志布志市松山町。

て頂くことになってしまい面目ない。とにかく伺いましょう」と返事しておいた。

　この日、税所篤和の宿舎に、税所宮内左衛門尉《さいしょくないさえもんのじょう》殿と有馬右衛門尉殿が碁を打ちに来たので、見物。

　この晩、宮原景種のところに参り、食《めし》を振る舞われた。席次は、客居に拙者、次に市来家親、次に柏原左近将監、主居に税所篤和、次に亭主であった。拙者は酒を持参し、酌をした。宮原景種も酌をしてくれた。夜更けまで酒宴。

四日、いつものとおり。伊集院忠棟に書状を出し、「こちらにしばらくいて、先衆の渡海を差配するようにとのことでしたので、そうしております。しかし、今まで一艘も諸浦から廻船は来ていません。結集した諸軍衆は、佐敷に留め置くべきでしょうか。それとも八代方面に通すべきでしょうか」と判断を仰いだ。八代在番中の平田光宗にも書状を出し、入庄の祝言を伝えた。

　この日、宮原景種・税所篤和兄弟・有馬右衛門尉が拙宿に来られて閑談。碁をうたせて見物。宮原景種が酒を持参したので皆で飲んだ。夕食をそれぞれに振る舞った。この日も舟盛(6)をして、明日、有馬（島原半島）に少々渡海させることに決した。この日、宮崎衆が少々到着した。穂北衆も到着。

五日、いつものとおり。この日、有馬右衛門尉が出船した。類船《るいせん》(7)に新納忠包父子・川上経久・桂忠詮《かつらただのり》(8)・米良殿が出船した。いずれも曖衆《あつかい》(9)中も同心。

　この夜、伊集院忠棟から返書が来た。「まずは、川内衆《せんだい》(10)、または日州衆を二、

(6) **舟盛**　船の手配。
(7) **類船**　一緒に行く船。
(8) **桂神祇少副忠詮**　一五五八～一六一五。島津奥州家忠国の四男勝久を祖とする島津氏庶流。忠俊の代に桂氏を名乗る。忠詮は忠俊子息。日向国月野領主（鹿児島県曽於市大隅町月野）、薩摩国平佐地頭（同県薩摩川内市平佐町）。
(9) **曖衆**　それぞれが地頭を務める外城（島津家の行政区画）の衆。
(10) **川内衆**　隈之城・高江・宮里。

三か所渡海させるように」とのことであった。この日も宮崎衆が少々やってきた。

六日、いつものとおり。税所篤和が八代に伝令に行った。このたび、有馬に軍勢を渡海させたので、その件を伊集院忠棟・平田光宗に伝えた。

　この日、福島地頭伊集院久治が、人衆だけ先に八代に派遣させ、自分は少し体調不良のため遅参する旨、拙宿に伺いに来た。酒を出し、作戦について閑談。宮崎衆が全員到着した。市来玄蕃左衛門尉《いちきげんばざえもんのじょう》がこの日、出船した。宇土（名和顕孝）からの船に載せた。

　この日は宮原景種が拙宿に来て、終日雑談。碁・将棋などさせて慰んだ。

七日、いつものとおり。この晩、坂上伊賀拯《さかがみいがのじょう》が来た。趣旨は、「田尻鑑種殿へ使いとして山くぐり(11)土橋城介《どばしじょうのすけ》ら二人を派遣した。容易に鷹尾城に入ることが出来、帰りは船で帰ってきた。鷹尾城の様子は、折角《せっかく》（困難）なようであった。しかし、三か月中に兵糧等が尽きるような状況ではなかった。田尻鑑種からは『どうにか一合戦されることを待っているが、自分（田尻鑑種）の安否を気にする必要はない。どうにか兵船を派遣して頂けるのならば、鑑種は腹を切ってもかまわない。まずは自分の子息をこちらに人質として置いておきたい』とのことであった。とにかく、帰ってきた二人の見たところ、海路・陸路ともに軍勢派遣はたやすくは無い」とのことであった。

　この夜、近辺に火事が出たが、やがて消えた。

（11）**山くぐり**　忍者カ。

八日、薬師に読経など特におこなった。宮原景種が酒・肴を持ってきたので閑談。敷祢越中守を使者として伊集院忠棟と平田光宗に送り、兵船が一艘も諸所から来ていないこと、また、家久公が船で八代に向かうとの情報もあったので、ついでに連絡した。

この日、伊集院忠棟から書状をもらった。内容は、有馬に派遣した両使鎌田政心《まさむね》と鎌田政近が、昨日帰帆し、有馬では合戦になりそうな状況である旨、報告したとのことであった。

田浦殿[12]が、拙者が逗留していると聞き、自ら挨拶に来るべきであるが、三男を派遣してきた。お酒をいただいた。

九日、いつものとおり。灵符《れいふ》[13]の祈念を特におこなった。伊集院忠棟から書状をいただいた。趣意は、「談合をしたい内容がある。急ぎ八代にくるように。諸軍衆は、佐敷・湯浦に結集させるよう、厳しく命じるように」とのことであった。

この日は、宮原景種に挨拶にいった。終日、彼の館にて碁・将棋などで慰んだ。夕食を振る舞われ、いろいろともてなされた。

この日、甑島《こしきじま》殿（小川有季《おがわありすえ》）の舎弟が酒を持参して来た。甑島から兵船二艘が到着。また、加世田《かせだ》の船一艘が、八代に伊集院忠棟の荷物を運び逗留していたのだが、佐敷で拙者の指示に従うよう命じられたとして到着した。また、日州衆をもう二、三か所渡海させるようにとの指示を受けたので、本日、穂北地頭平田宗張を渡海させることに決めた。また、伊集院忠棟から日向衆の渡船に

（12）**田浦殿**　現在の熊本県芦北町大字田浦町の領主カ。

（13）**灵符**　霊符。道教のお札。

ついて、もう一両日は待つようにとのことだったので、出発は差し止めた。

この日、津奈木《つなぎ》(14)から水主《かこ》(15)六人が来た。一両日の準備でやってきたとのこと。これは曲事《くせごと》であり、よくよく準備の上、指示を待つこと、そして、こちらから来るべき日程を指示すること、今度は、船三艘ほどは回送すべきであることを命じて帰した。

この日、いつものとおり菊の発句をおこなった。

たくとなき袖もやけふ《(今日)》の菊の花

〔香をたかずとも、重陽の今日は袖にまで菊の花の香りが染みついているのだろうか〕

十日、いつものとおり。片浦《かたうら》(16)の船、小湊《こみなと》(17)の船二艘が到着。

この日、八代に出船。右の船二艘と甑島の船一艘、以上三艘で出船。船中は酒宴などでいろいろと慰んだ。一番鳥が鳴く頃に徳淵に着船。潮が満ちていなかったため、船を岸まで着けることが出来ず、漁船が帰ってきたところに我々が一両人ずつ乗り移って宿元に到着。

十一日、いつものとおり。皆、この日の朝、船から降ろした荷物を持ち運んだ。亭主が酒など振る舞ってくれた。柏原左近将監・野村大炊兵衛尉が同船した。

この日、家久公が、平川原《ひらがわら》(18)に宿をとっておられたので、参上したところ、めしを振る舞われた。その後、茶の湯となった。家久公自ら茶を点ててくれた。柏原左近将監・野村大炊兵衛尉にも茶を下された。その後、伊集院忠棟の宿所

(14) **津奈木** 熊本県葦北郡津奈木町。

(15) **水主** 船乗り、船子。

(16) **片浦** 鹿児島県南さつま市笠沙町。

(17) **小湊** 鹿児島県南さつま市加世田。

(18) **平川原** 熊本県八代市本町一〜四丁目。

にも参上し、酒をいただき、今回の作戦の談合などについて承った。その後、平田光宗の宿所に参上し、酒をいただいた。ご両所から、「爰元《ここもと》（古麓《ふるふもと》城下）に宿直するのがいいだろう。老中がかけ離れていると談合がやりづらい」と指摘されたので、古麓城麓の荒瀬殿のところに宿をとった。

この晩、亭主がめしを振る舞ってくれた。平田光宗殿から同名駿河守が使者として来られ、「自身（平田光宗）が参るべきだが」とご挨拶があった。この夜も、伊集院忠棟から書状が届き、兵船の談合について連絡があった。

十二日、いつものとおり。平田歳宗《ひらたとしむね》と増宗が同心して挨拶に来られた。酒を出して対応した。蓑田信濃守そのほか地下衆《じげしゅう》が多数挨拶に来られた。天草鎮尚《あまくさしげひさ》(19)殿も挨拶に来られた。

この日、伊集院忠棟の宿所にて談合。平田光宗・上原尚近・伊集院久治・拙者であった。終日、隠密の談合なので、内容は後日書くつもりである。この内容について、鹿児島に上村肥前守《かみむらひぜんのかみ》を使者として派遣した。終日談合であった。

夕飯を忠棟の宿所で寄り合っていただいた。夜に入り、亭主蓑田信濃守が切麦《きりむぎ》(20)を振る舞ってくれた。酒宴となった。

この日、有馬から軍衆の迎船が到着したので、穂北地頭平田宗張に渡海するよう佐敷に命じた。

十三日、いつものとおり。本田正親が挨拶に来られた。このたび、三舟・隈庄に使者として行かれたので、あちらの様子を報告してくれた。甲斐宗運は、ど

(19) **天草鎮尚**　天草五人衆のひとり。本拠は肥後国本渡《ほんど》城（熊本県天草市本渡町本戸馬場）。キリシタンとしても知られる。

(20) **切麦**　小麦粉を練りこみ、細く切って茹でた麺。

うにも取り合わない様子であった。いろいろと下々のものが悪口を述べていても、気にしていないかのように振る舞っているとのことである。

この日、伊集院忠棟・平田光宗が無沙汰しているということで、挨拶に来られた。各々酒でもてなした。平田歳宗殿のところに挨拶に伺い、閑談した。伊集院久治・上原尚近が挨拶に来られた。酒でもてなした。いろいろと雑談した。高山(21)・飫肥の衆中が多数挨拶に来られた。帖佐《ちょうさ》(22)衆も同前。一昨日の談合について、飯野の島津忠平に使者を派遣する場合、拙者衆中（宮崎衆）の誰かに命じるようにとのこと。しかし、拙者の衆中はみな佐敷に留め置いており、「八代に同心している衆はようやく五、六人に過ぎない。そのなかに使者が勤まるような者はいない」と返答した。

この晩、平田光宗殿から「明朝、酒で寄り合う」との案内があった。同じ名字の加賀守から承った。

十四日、いつものとおり。平田光宗殿から誘われたので参上した。朝食を振る舞われた。席次は、客居に天草殿（鎮尚）・伊集院久治・宮之原縫殿助《みやのはらぬいのすけ》・主居に拙者・新納久饒《ひさあつ》・平田光宗・税所篤和であった。数返済んでから、一王雅楽助《いちおううたのすけ》が唄を歌った。その後は囃子《はやし》。平田増宗が大鼓、美代源四郎《みしろげんしろう》が小鼓であった。笛は地下衆が担当。備中屋《びっちゅうや》の弟子であった。酒宴がすぎて皆帰った。

直接、伊集院久治の宿所に挨拶に伺い、新納久饒・税所篤和も同心した。碁・将棋で雑談。伊集院忠棟から松浦筑前守《まつうらちくぜんのかみ》(23)が使者として来た。内容は、「一ヶ条

(21) **高山** 鹿児島県肝付郡肝付町。
(22) **帖佐** 鹿児島県姶良市。
(23) **松浦筑前守** 伊集院忠棟の被官カ。忍衆を配下に持っている模様。

の談合（九月十二日の隠密の談合）について、（忠棟も）聞いておきたいのだけれども、来客が多く難しい。伊集院久治と覚兼で詳しく聞いておいて欲しい」とのこと。捻文にて承った。碁・将棋を放り出して、詳しく承った。その後、酒を振る舞った。それが過ぎたあと、宮之原縫殿助から風呂を焼いたと連絡を受けたので、そちらに行って風呂に入った。新納久饒・税所篤和も同心した。風呂が済んだあと、亭主の宮之原縫殿助が出ておいでになり、いろいろと肴と酒が出た。

十五日、看経などいつものとおり。地下・旅衆から挨拶を受けた。この日、平田光宗殿のところで談合。談合衆は、伊集院忠棟・平田光宗・伊集院久治・上原尚近・本田正親・新納久饒・税所篤和であった。松浦筑前守が案内者をつとめ参上した。

この日、赤星統家《あかほしむねいえ》殿が挨拶に来られた。有馬鎮貴《しげたか》殿の舎弟（新八郎）も挨拶に来られた。太刀・銭百疋をいただいた。東尾張入道《ひがしおわりにゅうどう》が酒を持参してきた。松浦筑前守も酒をくれた。有馬鎮貴から書状をいただいた。島津義虎からも書状をいただいた。いずれも、入庄（八代到着）への慰労であった。

十六日、いつものとおり。伊集院忠棟の所に参った。有馬鎮貴殿と島津義虎への返書について話した。一ヶ条談合の案内者三人に対し、この作戦が成就した際は、知行を与える旨の証文を送ることにした。我々老中三人の名前で送り、右筆は本田正親。

この日、志岐麟泉《しきりんせん》が(24)拙宿に挨拶に来られた。中紙二十帖をいただいた。道正《どうしょう》宗与《そうよ》が鹿児島に帰るとのことで、暇乞いに来られた。

この日、伊集院久治の宿舎にて、碁・将棋で遊んだ。税所篤和が同心した。夕食を振る舞った。この夜、平田増宗殿が語りに来た。夜更けまで酒をお供に閑談。

この日、伊集院忠棟から通達があった。当庄（八代）の内田(25)は、昨年の春に拙者（覚兼）の曖《あつかい》（所管）となった。その後、忠平殿に当所が宛行われる予定が変更となり、また義久様の直轄となった。そこで、もとどおり拙者の曖《あつかい》とするのがいいだろうと考え、平田光宗に相談したところ、もっともだと同意したので、そのように申しつけるとのことであった。

十七日、いつものとおり。堅志田に対しては、昨年以来、松浦筑前守が〈忍立〉(26)していた。そこで、これまで談合を行い、本日出陣となった（九月十二日の隠密の談合は、この作戦に関するもの）。まず、忍衆(27)三十人が、酉刻（午後六時頃）、船で有馬に渡海すると称して出発し、それから小川(28)に着船。そこで松浦筑前守と合流し、出陣するのがいいだろうとの談合となった。

我々の諸軍衆は、月が出てから出陣した。敵方に出陣が知られては、作戦が失敗してしまう。伊集院忠棟勢は、豊福《とよふく》口(29)から出陣し、平田光宗と拙者の軍勢は、宝満越で出陣した。夜が明けて手火矢の音が聞こえてきたので、きっと先行した忍衆が苦戦しているのだろうと心配になってきた。攻撃の合図の火が見

(24) **志岐麟泉（鎮経《しげつね》）** 天草五人衆のひとり。本拠は肥後国志岐城（熊本県天草郡苓北町内田）。キリシタンとしても知られる。

(25) **内田** 熊本県八代市鏡町内田。

(26) **忍立** 密かに探りをいれること。

(27) **忍衆** 忍者。

(28) **小川** 熊本県宇城市小川町。

(29) **豊福口** 熊本県宇城市松橋町豊福。

えなかったので、作戦が失敗したのだろうと推測され、作戦中止はやむを得ない状況になった。こうなったからには、小熊野《こぐまの》(30)あたりの村を破却しないと、忍衆が撤退しづらくなるだろうと考え、平田光宗と拙者の軍勢で、村々を破却し放火などさせた。そうすると、忍衆も撤退することができた。破却された村から忍衆が撤退する際、追っ手を防ぎ、敵八人を討ち取った。宮崎衆三人が功名を挙げた。敷祢又十郎・長野淡路守・勝目但馬守である。敷祢又十郎は、刀傷を二か所受けたが、痛がらなかった。飫肥衆なども功名を挙げ、それから皆撤退した。拙者は、八代まで撤退した。これらの作戦は、十八日のことであった。

十九日、いつものとおり。上原尚近が来られて語り合った。その最中、宮原景種父子が続いてやってきた。上原同様、酒で寄り合った。宮原とも閑談した。そのうち、拙者の忰者（覚兼被官）が日州から到着。途中で猪を射たと持参してきたので、すぐに皆に振る舞った。将棋などで雑談。それから、上原尚近と同心して、伊集院忠棟の宿舎に参上した。昨日の作戦の結果について報告した。この作戦以前に、飯野の忠平殿に対し、伊地知重則《いじちしげのり》を使者として作戦内容を寄合中から伝えておいた。その返事を、伊地知重則が持ち帰ってきた。

二十日、いつものとおり。今から阿蘇家（阿蘇惟将《これまさ》）と手切れとなった旨、縣《あがた》の土持久綱に書状にて通達した。あわせて、縣から阿蘇社領に運ばれている魚・塩を停止するよう堅く伝えた。吉利忠澄、山田有信にも同様に命じておいた。

この日、拙宿にて談合。談合衆は、老中の伊集院忠棟・平田光宗・拙者、奏

(30) **小熊野**　熊本県宇城市豊野町上郷。

者の伊集院久治・新納久饒・本田正親・税所篤和・宮原景種・上原尚近であった。この座中、城一要（隈本城主）からと、あわせて、隈本当番の北郷忠虎《ほんごうただとら》から使者が来た。内容は、「竹宮地頭(31)が突然隈本に人質を出し、『竹宮(32)を破却しないでほしい』と頼んできたのですが、いかがしましょう」とのことであった。「まずは、しっかりと人質を確保した上で、竹宮の状況を調べ、三舟（御船、甲斐宗運）としっかりと手切れしていると判断されたら助けてやると伝えるのがいいだろう」と返事しておいた。合志親重《ごうしちかしげ》(33)からも使僧が来た。これも阿蘇家との手切れについて状況を確認するためであった。終日こちらで談合して、（九月十七〜十八日の）堅志田口での作戦について、いろいろと意見が出た。夕食を皆に振る舞った。

二十一日、いつものとおり。伊集院忠棟から、伊集院久治のところに挨拶に行くので拙者も同心して欲しいと頼まれたので、お供した。碁・将棋で終日慰んだ。夕食を振る舞われて酒宴。この日も名和顕孝・城一要に使者を派遣すべきとの談合をおこなった。

二十二日、いつものとおり。伊集院忠棟の宿所にて終日雑談。碁・将棋もやった。

この日、山田有信殿が到着した。都於郡（地頭鎌田政近は有馬出陣中）からの使者としてであった。鎌田政虎《かまたまさとら》(34)がいまだ出陣していないが、これは妻万社《つましゃ》(35)の祭礼のためで鹿児島の許可を受けてのことであり、今まで遅延しているとのこと。「それなら今から出陣するつもりなのか、いかがか。鎌田政近本人は現在、有

(31) **竹宮地頭**　熊本市東区健軍《けんぐん》の領主カ。
(32) **竹宮**　健軍神社カ。
(33) **合志親重**　竹迫《たかば》城主、熊本県合志市上庄。
(34) **鎌田政虎**　政近子息。
(35) **妻万社**　宮崎県西都市大字妻にある都萬神社。日向国二之宮。

馬御番なので、あちらにはしっかりと軍勢を送り、政虎殿はしっかりと都於郡に居るべきである。都於郡衆中は皆出陣させるべきである」と伝えた。

この晩、蓑田信濃守が振る舞ってくれた。

二十三日、いつものとおり。有馬の鎌田政心・同政近に対し、寄合中の書状を送った。内容は、三舟と手切れをしたことを伝えると共に、「有馬鎮貴から境目の援軍派遣について要請があった件につき、二人でよくよく相談し、本当に援軍が必要と判断するならば、誰か武将を一人渡海させるので、よくよく分析した上で報告するように」というものであった。

この日、風呂を焼かせて入った。この晩、伊集院忠棟から臨泉院《りんせんいん》で月待ちをするので、拙者に語りに来ないかと誘われたので、従った。碁・将棋・俳諧・茶の湯などで月を待ち取った。

二十四日、地蔵に特に読経。肝付兼寛が酒を持ってきた。今到着したとのことで来たようである。すぐに酒で対応した。その後、肝付の宿舎にも挨拶に行き、いろいろと肴で酒。本田親兼《ほんだちかかね》・宮原景種・伊集院掃部助《いじゅういんかもんのすけ》が同座した。それから伊集院忠棟の宿所にて談合。談合衆は、平田光宗・伊集院久治・上原尚近・拙者・新納久饒・本田正親であった。豊福地頭そのほか地下衆を呼び、（九月十七～十八日の）堅志田口での作戦についての談合であった。大方済んだ後、皆帰って行った。夕食は、伊集院忠棟がそれぞれに振る舞った。

この日、島津忠長《ただたけ》・比志島義基が到着した。

二十五日、いつものとおり。天満天神に特に祈念した。伊集院忠棟から本田正親を使者として、「本日、諸地頭を招集し、島津忠長の宿所にて、有馬表の状況、田尻鑑種殿が困難な状況にあるとの情報について、談合をしたい」とのことであった。我々も同意する旨返事しておいた。

　この日、（九月十二日に使者として派遣していた）上村肥前守が鹿児島から帰ってきた。義久様からのご返事は、「有馬表への渡海については、談合衆が納得していないのであろうか。阿蘇家への作戦については、こちら（八代）に寄合中が三人いるのだから、伊集院久治や上原尚近としっかりと相談して、八代在番衆の判断次第でよろしく頼む」とのことであった。

　この日、阿多《あた》忠辰《ただとき》を使者として上意がもたらされた。「こちらでの在番ご苦労である。また、有馬表のこと、うまくいくようしっかり対応するように。援軍が未だ揃っていないと聞き及んでいるが、曲事である」とのことであった。

　諸地頭・島津忠長との談合があり、明後日の作戦は、諸軍衆がいまだ揃っていないので、延期するのがいいだろうと決定した。

二十六日、伊集院忠棟の宿舎にて談合。まず、堅志田口に遠陣《とおじん》(36)を築けば、その後の作戦も簡単になるのではないかとの意見が出た。栫《かこい》に適切な所を検分すべきということになり、山田有信・二階堂《にかいどう》季行《すえゆき》・敷祢越中守・上原尚弘《なおひろ》(37)、このほか諸所の巧者《こうしゃ》(38)一、二名ずつ出し、明日、栫に適当な場所を見に行かせるため出発させた。地下衆の奥野《おくの》越前守《えちぜんのかみ》が巧者だというので案内者とした。

(36) **遠陣**　付城《つけじろ》（敵城の近くに築く城）。
(37) **上原尚弘**　飫肥衆カ。
(38) **巧者**　技芸にたくみなこと。またその事に熟練していること。またその人（『広辞苑』）。

二十七日、いつものとおり。伊集院忠棟から上原尚近を使者として連絡があった。「秋月種実《たねざね》から使僧が来た。隈本に留めておくよう命じてあったので、城一要殿の判断で使者を留めて内容を聴取し、（城一要から）城主計助《じょうかずえのすけ》を派遣してきた。上原尚近がこちらで聞いた内容は知っているので、平田光宗と覚兼が一緒に（秋月からの伝達内容を）聞くように」とのことだったので、上原と共に平田光宗殿のところに参上して秋月からの伝達内容を聞いた。それは、龍造寺隆信との和平（和睦）についてであり、細かくは、和平について、肥後の榜示《ほうじ》(39)について、有馬表について、の三ヶ条であった。そして、「今は豊州（大友家）と爰元（島津家）は和平が成立しているものの、大友氏には日州表で敗北したときの遺恨があり、それは今後も無視できないものであり、必ず和睦は破綻するでしょう。そこで、龍造寺氏と秋月氏が、島津氏の指揮下に入り、ともに大友《おおとも》義統《よしむね》(40)を退治するという方針がいいのではないでしょうか。そうして、島津義久殿を〈九州之守護(41)〉と仰ぎ奉りたいと思います。そうなれば、龍造寺氏がいま領有しているところも、島津家領として新たに宛行われるのはもちろん、肥後の榜示などもいかようにも島津家のお考え次第になることは間違いありません。有馬表のことは、これも現在出陣中の番衆をまずは撤兵し、全軍で豊後（大友家）と戦うべきです。島原半島での軍事行動は私的で不要な合戦であり、さして大きな利益も得られないと思いますが、いかがお考えでしょうか」というものであった。細かく聞いたところ、「本心ならば、まずは目出度い申し出で

(39) **榜示**　境界設定。

(40) **大友義統**　一五五八～一六一〇。義鎮（宗麟）嫡男。大友氏二十二代当主。

(41) **九州之守護**　九州全域の守護職という意味ヵ。

ある」と意見した。

それから、肝付兼寛の宿所に、皆同道して行った。席次は、客居に伊集院忠棟・拙者・伊集院久治・蓑田甚丞《みのだじんのじょう》、主居は、平田光宗・上原尚近・亭主・一王雅楽助であった。薄暮になるまでいろいろと饗応をうけた。宇治茶など賞翫した。このほかにも珍しい物を多数いただいた。この帰りに、上原尚近は今回の秋月からの提案を聞いており、巧者でもあるので、「秋月からの提案を鹿児島に参上して申し上げるように」と命じた。上原は躊躇したが、寄合中の考えに従うとのことであった。

二十八日、一番鳥が鳴く頃から特に看経した。伊集院忠棟・伊集院久治に茶の湯で接待したいと約束していたので、両者が参上された。その際、上原尚近が鹿児島に出発するということで、来られた。使者の趣は前に申したとおりである。それから仮に座を構え、そちらに入っていただき、まず食《めし》を出した。酒など済んだのち、宇治茶を別に点てた。拙者の手前である。席次は、伊集院忠棟・伊集院久治・拙者であった。薄茶は伊集院忠棟のお手前であった。その後、いろいろな肴で酒。その後、おのおの帰られた。

この日、栫予定地《かこい》を検分した衆が帰ってきた。まったく適した場所は無かったとのことである。この晩、山田有信と二階堂季行がやってきて、栫に適した場所が無いことについて、細かく語ってくれた。その最中、喜入久通《きいれひさみち》がやってきたので、しばらく雑談。平田宗張もやってきた。

二十九日、いつものとおり。伊集院忠棟の宿所で将棋などをして慰んだ。

　この日、新納忠元（大口地頭）・猿渡信光・平田宗応（木脇地頭）・稲富長辰《いなとみながとき》（紙屋地頭）が到着したとのことで、挨拶に来られた。皆酒で対応した。

晦日（三十日）、いつものとおり。猿渡信光から猪をいただいた。野尻地頭（市来家守）がただいま到着したということで来られた。野村安房介《あわのすけ》も酒持参でやってきた。

　この日、宮原景種殿が風呂を焼いてくれたので入った。鹿児島衆も同心して入った。島津歳久様からこちらに慰労のためご使僧をお下しいただいた。歳久様は療養中とのことで、こんどの出陣には遅れるとの説明であった。

　この晩、島津征久《ゆきひさ》殿が到着された。宿舎は、東四郎三郎《ひがししろうさぶろう》のところである。

　この日、合志親重《ごうしちかしげ》殿から両使がやってきた。甲斐宗運の意地（所存、真意、心持ちヵ）を説明された。酒樽一荷と鶉《うずら》をたくさんいただいた。


【解説】

　二日にようやく佐敷に到着した覚兼は、日向衆の一部を有馬（島原半島）に渡海させ、十日に八代徳淵に到着し、島津家久らと合流している。本来、義久の指示は家久と共に有馬に渡海することであったが、十二日に八代で行われた老中伊集院忠棟・平田光宗らとの談合で決定したのは、阿蘇大宮司家領である堅志田への夜襲であった。

作戦の内容は、松浦筑前守配下の「忍衆」三十人が夜に堅志田方面に潜入し、その合図で覚兼らが奇襲をかけるというものだったようである。

十七日の夜、覚兼らは堅志田への進攻ルートに布陣したものの、先行した忍衆が敵に見つかり作戦は失敗に終わる。奇襲が失敗したため何の成果も得ないまま阿蘇大宮司家・甲斐宗運との手切れになり、後処理に苦労している。十一日条から家久が八代にいることは確かであるが、この作戦には参加していない。有馬に渡海済みだったのか、あえて相談しなかったのか謎である。

そんななか、二十七日、秋月種実の使者が肥後隈本に至り、龍造寺隆信と島津氏の和睦仲介を申し出てきた。龍造寺・秋月両氏が島津義久を「九州之守護」と仰ぎ、共に大友義統を退治するという提案であった。奇襲に失敗した直後の伊集院忠棟らはこの提案に好意的であり、上原尚近を使者として鹿児島の義久に報告している。

天正十一年（一五八三）

十月条

一日、看経等いつものとおり。島津征久《ゆきひさ》殿のところに参上。酒で寄り合った。その後、伊集院忠棟のところに挨拶にいった。鹿児島から四本秀堅《よつもとひでたか》が出陣して来た。そのついでに、寄合中三人（伊集院忠棟・平田光宗・覚兼）に条々（義久からの指示）が伝えられ、三人一緒に承った。

内容は、「このたびの阿蘇家との手切れについては、先刻、上村肥前守を使者として報告を受け、詳しく聞いた。しかしながら、今回の作戦は、月夜の内[1]でないと成功しないであろうから、上村が鹿児島に出発した直後にすぐ出陣したのであろう。それならば返事で自分の意見を言っても無意味だと思い、詳しくは述べなかった。だいたい、阿蘇領に弓を引くということは、神敵になるということである。しかしながら、甲斐宗運の真意は、表向き島津氏に従っていながら違っているように見えるのであろう。それならば合戦するしかないであろう。ならば、立場を変えて、こちらからは請太刀《うけだち》[2]になるようにすべきというのが自分の考えである。特に、今回の鬮《くじ》は、有馬表への出陣が良いとのことだったのだから、有馬表をほったらかしにして阿蘇と手切れするという判断は、納得できない。以前、天文十七年（一五四八）に大隅に進攻した際は、曽於郡《そのこおり》城[3]

（1）**月夜の内**　月が満月に近い明るい内。

（2）**請太刀**　相手が攻撃してくるのを受けて立つという形。

（3）**曽於郡城**　鹿児島県霧島市隼人町松永。

が抵抗していたところ、伊集院孤舟斎《こしゅうさい》(4)が『宮内（正八幡宮門前）を破却しないと、敵方は痛みを感じないだろう』と主張して、出陣の覚悟を決めていたところ、日新《じっしん》様（島津忠良、義久祖父）がこれを聞き、しきりに出陣を止めたという経緯がある。これほど、当家は代々ご神慮に随《したが》って合戦をしてきたにもかかわらず、今回のように鬮も引かず、軽はずみに阿蘇家と手切れしたことは、曲事《くせごと》である。しかし、もう手切れしてしまったからにはしかたが無い。甲斐宗運がひとりで和睦に反したので、これを討つのであり、全く阿蘇社のご神慮に対するものでは無いと立願するなど、談合して処置をすべきである。とにかく何が何でも談合し、三舟（御船、甲斐宗運）が手詰まりになるように作戦を練り、爰元（八代）での談合次第で自分（義久）も出陣するつもりである」とのことであった。このほか、条々を命じられた。

そこで、島津征久殿の宿所に皆揃って談合となった。その衆は、島津忠長《ただたけ》・伊集院久治・新納忠元・宮原景種と、使者の税所篤和・山田有信であった。合志親重《ごうしちかしげ》からの申し入れも、この両使（税所・山田）が承った。合志氏からの申し入れは、甲斐宗運から合志親重への書状を伝えるものであり、「去春以来、阿蘇家と島津家の和睦が成立していたところ、今になって突然手切れとなり驚いている。いかなる佞人《ねいじん》(5)の〈中手《なかて》〉(6)によるものであろうか。こうしたことを勘案していただき、またこれまでのように和睦していただけないだろうか。和睦が成立すれば、甲斐宗運の子息をだれか人質として差しだし、また北目（肥後

(4) **伊集院孤舟斎** 忠朗《ただあき》、忠棟の祖父。当時の老中。

(5) **佞人** 心がよこしまな人。

(6) **中手** 讒言《ざんげん》カ（他人を陥れること）。

北部）への出陣についても、ひたすら尽力するつもりである」とのことであった。これに対する返事についても、談合することとなった。寄合中三人は、伊集院忠棟の宿舎に終日滞在し、談合の返事を待っていた。この日の談合は、決着がつかなかった。

二日、いつものとおり。島津忠長殿が、宮之地《みやのじ》(7)に宿舎を定めた。そちらに昨日の談合衆が揃い、終日談合。有馬表からも援軍派遣要請が来ているので、これも談合とのこと。有馬右衛門尉が説明に来たので、談合会場に行って詳しく説明するよう許可した。寄合中（忠棟・光宗・覚兼）は洞泉寺《とうせんじ》(8)に参詣し、忠長宿所にも近いので談合の結果を終日ここで待っていた。住持が茶の湯数寄《すき》(9)であり、いろいろとご接待いただいた。

この日の談合の結果は、鹿児島の義久様からの仰せの条々はもちろん尤も至極である。堅志田口の作戦は、鬮を引いて、栫取《かこいとり》(10)か、〈破仕役《やぶりしえき》(11)〉かを近日中に決定する。合志親重に対する返事は、「甲斐宗運は春以来、こちらとの同盟を懇望し、それを受け入れ、既に伊集院忠棟と拙者で神判も取り交わしている。しかし、こちらに対してはいろいろと適当に返事するのみで、龍造寺隆信とは同盟を続け、人質に孫を送り、その上、最近重ねて龍造寺氏に人質として甲斐《かい》出雲《いずも》を差し出し、手火矢など数十挺を支援してもらったことは明白である。特に、本田正親を使節として派遣したところ、甲斐宗運は悪口を述べ、いろいろと怠慢な様子を見せたので、境目の人数が突然手切れをしたのである。少しも

(7) **宮之地**　熊本県八代市宮地町。
(8) **洞泉寺**　熊本県八代市妙見町にあった寺院。
(9) **数寄**　風流な道を好むこと。
(10) **栫取**　砦を築いての持久戦。
(11) **破仕役**　敵陣や町を破壊する軍事行動カ。

こちらから態度を変えたわけではない。だから、甲斐宗運が自分の子息を人質として差し出し、北目での作戦に協力するというのであれば、それまでの和睦を続けても構わない」と返事する。有馬表のことは、今少し使者からの連絡を待つことにする、とのことであった。

この夜、肝付兼寛殿と同心して、伊集院忠棟の宿所に参り、終夜、茶の湯などで閑談。一昨日の九月三十日、堅志田口の偵察のため、宮崎衆中と拙者悴者あわせて二十人余を派遣した。十月朔日、懸野伏《かけのぶせ》(12)を行い、敵四人を討ち取った。中村内蔵助《なかむらくらのすけ》・松本又八左衛門尉《まつもとまたはちざえもんのじょう》・丸田左近将曹《まるたさこんのしょうそう》・加治木治部左衛門尉《かじきじぶさえもんのじょう》、これらの衆が分捕りを挙げた。豊福からの案内者一人が討たれた。

この日の朝、頸《くび》を関の麓まで召し寄せて、新納久饒に捨てさせた。

三日、毘沙門に特に看経。この日の朝、めしを振る舞った。相手は、新納忠元・本田親兼・阿多忠辰・伊地知重元《いじちしげもと》・山田有信・猿渡信光・野村文綱・一王《いちおう》雅楽助《うたのすけ》であった。めしが済んで酒の時に、伊集院忠棟がふとやってきて、それから境目の作戦についての談合となった。それから、陣城に適した場所を見に諸所から巧者を出させて派遣した。

この晩、征久公が伊集院忠棟の宿舎に入った。席次は、主居に征久、次に拙者・伊集院忠棟・蓑田信濃守、客居に喜入久通・新納久饒・伊集院久治であった。いろいろと珍しい肴や珍酒がでて饗応をうけた。ご膳が下げられると、打ち乱れての酒宴となった。征久が鞁《つづみ》など打たれた。その時、赤星統家《あかほしむねいえ》殿が酒を

(12) **懸野伏** 敵をおびき寄せて襲う作戦カ。

持参して来て、天草鎮尚《しげひさ》なども呼んだ。赤星殿も鞁を打った。夜更けまで酒宴となった。

四日、いつものとおり。本田正親殿から伊集院忠棟・平田光宗・拙者が招かれ、めしを振る舞われた。いろいろと饗応を受けた。

この晩、島津忠長殿から招かれたので、伺候した。客居には樺山殿（玄佐もしくは忠助）・伊集院忠棟・拙者・平田宗張《むねはる》、主居に亭主・平田光宗・大寺安辰であった。いろいろと肴がでて酒。酒が済んだ後、四畳半の座で茶の湯。忠長のお手前であった。伊集院忠棟・平田光宗・拙者がお茶の座に参った。やがて皆同心して帰った。

五日、いつものとおり。伊集院忠棟から連絡があった。内衆四本大学助《よつもとだいがくのすけ》が今年上洛し、堺でたびたび茶の湯の座に招かれ、様子を稽古してきた。特に、会席の準備などについて学んだと聞いたので、そうした調《ととのえ》について学ぶ会になるとのこと。誘われて参上した。奈良瓜・干瓢《かんぴょう》などいろいろ珍しい物が出た。濃茶・薄茶ともに伊集院忠棟のお手前であった。座が済んだあと、橋普請《ふしん》を地下《じげ》役人中がしているので、見物した。それから、肝付兼寛殿の宿舎に、伊集院忠棟と同心して参った。今日、諸地頭と平田光宗が揃って談合することに決まった。条数の談合をおこなうことにして、拙者が草案を作成した。やがて、本田正親が来られたので書いてもらい、奏者の税所篤和・新納久饒《ひさあつ》を通じて通達した。終日、肝付兼寛の接待を受けた。

この日、平田光宗殿から税所篤和・新納久饒を通じて、八代の防衛について談合するのが重要であるということで、〈落書(13)〉など見せてくれた。とにかく、八代衆（相良氏旧臣）は、繰替《くりかえ》(14)するにしても、そのまま移さず置いておくにしても、とても煩雑なことになるので、まずは堅志田口で一合戦して、その後に談合するのがいいだろうということに決した。伊集院久治・新納忠元なども同意見とのこと。

この夜、伊集院忠棟から、「明後日に攻撃すべしとの鬮がおりたので談合したい」とのことで、二人で会って、終夜衆盛《しゅうもり》(15)をやった。

六日、いつものとおり。早朝から伊集院忠棟の宿舎にて出陣の談合であった。大雨・霰《あられ》が止まないのだが、各々未刻（午後二時頃）出陣と決まった。小野(16)に着陣する軍衆は、豊福(17)・小野・守山(18)・小川(19)・高津賀《たかつか》(20)の所々に宿をとった。

七日、夜のうちに出陣し、堅志田城下(21)の町、村々を破却して、敵十人を討ち取った。破口《はぐち》(22)の衆は、平田光宗が率いた。その構成は、求摩《くま》（相良勢）・八代・豊福・世喜(23)・高津賀《たかつか》・高田《こうだ》(24)・比奈古《ひなこ》(25)・田之浦(26)・久多良木《くだらぎ》(27)・佐敷・湯之浦・津奈木《つなぎ》・羽月《はづき》(28)・曽木《そぎ》(28)・平泉《ひらいずみ》(28)・日州高城(29)・帖佐の衆であった。

中取《なかとり》(30)には、拙者がいた。その構成は、大口(31)・市山《いちやま》(31)・本城(32)・福島(32)・宮崎(33)・曽井《そい》(33)・清武《きよたけ》(33)・蔵岡(33)・真幸《まさき》衆（島津忠平勢）・栗野《くりの》・加治木（肝付兼寛勢）・横川・飯田(33)・細江《ほそえ》(33)・田野(33)・野尻《のじり》・紙屋《かみや》・飫肥《おび》・木脇《きわき》・富吉《とみよし》(33)で、拙者が指揮を執った。

征久・忠長・伊集院忠棟は、同じ場所で〈御衆《おんしゅう》たまり(34)〉であった。その構成は、

(13) **落書** 草案・メモの類ヵ。
(14) **繰替** 他地域への転封。
(15) **衆盛** 陣立て。
(16) **小野** 熊本県宇城市小川町中・北・南小野。
(17) **豊福** 熊本県宇城市松橋町豊福。
(18) **守山** 熊本県宇城市小川町南部田。
(19) **小川** 熊本県宇城市小川町。
(20) **高津賀** 熊本県八代郡氷川町高塚。
(21) **堅志田城下** 熊本県下益城郡美里町中小路・馬場付近。
(22) **破口** 先陣、先備。
(23) **世喜（関）** 熊本県八代市興善寺町。
(24) **高田** 熊本県八代市球磨川南岸。
(25) **比奈古** 熊本県八代市日奈久。
(26) **田之浦** 熊本県葦北郡芦北町田浦。
(27) **久多良木** 熊本県八代市坂本町百済来。
(28) **羽月・曽木・平泉** 鹿児島県伊佐市。
(29) **日州高城** 宮崎県児湯郡木城町。
(30) **中取** 中軍、本隊。
(31) **大口・市山** 鹿児島県伊佐市。

清水《きよみず》（征久勢）・串良《くしら》(35)・高山(36)・鹿屋(37)（伊集院勢）・鹿児島・伊作《いざく》(38)・田布施《たぶせ》(39)・阿多(39)・加世田《かせだ》(39)・永吉(40)・日置(40)・姶良《あいら》(41)・蓬原《ふつはら》(42)・穆佐《むかさ》(43)・永峯(43)・下別符《しもべっぷ》(43)・頴娃《えい》(44)（頴娃久虎勢）・知覧(44)（佐多忠増勢）・喜入《きいれ》(45)（喜入久通勢）・川辺(46)・踊《おどり》(47)・曽於郡《そのこおり》(47)・大崎(48)・伊集院(49)・吉田(50)であった。たやすく堅志田の町を破却した。蓮生寺《れんしょうじ》の上に陣城にふさわしい場所はないかと、我々の手勢を見分《けんぶん》(51)に登らせたところ、思いもかけず敵四人を討ち取った。栗野衆二人・飯野衆一人・宮崎衆の勝目但馬守一人が討ち取った。勝吐気《かちどき》(52)は新納久饒がおこない、その後、皆帰陣した。

この夜は、小野に留まった。諸軍衆もここかしこに留まった。

八日、小野から八代に帰陣した。肝付兼寛が同道した。

この晩、宇土の名和顕孝が隈庄口(53)に出陣したので、見分に野村備中守を派遣した。戻ってきて、合戦の様子を物語ってくれた。まず、朝に出陣したものの、村などは破却していないことを野村備中守の悴者どもが見ていた。そうした点を地下に指摘したところ、陽が落ちてから談合し、深く攻め入って村を破却しようとしたので、野村はしきりに「無用である」と申したのだが、嘉悦飛驒守《かえつひだのかみ》が出陣してしまい、隈庄近くまで攻め入って村を破却した。すると、敵が手痛く攻めかかってきて、宇土衆は敗戦してしまった。筑麻左近《ちくまさこん》・岩佐《いわさ》の両人を始めとして、三、四十人が戦死したとのことである。遺憾なことであった。

九日、いつものとおり。城一要（隈本城主）から使僧が来た。竹宮口の事。北郷忠虎殿が当番なので、談合し、村を少々打ち破った。火色(54)が間違いなかった

(32) **本城・福島**　宮崎県串間市。
(33) **宮崎・曽井・清武・蔵岡（倉岡）・飯田・細江・田野・冨吉**　宮崎市。
(34) **御衆たまり**　遊軍、後備ヵ。
(35) **串良**　鹿児島県鹿屋市串良町。
(36) **高山**　鹿児島県肝属郡肝付町。
(37) **鹿屋**　鹿児島県鹿屋市。
(38) **伊作**　鹿児島県日置市吹上町。
(39) **田布施・阿多・加世田**　鹿児島県南さつま市。
(40) **永吉・日置**　鹿児島県日置市。
(41) **姶良**　鹿児島県鹿屋市吾平町。
(42) **蓬原**　鹿児島県曽於郡大崎町。
(43) **穆佐・永峯・下別符**　宮崎市。
(44) **頴娃・知覧**　鹿児島県南九州市。
(45) **喜入**　鹿児島市。
(46) **川辺**　鹿児島県南九州市。
(47) **踊・曽於郡**　鹿児島県霧島市。
(48) **大崎**　鹿児島県曽於郡大崎町。
(49) **伊集院**　鹿児島県日置市。
(50) **吉田**　鹿児島市。
(51) **見分**　軍監《ぐんかん》（軍事を監督）ヵ。
(52) **勝吐気**　戦いに勝ったときにあげる鬨の声。
(53) **隈庄口**　甲斐上総介が城主、熊本市南区城南町隈庄。
(54) **火色**　雲気、霊気。

からとのこと。この方面では問題なく勝利したとのことである。使書と樽酒二・水鳥一双をいただいた。相応の返書を出しておいた。使僧には酒を振る舞った。合志親重からも書状にて、こちら方面の状況を尋ねてきた。これにもありのままに返書を書いておいた。合志方面から魚や塩が三舟に運ばれているとの情報が城一要から届いていたので、曲事であると寄合中から合志に書状で抗議した。

　この日、宇土殿から使僧が来て、隈庄口での合戦と戦死衆などについて報告があった。使僧に会って、相応の返事をしておいた。

　昨日の夕方、（九月二十八日に派遣した）上原尚近が鹿児島から戻ってきた。義久様からのご返事を聞くようにとのこと。伊集院忠棟は既に聞いたので、平田光宗と拙者は一緒に聞くようにとのことだったのだが、平田光宗は瘡《くさ》[55]が付いたようなので、拙者の宿舎にて、新納忠元・伊集院久治と同心して承った。

　返事は、「秋月種実《たねざね》の仲介で龍造寺隆信と和睦するということであろうか。今年の春・夏以来、たびたび交渉してきたが、肥後の境界設定についてこちらの主張を強く言っておいたので、その後また龍造寺氏と相談するだろうと思っていたところ、またまた和睦を申し出てきたのであろう。肥州口《ひしゅう》[56]の合戦もいまだ十分な結果が出ておらず、特に田尻鑑種《あきたね》殿がご苦労されていると聞く。海路でも田尻へは手が届きづらいので、龍造寺氏との和睦は双方にとって損の無いことである。まずは、秋月殿の仲介で和睦を成立させるのがいいであろう。ただし、おまえ達の談合の結果次第である」とのことであった。我々三人は詳し

（55）**瘡**　皮膚病の総称。できもの。あるいは蕁麻疹ヵ。

（56）**肥州口**　島原半島のことヵ。

く聞き、もちろんながら上意に随うこととした。そこで、秋月からの使者を八代に呼び寄せ、返事をするのがいいだろうと決定した。

この日、北郷忠虎殿が隈本から使者をよこしてきた。内容は、堅志田口での勝利を祝うものであった。

十日、いつものとおり。皆で平田光宗の宿所に揃い、諸境目についての談合。

この晩、肝付兼寛から誘われたので、参上した。茶の湯でもてなされた。拙者と野村備中守、一王雅楽助であった。お茶はこの上なく旨かった。

十一日、いつものとおり。伊集院忠棟の宿所にて談合。島津忠長殿も参加された。堅志田口・有馬口における作戦についての談合。鬮次第ということに決した。田尻鑑種のところには、荷籠《にかご》(57)を送ることに決した。そこで、船盛と上乗衆などを諸所に命じた。

十二日、いつものとおり。高城珠長《たきしゅちょう》がやってきたのでご挨拶した。隈本からは吉田洞庵《よしだどうあん》が来られたのでご挨拶した。新納忠元・伊集院久治と集まり、終日、碁・将棋で慰んだ。夕食を振る舞った。そんななかでも、諸境目の談合などは少しも怠りなくやった。

この晩、田尻鑑種殿に使者として土橋城介《どばしじょうのすけ》殿を派遣することとなった。そこで、「土橋への恩賞について寄合中から上申して欲しい」と伊集院忠棟から依頼があった。「土橋は伊集院忠棟の一門衆なので、もちろんであろう。とても重要かつ困難なところに、使者として赴くのだから、土橋が無事通り抜けに成

(57) **荷籠**　支援物資。

功するとは言いがたい。今後、恩賞については間違いなく上申する」と返事しておいた。忠棟の使者は、野辺将監《のべしょうげん》であった。

十三日、いつものとおり。許三官が鹿児島から来られたので、脈をたのんで取ってもらった。それから朝食を振る舞った。土橋城介が田尻に向かうということで、挨拶に来られた。同じくお会いした。

この日、吉利忠澄・比志島義基にしばらく無沙汰しているので、挨拶にうかがった。成願寺《じょうがんじ》(58)から誘われたので、伊集院掃部助《かもんのすけ》と同心して参上した。終日、接待を受けた。

この日、島津忠永《しまづただなが》殿が着陣した。すぐに酒持参で拙宿に挨拶に来た。留守だったので、残念であった。

十四日、いつものとおり。伊集院忠棟の宿所にて、田尻に派遣する諸所の上乗衆の準備状況について説明を受けた。皆今晩、船元まで下ることに決まった。

この晩、吉利忠澄・川上忠堅《かわかみただかた》(59)・平田宗張・稲富長辰・二階堂季行《すえゆき》・福永藤十郎にめしを振る舞い、閑談した。

この日、上津浦鎮貞《こうつうらしげさだ》殿から、使書にてこちらでの逗留の慰労を受けた。あわせて肴を二種いただいた。

有馬鎮貴《しげたか》から使書にて、有馬方面の状況について、拙者が渡海する旨、鹿児島から連絡があったので、よろしく頼むとの連絡があった。有馬右衛門尉が一、二日前に渡海し、こちらでの談合について詳しく伝えるはずなので、重言はし

(58) **成願寺** 片野川(熊本県八代市東片町)にあった寺院。現在は八代市古閑中町に浄沢寺《じょうたくじ》と名を改め再興されている。

(59) **川上左京亮忠堅** 一五五八〜八六。川上忠智の嫡男。

ない旨返事しておいた。

十五日、夜が明けない内から看経。島津征久殿のもとに挨拶に行った。酒で寄り合った。それから伊集院忠棟・平田光宗のところに挨拶に行った。肝付兼寛のところにも挨拶に行った。そちらで飯を振る舞われた。

　この日、伊集院忠棟と同心し、島津忠永殿の宿舎に参上した。酒を三返いただいた。帰る途中、伊集院忠棟が拙宿に来るというので、茶の湯でもてなした。伊集院忠棟・本田正親・蓑田甚丞・拙者でいただいた。夜更けまで閑談。

十六日、いつものとおり。伊集院忠棟から、「高城珠長《たきしゅちょう》がやってきているので、一折《いちのおり》(60)連歌を興行したい」といってきた。拙者に一順詠むようにとのことなので、詠んで高城珠長の宿所に行き興行を打診した。承知していただき、すぐに書き付けた。高城の宿にて酒で閑談。それから、税所篤和の宿舎に挨拶に行き、また酒をいただいた。樺山殿（忠助ヵ）・吉利忠澄殿の宿舎にも挨拶に行き、どちらでもお酒をいただいた。

　この日、秋月種実殿から派遣された両使の口上を、上原尚近・税所篤和の二人が聞いた。前に城一要から聞いていた内容と変わりなかった。一層丁寧であった。

　宇土（名和顕孝）から隈庄口への出陣を見分するために派遣していた衆が帰ってきた。伏兵など置くよう提案したが、宇土側は隈庄口での合戦は同意していないように見えたとのことである。

(60)**一折**　連歌では、懐紙四枚をそれぞれ横二つに折り、折り目を下にして右端をとじ、その表と裏に句を記す。その最初の一枚分を一折という。

この晩、肝付兼寛のところに、伊集院忠棟・拙者・佐多忠増で行き、茶の湯で寄り合った。肝付兼寛の手前であった。この座が済んで帰ろうとしたところ、伊集院忠棟が宿所に来て物語りしろというので、参上して雑談。なぞなぞなどで終夜、戯れ言であった。

十七日、いつものとおり。征久の宿舎にて談合。新納久饒・税所篤和・上原尚近の三人を使いとした。談合の条数は、

今後の作戦方針についてのご神慮のこと
有馬渡海のこと
隈庄口のこと
秋月種実への返事のこと

これらについてである。

この日の朝、大口の郡山寺《こおりやまでら》(61)で祈念し、堅志田口着陣の鬮を引いた。一ならば陣を構える。二ならば合戦(62)。今少し検討する場合は白鬮ということにしたところ、白鬮が下りた。

この晩、伊集院忠棟から妙見《みょうけん》内の祭(63)見物に誘われたので、肝付兼寛・山田有信などと同心して行ってみた。笠着《かさぎ》連歌(64)など参加した。ようやく夜更けになって帰った。この夜中から瘡が振りついて散々なことになった。

十八日、瘡が回復せず、終日休んでいた。伊集院忠棟からは祭礼見物に誘われていたのだが、さんざんな状況だったのであきらめた。平田光宗は社参し、い

(61) **郡山寺** 鹿児島県伊佐市大口大田にある郡山八幡宮の神宮寺カ。
(62) **合戦** 力攻め。
(63) **妙見内の祭** 八代妙見宮（熊本県八代市妙見町）の大祭。
(64) **笠着連歌** 寺社の祭りで参詣人などが自由に参加できる庶民的な連歌。

つものとおり何事もなく祭礼は行われたと人々が語ってくれた。地下や旅衆が多く集まっていたとのことである。所々の地頭や一所衆から、「瘡《くさ》の症状はいかがですか」とお見舞いを受けた。

この日、宇土殿から使書と酒樽二荷をいただいた。

十九日、許三官が薬を飲ませてくれ、ようやく快癒した。宇土への返事など書いた。この日、高城珠長が来られ、終日閑談。夕飯を振る舞った。

二十日、伊集院忠棟の宿所にて百韻《ひゃくいん》(65)興行《こうぎょう》があった。発句は高城珠長、

雲の浪 遠《とお》よる月の氷かな

〔雲が波のように重なって寄せていて、氷のように澄んだ月が揺れ動いている〕

席次は、客居に島津忠長、次に新納忠元・吉田洞庵・伊集院久治・奥野越前守・蓑田紀伊介《みのだきいのすけ》、主居は、拙者、次に高城珠長・伊集院忠棟・蓑田紹意《みのだじょうい》・税所篤和・東四郎左衛門尉であった。執筆は鮫島宗伝《さめしまそうでん》であった。夜更けに皆帰った。

二十一日、いつものとおり。伊集院忠棟が談合のためお出でになった。新納久饒・税所篤和・上原尚近・山田有信らに、めしを振る舞い、酒宴。合志親重からの使者冨常安《とみつねやす》に返事をした。山田有信・税所篤和を通じて伝えた。

この晩、伊集院忠棟のところで島津忠永と寄り合うので来いといわれたので、参上した。席次は、主居に島津忠永・次に伊集院忠棟・本田正親・蓑田信濃守、客居に拙者、次に新納久饒・市来加賀守であった。市来は島津忠永の御内衆である。いろいろと酒など出て閑談。

(65) **百韻** 連歌や俳諧で発句から最後の句まで百句連ねたもの。

二十二日、いつものとおり。伊集院忠棟宿所にて談合。秋月種実の仲介にて龍造寺隆信と和睦しようとしているからには、有馬表への渡海については、無用と決定した。ということで、このことを有馬鎮貴に伝えないわけにはいかないので、稲富長辰に使者として行くよう命じた。堅志田口の事は、栫《かこい》取りの鬮は下りなかったので、合戦を近日中にするのがいいだろうと決した。談合衆は、新納忠元・伊集院久治・上原尚近・本田正親・税所篤和・稲富長辰であった。

　この日、鹿児島から伊地知重次殿を使者として、義久様の通達があった。「皆寒い中の在陣、特にたびたびの合戦での辛労、礼を言う」とのこと。また、条々境目での合戦などについて指示があり、あわせて島津忠長《ただたけ》殿を老中役に任じるとのことであった。吉日に、八代在番老中から早めに伝えるようにとのことであった。

　この晩、肝付兼寛・佐多忠増・野村備中守、右の衆に茶の湯で接待した。この夜、伊集院忠棟の宿舎に若衆中を同心して参り、終夜閑談。皆、沈酔していろいろと戯れ言。

二十三日、特に看経をした。伊地知重次殿からの昨日の伝達事項は、伊集院忠棟と一緒に伝えられたが、なお詳しく伝えたいということで来られた。条々やそのほか多くのことを語られた。蓑田《みのだ》杢左衛門尉《もくざえもんのじょう》が酒を持参。また地下人が多く酒を持参。有馬鎮貴に稲富長辰が渡す書状に、拙者も連署した。伊集院忠棟の宿所で風呂に入った。

この夜、月待ちをした。伊地知重次が酒を持参し、終夜物語り。このほか、若衆中の歴々がやってきて、月が沈むまでいろいろと戯れ言。

二十四日、特に地蔵菩薩に看経。島津忠長に老中役就任をお願いする旨、伊地知重次を通じて義久様から申し出があった。忠長はご意見があるとのことで、喜入《きいれ》久通《ひさみち》殿を添えて意見を仰った。もちろん、一、二ヶ条の問題が納得できれば承諾するのだが、再び、辞退したいとのことであった。

この晩、赤星統家・有馬鎮貴舎弟（新八郎）・天草鎮尚舎弟に酒を振る舞った。夜更けまで酒宴。幸若与十郎がやってきて、一曲舞ってくれた。

二十五日、早朝、伊地知重次殿が帰宅したので、伊集院忠棟の宿舎にて二人一緒に義久様へ以下の通り返事をした。「秋月種実殿への返事は、上意のままに伝えました。秋月氏からの両使は納得し、ことのほか大喜びしている様子でした。田尻氏を包囲している諸陣も撤退させる旨申しておりましたので、既に田尻鑑種殿にこれらの交渉を約束するため、我々の連署状を持たせて帰した」と申し上げた。また、「田尻鑑種への荷籠はたやすく運び入れることができました。有馬への渡海は、龍造寺氏との和睦交渉に入るので、寄合中から派遣した軍勢で合戦してしまうと、相手への印象が悪くなるので、その旨稲富長辰を使者として有馬鎮貴に説明させました。堅志田口の事は、近くに陣を取る談合が決まった上に、鬮が下りました。そこで、当庄（八代）のためになるであろう〈あしとの栫取(66)〉を近日中に実施する予定です。そして、諸軍衆が不要ならば、先に小《しょう》

（66）**あしとの栫取**　不明。足止めの栫という意味カ。

分限衆《ぶげんしゅう》(67)は順番に帰すとの談合になりました。我々は、龍造寺隆信との和睦が成立して以降、義久様の上意次第で帰陣するつもりです」と申し上げた。

この日、新納忠元の宿舎にて、高城珠長のもてなしにより百韻興行があった。席次は、主居に伊集院忠棟、次に高城珠長・税所篤和・新納忠元・東四郎左衛門尉・奥野越前守、客居に拙者、次に吉田洞庵・蓑田紹意・伊集院久治・蓑田紀伊介であった。連歌が済んでもいろいろ戯れ言などいいながら酒。帰宅したところ肝付兼寛がやってきて、しばらく物語り。

二十六日、いつものとおり。この日の朝、島津忠永殿から伊集院忠棟と拙者が招かれたので、参上した。席次は、客居に伊集院忠棟・種子島久時・本田正親、主居に島津忠永・拙者・市来加賀守であった。終日酒宴。幸若与十郎が一曲舞ってくれた。石原なども狂言をやってくれた。

この晩、島津忠長殿の老中役就任を祝うべく、忠長の宿舎に参上した。そのついでに、伊集院忠棟が茶の湯の座を構えたので、忠長に今晩お越しくださいと拙者が伝言を頼まれたので、その旨伝えた。参りますとのお返事があった。その後、拙者も誘われたので、お供して伊集院忠棟宿所に参った。やがて、四畳半の座で茶の湯の接待。島津忠長・拙者・亭主の三人であった。伊集院忠棟の手前であった。いろいろと珍しい物があった。夜更けに帰った。

二十七日、早朝から伊集院忠棟宿所にて栫取りのための出陣について談合。諸所衆の盛が済むと、未刻（午後二時頃）皆出陣していった。伊集院忠棟は小川

(67) **小分限衆** 知行地の少ない下級家臣。

に宿泊。我々は小野・守山。ここかしこに諸軍衆が一泊した。

二十八日、早朝にそれぞれ出発。花之山(68)に栫を取った。島津忠長をはじめ、諸軍衆が陣を構え、おのおの担当で普請をおこなった。軍神勧請《ぐんしんかんじょう》(69)は新納久饒、鍬初《くわはじめ》(70)は山田有信であった。

この夜、諸口の外聞《がいぶん》(71)・外野伏《そとのぶせ》(72)・外廻《そとまわり》(73)などをしっかり備えさせた。

二十九日、早朝から普請を一回。諸方から栫取りの祝賀が到来。記録するには及ばない。

【解説】

一日、鹿児島の義久から老中三人に対し見解が示された。前月十七日の夜襲は事前に義久に連絡されていたようである。しかし、義久はこの作戦に反対であった。今回の出陣は有馬渡海が主目的であったにも関わらず、阿蘇家と手切れし「神敵」となったことを非難している。島津家の戦いはこれまで常に「神慮」に従って勝利してきたことを強調し、天正十年十二月に島津忠平が老中らを説得したのと同様に、あくまでも甲斐宗運側が手詰まりになるよう戦略を練ることを求めている。

同日、肥後国衆合志氏が甲斐宗運からの和睦申し入れを伝えてきて、翌二日、宗運の祖子息を人質として差し出すことを条件に和睦受諾の意向を示している。その一方で、このままでは引き下がれない伊集院忠棟らは再

(68) **花之山**　熊本県宇城市豊野町上郷。
(69) **軍神勧請**　築城時に軍神を勧請する神事。
(70) **鍬初**　新築時に土地に鍬を入れる儀式。
(71) **外聞**　情報収集カ。
(72) **外野伏**　守備兵カ。
(73) **外廻**　斥候カ。

度、堅志田口での合戦を計画し、七日、老中や島津征久・忠長らの軍勢で堅志田城下の町を破却して退却している。

九日、秋月種実の提案を義久に伝えた上原尚近が鹿児島から八代に戻る。義久は秋月種実の仲介による龍造寺隆信との和睦を受諾するとの意向であった。堅志田攻めに未練のある老中らは十七日、大口の郡山寺で鬮を引くものの、陣を構えての長期戦でも力攻めでもなく、もう少し検討すべしとの結果になり、だらだらと滞陣を続ける。

そんななか、二十二日、老中らは本来の目的だった有馬出陣を、龍造寺隆信との和睦交渉開始を理由として中止する。さらに同日、義久は従兄弟にあたる島津忠長を老中に任命する。忠長は何度も辞退を申し出るが、結局受諾したようである。村田経平が罷免され、残りの老中が義久の意向を無視した作戦を続ける状況下、親族を起用することで引き締めを図ったのだろう。

結局、八代出陣衆は、二十八日から花之山栫の築城を開始する。堅志田城の西約五・六㎞の距離にあり、ここで甲斐宗運勢を監視する作戦をとったのである。

天正十一年（一五八三）

十一月条

一日、早朝からお互いに挨拶し、また普請。諸口の外聞・外野伏などの備えは申すまでもない。

この日、奏者の税所篤和を通じて平田光宗に対し、伊集院忠棟・拙者の意向を伝えた。内容は、「体調不良とのこと、今はいかがでしょうか。当栫《かこい》（花之山城）のことは、だいたい完成した。いい感じにみえるのでよかったです。そこで、当栫の主取《ぬしどり》(1)は、地下衆に番をさせるのがいいので、光宗がなるのがいいと思います。光宗指揮下に普請を手伝いする衆を命じるとの意見が談合で出ております」と伝えた。

二日、早朝からそれぞれ普請。敵が少々道善寺《どうぜんじ》の尾までやってきて、こちらの様子を監視していると思われる。こちらからは、兵は一人も出さず、普請に専念させた。

この晩、税所篤和が八代から帰ってきた。平田光宗の返事は、「栫取がうまくいったとのこと、よかったです。主取のこと伺いました。談合次第ではありますが、鹿児島（義久）の意向を伺ってから判断すべきと思います。そして、寄合中からだれかもう一人、番を置いていただければ、お引き受けいたします」

（1）**主取**　城主・城代。

とのことであった。
　この夜、ことのほか多くの雪と霰《あられ》が降ってきた。新納忠元と拙宿にて閑談。すると、柴屋《しばや》(2)に降ってくる霰の様子を即興で発句し、忠元に示してみた。

　さゝ葺《ぶき》のかげも玉敷《しく》あられ哉

〔笹葺きの屋根の下にも玉を敷いたようにあられが降っているよ〕

と詠んだ。やがて、新納忠元が脇句をつけてくれた。

かり場の月ニ来てとまり(泊)山

〔狩場の山に月が上る夜にやって来て、山の中に宿をとっている〕

第三は、伊集院久治が詠み、

　分くらす駒に水さへ野ハかれて

〔旅先で馬に水を与えようと思うと、野原は枯れ果てている〕

　こんなかんじであった。

三日、早朝から伊集院忠棟の宿所にて諸口の番盛《ばんもり》(3)、そして当栫（花之山城）の番盛など談合した。平田光宗にまた連絡した。「当所の主取になるべきでしょう。なぜなら、甲斐頭・小野・守山などを確保するための栫です。もっぱらこちらの衆が番を担当するのですから、ほかの寄合中では不適任ではないでしょうか。境目の役なので、とにかく平田殿の下知でなくてはありえません。また、鹿児島のご意向を伺うべきとのことですが、この栫取りのことは、あなたもご存じのようにこちらの談合でやったことであり、鹿児島（義久）はまったくご存じ

（2）**柴屋**　仮設の小屋。

（3）**番盛**　部隊配置。

ないことであります。ですから、主取の事など鹿児島のご意向を伺ったとしても、ご納得いただけないでしょう。もう少しお考え頂き、あなたに主取就任を御了承いただきたくお願いします」と、平田宗張を使者として伝えた。

この日、宇土の役人（家老カ）本郷甲斐守が、乗陣《のりじん》(4)のお祝いに来た。伊集院忠棟の宿所でお会いした。我々の宿所にも酒・肴を持ってきた。

四日、普請など怠りない。「伊集院忠棟は、先に小川あたりまで帰陣してはどうか。一両日は、拙者がこちらの見回りを行う」と伝えたところ、忠棟は帰陣した。鹿児島衆やそのほか忠棟指揮下の衆を連れて帰っていった。当栫（花之山城）の番衆・有馬表の番衆などについて、談合して盛を行い、銘々に通達した。

この晩、平田宗張が八代から帰ってきた。平田光宗の当栫（花之山城）主取就任の件は、なお領掌できないとのことである。伊集院忠棟にも途中で会ったので、光宗の考えを伝えたところ、この上は、談合する必要があるだろう。拙者も明日、急ぎ帰陣するようにとのことであった。

五日、普請など怠りない。敵が少々道善寺の尾に現れたが、何事もなかった。

この日、伊集院忠棟から野村新七郎《のむらしんしちろう》を使者として連絡があった。内容は、「それぞれの考えにより、昨日帰陣した。今日も普請見廻りに登られるのであろうが、さしたることも無いのならば我々は不要だろう。それならば、我々の帰陣はいつにすべきか。平田光宗が花之山城主取就任を領掌しなければ、これからの時期の番大将、そして諸口の当番編成はどのようにすればよいのだろうか」

（4）**乗陣**　陣取り。

とのことであった。

新納忠元・伊集院久治・上原尚近と談合して、伊集院忠棟に返事をした。「慇懃《いんぎん》(5)なお使いありがとうございます。様々な問題について談合が必要と考えますので、明日、小野まで、新納忠元・伊集院久治・上原尚近と同心して下るつもりです。ご足労ですが、小野で落ち合いたいです」と伝えた。

この晩、右の衆などにめしを振る舞った。酒で閑談。この夜、新納忠元・伊集院久治・吉田洞庵と集まり、拙者の発句で四吟詠んだ。夜半にそれぞれ帰った。

この夜中、伊集院忠棟から書状が届いた。内容は、「小野にて落ち合って談合したいと野村新七郎から聞いたが、境目衆が下るのは困るので、普請などの見廻りがてら忠棟が栫（花之山城）に登る」とのことである。そういうことなら、何にせよお考え次第だと返事しておいた。

六日、普請など前日と同じ。伊集院忠棟が拙宿に来た。打ち合わせの談合。当栫（花之山城）については、まずは今度の出陣に遅れてきた諸所の衆を在番として配置することに決した。新納忠元は、五日は滞在するように。我々も談合があるので、先に伊集院忠棟と同じところに帰陣するのがいいだろうと決した。そのほか、諸口の番盛など大方決まった。それぞれにめしを振る舞い接待した。ここかしこから届いた珍酒・珍肴は最高だった。宇土・隈本などからも連絡があったが、いろいろと忙しいので記録できなかった。明日、隈庄口で合戦と決まったのだが、豊福衆のなかに逃亡者が出たらしく中止となった。

(5)**慇懃** 丁寧で礼儀正しいこと。

七日、普請など同前。伊集院久治の陣屋に誘われたので、新納忠元・上原尚近・山田有信と同心して参った。朝食を振る舞われた。それからいろいろと饗応があるなか、四吟の連歌を少々やった。この日も宇土・隈本、和泉などから使書が多々到来したが、記録できなかった。

この晩、小野まで帰陣した。この日も伊集院忠棟から二通書状が到来した。番盛などあれこれ細々としたことであったが、記すには及ばない。この夜、小野の宿所に稲富長辰《いなとみながとき》が来られた。有馬表の様子について、一昨日、細々と聞いたが、伊集院忠棟への接待などであまりに忙しく、詳しく聞くことができなかったので、あらためて詳しく語りに来た。「有馬表は、龍造寺隆信と和睦が成立しないとまったく大変なことになると、有馬鎮貴《しげたか》殿は考えている」とのこと。しかしながら、島津側の考えに随《したが》うとのこと。そのほか、島津側が派遣した番衆中の考えなど詳しく物語ってくれた。

八日、薬師に特に祈念した。小川に伊集院忠棟が滞在しているので、そちらまで移動しようとしたところ、途中で忠棟の使僧に出会った。「宿所を用意したので、急ぎ小川に来るように」とのことであった。

この日、伊集院忠棟の宿所にて終日談合。その衆は、伊集院久治・上原尚近・本田正親・新納久饒《にいろひさあつ》・税所篤和、以上の衆であった。

この夜、伊集院忠棟から使者が来て、明日拙宿にて談合とのこと。何にせよお考え次第でと返事しておいた。

九日、この日、拙宿で談合。その衆は、伊集院忠棟・伊集院久治・上原尚近・新納久饒・税所篤和・拙者であった。終日、諸番盛などおこなった。それぞれにめしを振る舞い、終日酒宴。

この日、花之山城に敵が現れたとの情報が入り、銘々若き衆を援軍に出した。その後、何事もなかったと連絡があり、やがて援軍衆も帰ってきた。その後、また拙宿に伊集院忠棟が来て、碁・将棋などで閑談。この夜、伊集院忠棟が宿所に来いというので参った。「今日実施した番盛などまだ完了していないので、盛をやりましょう」というので、伊集院久治・税所篤和・拙者で盛をやった。それから拙者は瘡《くさ》が振り付いたので、帰った。

十日、早朝、伊集院忠棟から使者にて、「夕方、瘡が振り付いたようだが、いかがか。忠棟はまず八代に今日移る」とのことであった。いいのではないかと答えておいた。伊集院久治・本田正親もそれぞれ瘡見舞いに来てくれた。また、花之山城から二番衆が帰陣してきた。諸地頭などが暇乞いに来た。終日瘡が平癒せず、休んでいた。この夜、亭主が酒を振る舞ってくれた。いろいろもてなしてくれた。

この日、花之山城に、当番衆への慰労と二、三ヶ条の御用を伝えるため、上原尚近を登らせた。

鹿児島（義久）へも次のとおりお伺いを立てた。「栫取《かこいとり》が成就しました。番盛もおこない、皆帰陣を命じました。伊集院忠棟と拙者は、上意次第で帰陣いたします。本田親貞（老中）を伊集院忠棟の替わりに出陣させてください。秋月種実からは和睦成立との情報はいまだ届いていませんが、これについては、こちらで連絡を受けなくても不都合はありませんので、秋月からの使いは、鹿児島まで来てもらうのがいいでしょう。また、本田親貞と平田光宗が八代にいれば、こちらで状況を聞くということならそれで良いでしょう。とにかく、伊集院忠棟と我々は帰陣するのはどうでしょう」と。

この夜、亭主夫妻がいろいろな肴で酒を振る舞ってくれた。

十一日、いつものとおり。天気が悪かったので、瘡の養生に努め、この日も小川に留まった。上原尚近が花之山城からの帰りに寄って、花之山在番衆の慰労を述べに来た。酒で対応し、しばらく閑談。それから上原尚近は、八代に向かった。

この日も帰陣衆が多くこちらに挨拶に来た。雨が降る中、終日碁・将棋などさせて見物。また、石原に狂言や物語をさせて慰んだ。

十二日、薬師に看経を特におこなった。石原とめしで寄り合って、いろいろと戯れ言など言って慰んだ。城一要（隈本城主）から使いが来た。無沙汰しているとのことで、酒・肴を贈ってくれた。天草鎮尚《しげひさ》殿からも使書が到来。それぞれ返事をした。島津忠長殿から使者にて、こちらへの帰着を祝うとともに、先日の次第（十一月十三日、忠長宿所での連歌について）があったからか、高城珠長《たきしゅちょう》主催の連歌開催にあたり、拙者を待っているので、今日お帰りになったら明日、興行したいと伝えてきた。忝いと返事した。

　田尻鑑種殿から山くぐりが書状を持ってきた。内容は、筑後境に変化はない。前日届いた（島津氏からの）荷籠への礼であった。また、「秋月氏の媒介で龍造寺隆信と和睦すると聞いた。必ずこの和睦が成立したなら、田尻氏のことも島津氏同様、龍造寺との和睦をよろしくお願いします」とのことであった。

　山田有信からも、「瘡はいかがですか」と使いがあった。川上忠堅《ただかた》が、親父忠智《ただとも》からと猪一丸を持ってきた。酒で対応。伊集院忠棟・平田光宗にも使いを出して、帰る旨伝えて、瘡の養生。明日の連歌の再篇《さいへん》(6)が届いたので、詠んで、伊集院忠棟に回した。

十三日、島津忠長の宿所で連歌。その席次は、客居の伊集院忠棟、次に高城珠長・深水《ふかみ》長智《ながとも》・蓑田《みのだ》紹意《じょうい》・蓑田紀伊介、主居に島津忠長、次に拙者・伊集院久治・税所篤和・福屋《ふくや》日向守《ひゅうがのかみ》であった。この座中に、島津義虎から伊集院忠棟と拙者に書状が届いた。諸境目のことについて、また、帰宅の際は和泉(7)に二人一緒に来るように、とのことであった。連歌のあと、酒などいろいろいただき、戯れ言など。その後、それぞれ帰った。

十四日、いつものとおり。伊集院忠棟の宿舎にて談合。吉利忠澄殿が、三城(8)口から高知尾《たかちお》(9)境の計策《けいさく》(10)をやっているらしく、そうしたことなどが出た。

　この日、高城珠長の宿舎に行った。自分の主催で明後日、連歌の興行をしたいと伝え、発句《ほっく》をお願いした。遠慮されたが、考えますとのことであった。

（6）**再篇**　連歌の二巡目。

（7）**和泉**　鹿児島県出水市。

（8）**三城**　門川・塩見・日智屋。

（9）**高知尾**　現在の宮崎県西臼杵郡高千穂町。

（10）**計策**　調略、寝返り工作。

この晩、伊集院久治宿舎に伊集院忠棟が行くということで、誘われたので従った。いろいろな肴で酒。その途中で俳諧などやって、夜更けに帰った。

この日、志岐親重《しきちかしげ》殿から使書をいただいた。北絹《ほっけん》(11)一端をいただいた。

十五日、看経など特におこなった。平田光宗が無沙汰しているといってやってきた。酒で対応。高城珠長の発句が出来たといって持ってきた。高城珠長といっしょに酒で対応。その際、吉利忠澄殿が出陣の暇乞いに来られた。その間に脇句を考えて詠み、島津忠長に第三をお願いすべく、本田治部少輔殿に持たせて届けさせた。やがて、詠みますとの返事があった。

この日、伊集院忠棟・平田光宗に挨拶に参った。明日の連歌の一順目の衆を決めた。

この晩、田尻鑑種殿から山くぐりが来た。書状をいただいた。「筑後境に変化は無い。龍造寺隆信との和睦に関し、田尻にも秘密裏に和睦の誘いがあった。しかし、田尻鑑種は島津氏の下知に従うので、よろしくお願いしたい」とのことであった。

十六日、拙宿にて連歌。席次は、客居に島津忠長・伊集院久治・深水長智・税所篤和・宗珠《そうじゅ》、主居に伊集院忠棟・高城珠長・拙者・本田正親・蓑田紀伊介であった。

発句は高城珠長。

山柴の枝うつりする霰《あられ》かな

(11) **北絹**　黄色の繭糸で織った薄い絹布。

〔降って来た霰が、山の柴の枝を飛び移ってゆくよ〕

脇句は拙者。

羽風《はかぜ》の音も寒き朝鳥《あさどり》

〔朝に飛び立つ鳥の羽音も寒々とした感じがする〕

第三は島津忠長殿。

瀧津《たきつ》せ(瀬)の浪や氷もあへざらん

〔激しく流れる川の波に、氷も耐えることができないだろう〕

夜になって成就した。終日接待したのはいつものとおり。

十七日、いつものとおり。伊集院忠棟が風呂を焼いたらしく、誘われたので入りにいった。風呂のあと、碁・将棋などで慰んだ。夕食を振る舞われた。

この日、昨日の懐紙《かいし》(12)を高城珠長が持参して再び見せてくれた。いろいろと助言をいただいた。田尻鑑種殿への返書を書いて持たせた。

この夜、佐多忠増《さたただます》殿（知覧領主）が来て物語した。その際、肝付兼寛殿が養子に伊集院忠棟の子息（のちの肝付兼三《かねひろ》(13)）を内々に懇望しており、拙者に特にお願いしたく、佐多殿が使いとして来たとのこと。肝付兼寛自身も、以前拙者と談合したと仰ったので、彼と話したと答えた。「それなら拙者が取り次ぎを務めているので兼寛とは昵懇《じっこん》でもあり、目出度いことなので領掌します」と、佐多殿を通じて回答した。この日、新納忠元が、陣所から帰宅してきた。

十八日、いつものとおり。観音に特に読経した。この日、伊集院久治が帰ると

(12) **懐紙** 和歌・連歌・詩を正式に詠進する際の用紙。檀紙・奉書紙・杉原紙の類。連歌・俳諧では、百韻連歌の場合、料紙四枚を用い、一枚ずつ横に二つに折って折り目を下にし、右端を水引でとじる（『広辞苑』）。

(13) **肝付兼三** ?～一六〇二。伊集院忠棟三男。

いうので暇乞いに来た。

平田光宗から同名駿河守殿を使者として次のとおり連絡があった。「当所衆の番のこと、花之山城にて談合されたのでしょうか。役人衆（老中）が一人ずつはこちらにいないと、いろいろと不案内なので統治が難しい。そこで、番替わりで一人ずつ八代に配置して欲しい。三舟・隈庄からの人質については、当所の番とあわせて栫の番をやるため管理が難しい。内端《うちば》(14)などに人質を拘置するよう談合して欲しい」とのことであった。

伊集院忠棟から捻文で連絡があった。島津忠長殿が、風呂に入り、その後、茶の湯で饗応してくれるとのことなので、来るようにとのこと。やがて参上した。忠長殿が四畳半の座に案内してくださって、入った。亭主（忠棟）のお手前であった。薄茶は、忠長殿の手前であった。囲炉裏でいろいろと饗応を受けて閑談。夜更けに帰った。

この日、深水長智殿から使者が来た。「今年の春、義久様が病気だった際、病気平癒のため一万句を相良忠房《さがらただふさ》が立願した。そこで、これを実行すべく発句を頼みたい」とのことで、お題を持参して来た。お題は、「桜」であった。遠慮したものの、考えますと返答した。

十九日、いつものとおり。伊集院忠棟の宿所にて碁・将棋で慰んだ。それから茶の湯の座にて、それぞれ〈たてのきに〉稽古した。そうしたところ、高城珠長がやってきたので、明日の連歌の一順を詠んだ。夜になって帰宿した。阿多

(14)**内端**　境目では無く、もっと内陸部。

忠辰殿も同心して、夕食を振る舞った。すると、上原尚近が酒・肴を持参して来た。そのお酒をそれぞれ寄り合って賞翫した。

二十日、早朝、伊集院忠棟の宿所に参った。隈本から北郷忠虎《ほんごうただとら》の内衆がやって来た。内古閑《うちのこが》鎮房《しげふさ》(15)をからくり(16)した。島津氏に奉公したいとのことである。これに対し、「近日中にこちらから軍勢を差し向けるので、中途で談合したい」と返事しておいた。内古閑氏からは、「島津氏が御出陣の際、御奉公する（寝返る）」とのことである。

それから伊集院忠棟と一緒に深水長智殿の宿舎に行った。すぐに連歌が始まった。席次は、客居に島津忠長・新納忠元・拙者・宗郁《そういく》・宗珠・蓑田紀伊介、主居は伊集院忠棟・高城珠長・税所篤和・奥野《おくの》越前守《えちぜんのかみ》・深水長智であった。終日饗応をうけ、夜更けにそれぞれ帰った。

二十一日、いつものとおり。大明《だいみん》友賢《ゆうけん》（江夏友賢）に易の占いを頼んだ。拙宿に来てもらって占った。加判役(老中)辞職を今年の夏から申し出ているのだが、それがうまくいくかどうかである。本卦は雷地予《らいちよ》、変卦は雷水解《らいすいかい》であった。心静かに上意に随い、徐々に辞職願をするのがいいだろうとのことであった。

深水長智が昨日の御礼に来た。犬童《いんどう》美作《みまさか》入道《にゅうどう》(17)が酒持参で来た。すぐに賞翫した。愛甲氏が酒持参で来た。志岐親重殿から栫取りの祝賀の使僧を派遣してきた。

この晩、島津忠長殿から伊集院忠棟・拙者を茶の湯でもてなしたいと誘われ

(15) **内古閑鎮房** ?～一五八七。肥後国衆。本拠は肥後国霜野城（熊本県山鹿市鹿央町霜野）。

(16) **からくり** 調略した（味方に寝返らせた）。

(17) **犬童美作入道** 一五二一～一六〇六。頼安、出家して伝心。相良家重臣。深水長智とともに相良忠房を補佐した。

たので、忠棟と一緒に参上した。亭主のお手前であった。閑談した。夜になって帰った。

この夜、鹿児島から本田親貞の書状が届いた。伊集院忠棟・拙者の二人の栫取りを慰労し、「諸口に問題は無いか尋ね、諸番手をしっかり配置したならば、二人は早々に帰宅するように」とのことであった。

二十二日、いつものとおり。本田正親が来られた。歳久様から、伊集院伊予介《いよのすけ》（忠家ヵ）が役を辞退したいとのことで、それについて平田光宗・拙者の同意を得たいとの自筆の書状を本田正親がいただいたとのこと。これには他見あるまじき旨が書かれていたが、拙者に見せるべく持参したので、披見した。伊集院伊予介に平田光宗と拙者の意見を述べるようにと書いてあったので、本田正親に書状をしたためさせ、平田・拙者の連署書状で意見した。

この日、志岐親重殿に返書した。

深水長智から先日、発句を依頼されていた。高城珠長に尋ねてから伝えようと思っていたところ、突然昨日、船元に下られてしまった。そこで、深水長智は巧者なので、発句二つを伝え、どちらか好きな方を、または差し障りのない方に決めるよう伝えた。「桜」のお題だったので、

又やミん月を木の間《こま》の桜がり（狩）

〔二度と見ることができないだろう。桜を見にやって来て、木と木の間に見えた月の美しさは〕

みぞれする雫がそゝぐ山桜
〔降って来たみぞれの雫が山の桜を濡らしている〕

このように二つ書き付けて遣わした。新納忠元などと談合して返歌を定めるようにとも伝えた。島津忠長からもご使者が来た。加判役就任を依頼された件、何とか辞退したいので、我々にも協力をお願いしたいとのことであった。

この晩、伊集院忠棟の宿舎に参った。新納忠元・上原尚近・本田正親・蓑田信濃守など居合わせて、いろいろな肴で酒宴。龍造寺隆信と当方の和睦について、先日の使いが一両日中に下ってくると、彦山の山伏から当庄宿所に連絡があった旨、新納忠元が聞きつけた。それならば、皆こちらへの逗留を五日は延ばすべきだろうという話になった。それについて、右の話を聞いた者を呼び寄せ、お尋ねになったところ、「彦山の山伏に間違いなく急ぎこちらに来るよう伝言したが、必ず来るかどうかは分からない」とのことであった。それならば、まずは明日、皆帰宅するのがいいだろうということに決した。なぜなら、和平についてはあちらが懇望してきたことなので、寄合中がここで待つのはいかがなものかということになった。なお、懇願してくるようであれば、秋月からの使者を鹿児島に遣わすべきであろう、と皆が主張した。夜更けまで閑談して、それぞれ明日、帰宅に決した。宿舎に帰った。

二十三日、早朝、島津義虎から使書が届いた。こちらでの慰労とともに、「帰宅の際、もし鹿児島に参上する心づもりなら、和泉に是非寄って欲しい」とのことであった。そのほかは戯れ言であった。相応の返事をしておいた。

この日出発。伊集院忠棟と同道して帰った。高田《こうだ》(18)の柴居にて酒。それから佐敷に到着。ことのほかの大雪となった。今夜は月待ちをした。伊集院忠棟から捻文が来た。今日、日奈久の磯で思いついたと言うことで書付をいただいた。

浪立《たち》て雪を汀《みぎわ》の嵐かな

〔波が立ち、雪が舞って、水際には嵐が来ていることだ〕

やがて、

一むらたのむかげの蘆鴨《あしがも》

〔草のかたまりの陰に隠れて鴨が雨宿りをしている〕

と脇を付けた。ついでに、長旅のあいだ退屈するままに狂歌(19)を詠んだ。やがて返歌を作った。大明友賢がその席に居合わせたので、詩（漢詩）を作ったということでいただいた。やがて、拙者は和韻《わいん》(20)にて返した。

二十四日、早朝出発した。山中雪が深くて、ここかしこで酒を呑みながら、ようやく久木野に到着した。島津忠長殿も久木野で一宿しているというので、宿所に参った。その後、拙宿にお越しになり、終夜閑談し、酒宴。

二十五日、早朝出発。大口にて破籠《わりご》で酒を呑んだ。ついでに地下衆一、二人から酒をいただいたので、会って賞翫した。

この晩、ようやく般若寺(21)に到着。門前に宿をとった。別当(22)がこれを聞きつけ、「自ら出向くべきですが、今禁足中なので」といって、使僧に酒を持たせてきた。

(18) **高田**　熊本県八代市高田地区。

(19) **狂歌**　くだけた表現の和歌。

(20) **和韻**　相手の漢詩と同じ韻を用いて詩を作ること。

(21) **般若寺**　鹿児島県湧水町吉松。

(22) **別当**　般若寺別当ヵ。

その後、風呂を焼いてくれたので入って慰んだ。

二十六日、小林の愚弟上井秀秋のところに到着。途中、鉄砲で鴈《がん》一羽を仕留めた。

この夜、衆中・悴者などは三ケ山《みつのやま》(23)まで先行させ、拙者は弟のところに泊まった。終夜饗応を受け、閑談。

二十七日、夜明けを待たずに出発。紙屋(24)の町、本庄万福寺(25)、ここかしこで酒を振る舞われたので遅れ、亥刻（午後十時頃）、宮崎に到着した。

二十八日、寺家衆そのほかの衆中、そして又者《またもの》(26)以下の者共まで、帰陣したということで挨拶に来た。皆々酒・肴を持参。父上井恭安斎が、二日ほど前からこちらに逗留中だった。ちょうどいいときに帰ってきたので、お目にかかって、この日、帰って行った。

二十九日、越《こし》(27)から帰ってきた鎌田兼政が、水鳥を引っかけて、我々に直接、振る舞ってくれた。

この日、金剛寺が酒持参で登ってきた。お会いして酒を賞翫。

この晩、小鷹狩をおこない、鵙《もず》三羽をとった。それから直接、夕越《ゆうごし》(28)に出発。この夜は穂村に泊まり、池田志摩丞《いけだしまのしょう》からいろいろと接待を受けた。越の鳥など賞翫。

晦日（三十日）、朝食を池田志摩丞が振る舞ってくれ、いろいろと接待を受けた。ここかしこから酒・肴が到来。終日、碁・将棋で慰んだ。

この晩、城（宮崎城）に戻った。鹿児島から、清武経由で老中本田親貞の書

(23) **三ヶ山**　三之山、宮崎県小林市。

(24) **紙屋**　宮崎県小林市野尻町。

(25) **本庄万福寺**　宮崎県東諸県郡国富町本庄の寺院。

(26) **又者**　家来の家来。

(27) **越**　越網猟のこと。現在、宮崎市佐土原町上田島に残る「巨田《こた》の越網猟」は県指定無形文化財である。

(28) **夕越**　夕方にやる越網猟。

状が届いた。内容は、この間の長々の旅の慰労と、「殿中作りの材木・葺板・釘など配分した所々から未だ到着していない。それぞれ出陣して留守だったのだろうが、出来るだけ急いで進上するように」とのことであった。

【解説】

一日に花之山栫の普請が一応完成したようである。ここで問題になったのは花之山城番（主取）を誰にするかであり、伊集院忠棟・覚兼は、八代在番老中である平田光宗が兼務すべきとの意向であり、光宗はもう一人老中を付けて欲しいと要望している。敵の拠点である堅志田城近くのこの城はある意味「囮《おとり》」であり、この地の城番は非常に危険な任務であった。九日には早速敵勢が現れている。

二十一日、覚兼は大明友賢（江夏友賢）に老中辞職を相談し、占ってもらっている。友賢は、風水で鶴丸城築城（鹿児島市城山町）にも関わったと伝えられる易者である。やはり覚兼は老中職を重荷に感じていたようである。

最終的に二十三日、覚兼ら老中は平田光宗に花之山栫を押しつけて撤退していった。覚兼は二十七日の夜、宮崎に帰還している。

二十九日、宮崎に戻った覚兼は穂村（宮崎市塩路付近）へ「夕越」に出かけている。現在、宮崎市佐土原町上田島に残る「巨田の越網猟」と同様、網を使った狩猟とみられる。その初見史料である。

上井覚兼年譜

年次	西暦	年齢	事項（覚兼関連は▼で表示。年齢は数え年）
天文一四年	一五四五	一	▼二月一一日、上井覚兼誕生。大隅国上井領主（鹿児島県霧島市国分上井）上井董兼（恭安斎）の嫡男。母は同国加治木領主（同県姶良市加治木町）肝付兼固の娘。
天文一八年	一五四九	五	フランシスコ・ザビエル鹿児島に来る（滞在十ヶ月）。
天文二二年	一五五三	九	▼父董兼が薩摩国永吉地頭（同県日置市吹上町）となり、父母と共に永吉に移る。
天文二三年	一五五四	一〇	▼覚兼、文解山《もどきやま》で修業。
永禄二年	一五五九	一五	▼元服して、戦国島津氏の祖・島津貴久の側近となる。
永禄三年	一五六〇	一六	織田信長が今川義元を桶狭間で破る。
永禄四年	一五六一	一七	▼六月、貴久に従い大隅廻城の戦いで初陣を果たす。 九月、上杉謙信・武田信玄と川中島にて戦う。
永禄五年	一五六二	一八	▼不断光院住持清誉芳渓に就き連歌を学ぶ。
永禄九年	一五六六	二二	▼一〇月、義久・義弘と共に伊東義祐の居城日向三之山城攻撃に従軍。
永禄一〇年	一五六七	二三	▼一一月、義久の大隅馬越城攻撃に従軍。
永禄一一年	一五六八	二四	織田信長、足利義昭を奉じて京に入る。
元亀元年	一五七〇	二六	今山の戦い。龍造寺隆信が大友宗麟に勝利。
元亀二年	一五七一	二七	比叡山焼き討ち。
元亀三年	一五七二	二八	五月、義弘、伊東義祐の軍を日向国木崎原で破る。覚兼の弟上井秀秋、義弘に従い奮戦。
天正元年	一五七三	二九	▼当主島津義久の「奏者」に抜擢。
天正二年	一五七四	三〇	▼正月、島津征久などと共に大隅牛根城を攻略。
天正三年	一五七五	三一	▼一一月、義久より種子島銃を与えられる。 長篠の戦い。織田信長・徳川家康連合軍が武田勝頼に勝利。

天正四年	一五七六	三二	▼八月、義久に従い伊東義祐属城日向高原に出陣して軍功を上げる。 ▼一二月以降、それまで守護島津氏の譜代の平田氏・村田氏・本田氏や島津相州家宿老である伊集院氏、一門の喜入氏などしか就任してこなかった「老中」に大抜擢。
天正六年	一五七八	三四	▼一一月、高城・耳川合戦に参戦。大友勢を撃破した島津氏は、薩隅日三か国を統一。
天正七年	一五七九	三五	▼一二月、日向在番を命じられ佐土原城を守る。 義久の弟家久が日向佐土原領主へと配置。
天正八年	一五八〇	三六	▼八月、老中の地位のまま宮崎地頭に任命され宮崎城（宮崎市池内町）に移る。 ▼一一月、義久から「日向国海江田之城所領八拾町」（宮崎市大字加江田・折生迫付近）を「薩州永吉郷」の「繰替」として宛行われる。※海江田之城とは、父董兼が居住する紫波洲崎城を指すとみられる。
天正九年	一五八一	三七	▼八月、義久に従い肥後に出陣し水俣城を攻撃。
天正一〇年	一五八二	三八	▼四月、嫡男経兼（幼名犬徳丸、観千代）が誕生。 六月、本能寺の変。同月一三日、山崎の戦いで羽柴秀吉、明智光秀を破る。 一〇月以前、日向国真幸院の島津義弘、肥後八代移封が決定した模様。 ▼一一月から年末まで、島津義弘とともに肥後八代に出陣。 肥後出陣衆の一部、肥前国日野江城主有馬鎮貴の要請により、有馬に出陣。 覚兼弟鎌田兼政ら、千々石城攻めで奮戦。
天正一一年	一五八三	三九	▼正月、肥後国八代から帰陣。鹿児島に出府したのち、宮崎に戻る。 ▼二月、覚兼、樺山玄佐ら、義久の病気平癒のため法華嶽薬師寺に参籠。 三月、義久、鹿児島在住の南蛮僧（イエズス会宣教師）の領外退去を命じる。 三月、義久側近野村是綱の殺害を共謀したとして、老中村田経平罷免される。 四月、羽柴秀吉、柴田勝家を攻め滅ぼし、北陸を平定。 ▼六月、覚兼、病気療養と祈願のため老中辞任を願い出るも、義久に却下される。

年次	西暦	年齢	事項（覚兼関連は▼で表示。年齢は数え年）
			八月、義久、肥前有馬（島原半島）への出陣を命じる。 ▼九月、覚兼ら諸将、肥後八代に出陣。甲斐宗運と手切れし、堅志田攻略を図るも失敗。 筑前国衆秋月種実、島津氏に対し龍造寺隆信との和睦仲介を申し出る。 九月、羽柴秀吉、大坂城に入る。 一〇月、義久、秋月種実の和睦仲介を受諾する意向を示す。 一〇月、義久、薩摩国鹿籠領主島津忠長を老中に任じる。 ▼一〇月末、覚兼ら甲斐宗運への備えのため、花之山栫を築城し、一一月に撤退。
天正一二年	一五八四	四〇	▼三月、満願寺玄恵を請じて嫡男犬徳丸の息災を祈念して観千代と改名。 三月、沖田畷の戦い。島津家久・有馬晴信ら、龍造寺と戦い勝利。 ▼一〇月、有馬晴信より南蛮犬を贈られる。
天正一三年	一五八五	四一	七月、秀吉関白になる。 一〇月、秀吉、義久・大友義統に書状を送り、即時停戦を命じる。 秀吉、四国平定。
天正一四年	一五八六	四二	▼一二月、戸次川の戦い。家久と共に仙石・長宗我部・大友諸氏の豊臣軍を撃破。
天正一五年	一五八七	四三	▼四月、義久・義弘・家久と共に豊臣軍と日向根白坂で戦い大敗。 ▼五月、家久と共に羽柴秀長に降伏。のちに、宮崎から鹿児島に帰り、伊集院（鹿児島県日置市伊集院町）にて隠棲。 六月、家久佐土原にて没する。 ▼七月、秀長、覚兼の飼う南蛮犬を所望。しかし覚兼はこれを拒む。
天正一七年	一五八九	四五	▼六月一二日、覚兼、伊集院において病没。

上井覚兼所在地年表（天正 10 年 11 月 4 日〜天正 11 年 11 月 30 日）

期　　間	日向国内	大隅・薩摩	薩隅日三か国以外
天正 10 年 **11 月** 4 日	宮崎城出立	(出陣)	
11 日			肥後八代
↓			↓ 八代在陣 ↓
天正 11 年 **正月** 12 日			八代出立
15 日		鹿児島出府	
19 日		鹿児島出立	
21 日	宮崎城帰還		
閏正月 6〜8 日	加江田・ 紫波洲崎城滞在		
2 月 4〜11 日	法華獄参籠		
26 日	宮崎出立		
3 月 1 日		鹿児島出府	
30 日		鹿児島出立	
4 月 8 日	宮崎城帰着		
7 月 1〜19 日	紫波洲崎城 ・加江田滞在		
8 月 12〜20 日	内山・紫波洲崎城 ・野島滞在		
21 日	宮崎出立		
24 日		鹿児島出府	
26 日		鹿児島出立 (出陣)	
9 月 2 日			肥後佐敷着陣
10 日			肥後八代着陣
10 月 6〜8 日			阿蘇大宮司家配下の堅志田城下の町・村破却のため肥後小野に出陣
10 月 28 日〜 **11 月** 7 日			堅志田攻略の拠点として椊（花之山城）を築城
23 日			八代出立
30 日	宮崎城帰還		

おわりに

『上井覚兼日記』を初めて本格的に読んだのは、広島大学大学院時代であった。同じく博士課程に在籍していた松原勝也君（現在大分県教諭）の誘いで、少しずつ輪読していった。松原君は大友氏特に筑後・肥後情勢を専門としており、地名・人名の比定、国衆の動向など色々とご教示いただいた。

みやざき歴史文化館で学芸員をしていた二〇一二年、特別企画展「宮崎城と上井覚兼」を担当し、久しぶりにこの日記に向き合うことになった。来館者の反応は大きく、「この日記を読んでみたい」との声を多く頂戴した。今から四百数十年前の宮崎をここまで細かく記した記録はほかになく、とても面白い史料にもかかわらず宮崎市民にはほとんど知られていなかった。企画展での手応えもあって、なんとか現代語訳に出来ないかと思い、その後勤務していた宮崎市きよたけ歴史館と宮崎市生目の杜遊古館にて、二〇一四年四月から二〇一八年九月まで現代語訳を解説するという講座を担当した。その講座に参加されていたのがヒムカ出版の渡邊晃さんで、是非現代語訳を出版したいとお声がけいただいた次第である。

渡邊さんには出版決定後も編集・校正で大変お世話になった。文芸面に疎いため、和歌・俳諧・連歌については歌人としても知られる屋良健一郎氏（名桜大学国際学部上級准教授）に依頼し、コロナ禍でお忙しいなか素晴らしい訳を頂戴した。また、企画展で記念講演をしていただいた城郭研究者の八巻孝夫氏には、縄張図の転載をご快諾いただいた。お世話になった方々にこの場を借りて厚く御礼申し上げたい。

二〇二〇年十月　　新名　一仁

新名　一仁（にいな かずひと）

昭和46年(1971)、宮崎県宮崎市生まれ。鹿児島大学法文学部人文学科卒業。広島大学大学院博士課程前期修了。同博士課程後期単位取得退学。博士（文学、東北大学）。みやざき歴史文化館、宮崎市きよたけ歴史館学芸員などを経て、現在志學館大学非常勤講師。単著に『日向国山東河南の攻防』（鉱脈社、2014年）、『室町期島津氏領国の政治構造』（戎光祥出版、2015年）、『島津貴久』（戎光祥出版、2017年）、『島津四兄弟の九州統一戦』（星海社新書、2017年）、『「不屈の両殿」島津義久・義弘』（角川新書、2021年）がある。2015年、第41回南日本出版文化賞を受賞。

現代語訳　上井覚兼日記
天正十年（一五八二）十一月～
天正十一年（一五八三）十一月

2020年10月31日　第1刷発行
2022年 2 月23日　第2刷発行

編　著　新名　一仁
発行者　渡邊　晃
発行所　ヒムカ出版
郵便番号 880-0954　宮崎県宮崎市小松台西1-3-5
電　話 0985（47）5962
F A X 0985（71）1660
E-mail info@himuka-publishing.com
U R L https://himuka-publishing.com/
印刷・製本　シナノ書籍印刷株式会社

ISBN 978-4-909827-04-3

全４巻刊行予定

好評既刊

現代語訳 上井覚兼日記2

【天正十二年（一五八四）正月～天正十二年（一五八四）十二月】

島津家当主義久も自ら肥後佐敷に出陣し、覚兼は義久の側近くでの在陣を命じられる。三月、島津勢は、龍造寺隆信を討ち取って大勝利を収める（沖田畷の戦い）。残党掃討と戦後処理のため島原に残った覚兼は、五月、ようやく宮崎へ帰還。九月、島津忠平（義弘）を総大将として再び肥後へ出陣。肥後平定に伴い帰順する龍造寺方国衆の対応に加え、秋月・龍造寺両氏の和平申し入れ、そして大友氏との駆け引きなど外交面でも重大な決断を迫られる。

覚兼四十歳。鹿児島での重臣談合で肥前国衆有馬鎮貴への軍事支援が決定。

続刊

現代語訳 上井覚兼日記3

【天正十三年（一五八五）正月～天正十三年（一五八五）十二月】

現代語訳 上井覚兼日記4

【天正十四年（一五八六）正月～天正十四年（一五八六）十月】

ヒムカ出版